Ute Busch/Christoph Reinecke

Die Botschaft wiederkehrender Träume

Ute Busch/Christoph Reinecke

Die Botschaft wiederkehrender Träume

Was sie bedeuten, was sie uns sagen

Universitas

BILDNACHWEIS:

Alle Abbildungen im Text von
Archiv für Kunst und Geschichte, Berlin

Schutzumschlag: Atelier Bachmann & Seidel, Reischach
Schutzumschlagmotiv: CEFA, Düsseldorf
Satz: Fotosatz Völkl, Puchheim
Druck: Jos. C. Huber KG, Dießen
Binden: R. Oldenbourg, München
Printed in Germany
ISBN 3-8004-1393-0

Inhalt

Für Francesca!

Vorwort

In unserer Gesellschaft gelten Träume nicht viel. Wer sich mit ihnen beschäftigt, wird schnell als »Spinner« betrachtet, als jemand, der die Realität nicht wahrhaben will. Träume werden als fern von unserem Alltag empfunden, und sie erscheinen als unlösbares Rätsel.

In den vergangenen zwei Jahren haben wir uns mit dem Rätsel »Traum« beschäftigt. Der Anfang war ein Gespräch über eigene Wiederholungsträume, über Träume, die in bestimmten Phasen unseres Lebens nachts immer wieder erschienen.

Wiederholungsträume sind gekennzeichnet durch eine erhöhte Intensität und Hartnäckigkeit. Sie scheinen erst dann zu verschwinden, wenn wir uns dem Thema oder Problem des Traumes in unserem Wachleben gestellt haben.

Einhundert Wiederholungsträume von dreißig Personen, denen wir an dieser Stelle besonders für ihr Vertrauen danken, bewiesen: Traum und Alltag haben sehr viel miteinander zu tun und beeinflussen sich gegenseitig. Wir werden im Traum nicht die oder der andere, unser Ich bewahrt seine Kontinuität und lebt in so mancher Nacht das aus, was es am Tag verdrängt.

Träume liefern uns Bilder, mit deren Hilfe wir uns selbst besser kennenlernen können. Sie sind sicherlich nicht der einzige Weg, der zu einer Selbstreflexion führt, und für manch einen mag ein Musikstück oder ein Gedicht geeigneter sein, um über sich nachzudenken. Doch letztendlich ist keine Sprache so persönlich und individuell wie im Traum, und nirgends sind wir unserem Selbst näher.

An Träumen interessierte Leserinnen und Leser laden wir zu einer Reise in unsere Traum- und Alltagswelt ein. Erste Station ist die Traumvergessenheit in der Moderne, die uns zu der Frage nach dem Umgang mit Träumen in vergangenen Zeiten führt.

In unserem Jahrhundert haben sowohl Sigmund Freud, C. G. Jung und ihre Schüler als auch die Schlafforschung im Labor die Auseinandersetzung mit Träumen maßgeblich beeinflußt, und wir werden in Kapitel 3 untersuchen, welche Hilfen und Hinweise die Traumtheorien für das Verständnis unserer Wiederholungsträume bieten.

Auf dem weiteren Weg erhalten Sie Tips, wie Sie Ihre Wiederholungsträume selbst deuten und in Ihr Wachleben integrieren können.

In Kapitel 5 untersuchen wir wichtige Themen der Wiederholungsträume und den Zusammenhang mit unserem Wachbewußtsein. Ängste, Tod, Sehnsüchte, Schuld und Sexualität beschäftigen uns nicht nur im Wachen sondern auch im Schlaf. Oft behandeln diese Träume Fragen, für die wir am Tag keine Zeit, Ruhe oder Bereitschaft haben. Sie liefern somit wichtige Botschaften über unser *Selbst*.

Am Ende des Weges werden wir alle in diesem Buch präsentierten Träume übergreifend analysieren und die Abhängigkeit der Träume von der Lebenssituation und dem Geschlecht erkennen.

Wir wünschen Ihnen viel Spaß auf Ihrer Reise und hoffen, daß Ihnen dieses Buch Hilfe sein kann, Ihre nächtlichen Erfahrungen, seien sie beglückend oder ängstigend, besser zu verstehen!

1 Traumvergessenheit in der Moderne

Wir leben in einer Zeit, in der Träume nicht viel gelten. Die Aussage »Sie sind ein Träumer« ist zu einem Ausdruck der Beleidigung geworden. Träume zählen nichts, bewirken nichts, sind nutzlos, ja geradezu gefährlich. Menschen, die eingestehen, daß sie oft und vielleicht sogar gerne träumen, gelten als »sensibel« – und man meint damit: Diese Menschen sind empfindlich, selbstbezogen, labil, unzuverlässig, kompliziert, versponnen, neigen zu Krankheiten – kurz: Es sind Menschen, die nicht besonders gut »funktionieren« in unserer Welt. So wundert es nicht, daß es in vielen Bereichen unserer Gesellschaft verpönt ist, über Träume zu sprechen.

Insbesondere Männer haben es unter diesen Umständen schwer, von ihrer Innenwelt zu berichten; sie wollen nicht Gefahr laufen, als »Softie« und »Sensibelchen« abgestempelt zu werden. Frauen haben es da scheinbar leichter. Ihnen wird durchaus zugestanden, Träume zu haben – jedoch um den Preis, daß sie nicht ernst genommen werden. Ihre Berichte werden »abgehakt« unter der Kategorie »weicher Charakter«. Frauen träumten eben mehr, weil sie »empfindsamer« und »sensibler« seien als Männer – so kann man hören.

Sobald eine Frau gleichberechtigt behandelt werden möchte, wird sie darauf bedacht sein, ihre Träume für sich zu behalten. Anders als den Männern ist es der Frau jedoch durchaus möglich, im Kreise der Freundinnen ihre Träume zu thematisieren. Dem Mann bleibt allenfalls der engste Familienkreis als Raum der Kommunikation. Unter diesen Umständen erstaunt es nicht, daß viel mehr Männer als Frauen angeben, sich nicht an ihre Träume erinnern zu können. Sie erleben Träume nicht nur als bedeutungslos, sondern sogar als Gefahr für ihr Sozialprestige. John Wayne sagte einmal in einem Fernseh-Interview: »Ein richtiger Mann träumt nicht, er handelt.« Wer unter diesem Leitsatz heranwächst, wird sich schon sehr früh nicht mehr an seine Trauminhalte erinnern. Er muß sie verdrängen, will er nicht riskieren, das eigene Selbstbild zu zerstören; denn nur wenige Menschen haben die Kraft zu akzeptieren, daß sie nicht so sind, wie ihr Umfeld sie haben möchte.

Den Träumen von Kindern begegnen wir im allgemeinen gelassener. Kindern wird zugestanden, Träume zu haben und sich mit Träumen zu beschäftigen. Doch nur allzuoft beschränkt sich der Kommentar der Eltern auf den Satz: »Das war ja nur ein Traum.« Zu einer produktiven Auseinandersetzung mit den Träumen des Kindes kommt es oft deshalb nicht, weil sich die Eltern überfordert fühlen. Im Hintergrund steht die diffuse Angst, das Kind würde Traum und Realität verwechseln, wenn die Eltern seine Traumberichte ernst nähmen. Aus diesem Verhalten kann das Kind schließlich nur lernen, daß Träume unwichtig sind oder (im ungünstigen Fall) daß es die Eltern mit häufigen Traumberichten verunsichern kann. In diesem Fall kann es durchaus zu ernsthaften Schwierigkeiten kommen. Hier rächt sich die Traumverdrängung im Alltag.

Das verbreitete Verhalten gegenüber Träumen erinnert an die drei Affen: nichts sehen, nichts hören, nichts sagen. Durch bloßes Verleugnen läßt sich jedoch nicht ein ganzer Realitätsbereich aus der Welt schaffen. Kommt es zu einer Konfrontation, fühlen wir uns überfordert und hilflos und reagieren mit Angst. Das führt dazu, daß der plötzliche Einbruch von Träumen und Traumserien – besonders wenn es sich um Alpträume handelt – als eine Art Krankheit erlebt wird, die behandelt werden muß. Doch hier ergeben sich neue Schwierigkeiten. Im Unterschied zu Kranken mit organischen Leiden, über die im Alltag oft und gern gesprochen wird, fällt es vielen Betroffenen unendlich schwer, öffentlich und vor sich selbst zuzugeben, daß sie an ihren Träumen leiden. Die Gründe liegen nach den bisherigen Ausführungen auf der Hand. Der Leidende muß wohl oder übel akzeptieren, daß er gar nicht so hart und faktenbezogen ist, wie er immer dachte. Und das soziale Umfeld bringt für derlei Erkenntnisse wenig Verständnis auf. Kaum je-

Battista Dossi, »Der Traum«

mand würde seinem Chef sagen, er habe wegen Alpträumen gefehlt! Und wenn er es täte – die Folgen kann sich jeder selbst vorstellen.

Die Geplagten fühlen sich von einer Krankheit befallen, die ihre Umwelt nicht als Krankheit akzeptiert. Therapeuten berichten immer wieder, daß Menschen, die an Angstträumen leiden, im allgemeinen viel zu spät professionelle Hilfe suchen. Leidtragende berichten immer wieder, daß sie zuletzt so große Angst vor dem Einschlafen hatten, daß sie sich mit allen nur denkbaren Mitteln wachhielten. Erst diese Zeit des dauerhaften Schlafentzugs habe sie schließlich so mürbe gemacht, daß sie bereit waren, die »Demütigung« auf sich zu nehmen und zu einem Therapeuten zu gehen. Es sind sogar Fälle bekannt, wo Betroffene so extensiv zu Schlafmitteln griffen, daß sich eine Tablettensucht entwickelte – mit entsprechenden sozialen und gesundheitlichen Konsequenzen. Hier wird deutlich, welch schwerwiegende Folgen die alltägliche Traumverdrängung haben kann. Vom Therapeuten erwartet man schließlich, daß er die Träume »wegmacht«, wie etwa der Venenarzt Krampfadern wegspritzt. Den »Traumkranken« fällt es oft sehr schwer zu erkennen, daß letztlich nicht der »Experte«, sondern nur sie selbst durch ein verändertes Verhalten gegenüber der eigenen Innenwelt zu einer Besserung beitragen können.

Gegen den allgemeinen Trend der Traumverdrängung finden sich aber auch Milieus in unserer Gesellschaft, in denen es geradezu »schick« ist, sich über Träume auszutauschen. Gelegentlich haben die Autoren in diesen Kreisen den Eindruck gewonnen, daß die Aufwertung des eigenen Traumerlebens durchaus als Flucht vor einer grauen Realität verstanden werden kann. Die bunte Traumwelt erscheint diesen Menschen viel interessanter als das eigentliche Leben. Auch kann man sich durch Berichte von besonders »phantasievollen« Träumen bei anderen, Gleichgesinnten, interessant zu machen versuchen, denn es ist ein schönes Gefühl, wenn eine ganze Gruppe über die Symbolik »meines« Traumes brütet. Diesen Menschen geht es nicht um die Entschlüsselung der Traumsprache, vielmehr wollen sie sich und anderen beweisen, wie »einmalig« und »interessant« sie sind. Die Erfahrung, daß andere Menschen über »mich« nachdenken, ist ihnen viel wichtiger als der eigentliche Traum. Für Menschen, die dazu neigen, sich selbst sehr wichtig zu nehmen, kann Traumdeutung ein sehr heikles Unterfangen sein – im schlimmsten Fall läuft sie auf eine Beweihräucherung der jeweiligen Person hinaus.

Wir, die Autoren, meinen: Traumverdrängung und Traumenthusiasmus sind im Grunde zwei Seiten derselben Medaille. Beide Verhaltensformen zeigen an, daß wir verlernt haben, angemessen mit unseren Traumerlebnissen umzugehen. Ob wir sie zu vergessen suchen oder begeistert vor uns hertragen – in beiden Fällen sind wir taub für das, was sie uns mitteilen wollen.

Die Sprache des Traums

Was macht es nun so schwer, sich Träumen gegenüber angemessen zu verhalten? Es ist der Kontrast zwischen realer Welt und Traumwelt. Viele Träume erscheinen uns als Rätsel, für das uns der Schlüssel fehlt. Frank (25) berichtet zum Beispiel: »Der Traum endet damit, daß ich über der Meeresoberfläche ein goldenes Körbchen sehe.« Frank – und nicht nur er – möchte natürlich wissen, was das Körbchen zu bedeuten hat. Allerlei merkwürdige und geheimnisvolle Gegenstände begegnen uns in Träumen. Auch können ganz triviale Gegenstände als geheimnisvoll oder enorm wichtig erscheinen – ohne »vernünftigen« Grund. Darüber hinaus ist die Ordnung der Dinge aufgehoben. Ein Baum kann Kopf stehen, aus einem Kühlschrank schlägt einem Hitze entgegen, wenn er geöffnet wird. Tiere, Menschen, Dinge können schweben oder sogar fliegen. Tiere und Pflanzen sind vernunftbegabt und können sprechen. Eine Fliege kann plötzlich zu einem bedrohlichen Monster heranwachsen, mein Chef kann mir als Zwerg erscheinen.

Im Traum ist nichts so, wie es »wirklich« ist, und trotzdem erscheinen uns im Traum selbst all die »Verrücktheiten« oft genug als völlig selbstverständlich. Im Traum sprechen wir, als wäre es das normalste von der Welt, mit Toten oder Tieren. Fremde können uns beschützen oder bedrohen. Wir selbst handeln im Traum oft genug ganz anders, als wir es in Wirklichkeit tun würden: völlig amoralischer Sex, Mord, Totschlag, extreme Wut und furchtbare Angst – alles Erfahrungen, die wir im Wachen so nie machen (und hoffentlich nie machen werden). Im Traum betrauern wir den Tod lieber Menschen, die eigentlich quicklebendig sind, wir stehen nackt in einem Bahnhof oder sollen gleich geköpft werden. Zeit und Raum sind aufgehoben. Gerade sitzen wir in der Küche, schon liegen wir am Strand und finden uns augenblicks später auf einem Berggipfel. Alles ist möglich – das höchste Glück kann in panische Angst umschlagen.

Der langsam erwachende Schläfer fragt sich vielleicht: »Was war das? Was soll das?« Die Traumsprache erscheint wie eine Geheimschrift. Die Buchstaben sind uns vertraut, doch ihre Zusammensetzung können wir nicht verstehen.

Warum träumen wir überhaupt und warum in solchen Rätseln? Wer einen Hund hat, hat es vielleicht schon einmal erlebt: Plötzlich fängt das Tier im Schlaf an zu knurren, die Muskeln spannen sich an – sichere Anzeichen dafür, daß das Tier träumt. Neurophysiologen bestätigen den Befund. Auch Hunde können träumen! Dasselbe gilt für Affen und andere höhere Säugetiere. Ab einem gewissen Komplexitätsgrad ist das Gehirn während des Schlafzustandes zumindest zeitweise nicht einfach ruhig, sondern es arbeitet, was anhand von Gehirnstrommessungen und Augenbewegungen nachgewiesen wurde. Welche Aufgabe diese Traumphasen für die Entwicklung des Tieres oder des Menschen haben – darüber ist sich die Forschung noch nicht einig. Einige meinen, dadurch würde die Wachsamkeit im Schlaf erhöht, was die Überlebenschancen steigere (wer einen leichten Schlaf hat, kann schnell fliehen). Andere meinen, das Gehirn verarbeite Tageserlebnisse, während der Organismus schläft. Der Traum wäre demnach eine Art »Entschlackungskur« des Gehirns, um für den nächsten Tag wieder fit zu sein. Diese These wird gestützt durch die Tatsache, daß Menschen, die im Schlaflabor immer in Traumphasen geweckt wurden, nach einiger Zeit Bewußtseinsstörungen entwickelten. Aus dieser Perspektive kann die Wirrheit der Trauminhalte gleichsam als »Abbauprodukt« interpretiert werden. Es gibt jedoch auch Trauminhalte – wie jeder Träumende bestätigen wird –, die nichts mit irgendwelchen Erfahrungen und Erlebnissen in der Wachwelt zu tun haben. Dies ist übrigens für C. G. Jung ein zentrales Unterscheidungskriterium zwischen wichtigen und unwichtigen Träumen (die es natürlich auch gibt). Die neurophysiologische Traumforschung ist folglich noch nicht zu einem Abschluß gekommen. Die Rätselhaftigkeit der Traumsprache wurde besonders von Sigmund Freud und C. G. Jung untersucht (vgl. hierzu Kapitel 4.3).

Weshalb ist es eigentlich wichtig, sich mit Träumen auseinanderzusetzen?

Eine erste Antwort ist denkbar einfach: Träume sind Teil unserer Wirklichkeit; das ist schon Grund genug, ihnen Aufmerksamkeit zuzuwenden. Darüber hinaus sind Träume gleichsam der Königsweg, um sich selbst, die eigenen Gefühle, die Beziehungen, in denen wir leben und die eigene Lebenssituation besser zu verstehen, denn nirgends sind wir unserem Selbst näher, als wenn wir träumen. Die Traumbilder liefern einen tiefen Blick in unser Inneres.

Werner (45), erfolgreicher, selbstbewußt wirkender Bankkaufmann, träumt wiederholt, daß er während eines Beratungsgesprächs mit einem wichtigen Bankkunden plötzlich kein Wort herausbekommt. Die Kollegen stehen im Kreis um die beiden herum und lachen ihn aus. Erst durch den wiederholten Traum wird Werner allmählich darauf aufmerksam, daß er keineswegs nur selbstbewußt ist, sondern daß auch die Angst in ihm steckt, er könne versagen. Ohne diesen Traum hätte er diese Erkenntnis weit von sich gewiesen.

Elsa (24) träumt mehrmals vor ihrer Hochzeit, daß sie von den Händen ihres Freundes unter Wasser gehalten wird. Trotz dieser Alpträume heiratet sie. Schon im ersten Ehejahr kommt es zu heftigen Konflikten mit dem Mann, weil Elsa sich eingeengt fühlt. Zum Glück hält die Ehe immer noch, doch wird hier deutlich, wie Träume auf zwischenmenschliche Konflikte hinweisen können, noch bevor wir sie uns selbst eingestehen wollen.

Interessant ist, daß Träume nicht nur auf unliebsame Wahrheiten hinweisen, sie können sogar auch Angebote zur Konfliktlösung enthalten. Marita (54) leidet sehr unter ihrem Alter. Trotz modischer Kleidung und Kosmetik findet sie sich »einfach alt« – und meint damit: abstoßend, nicht liebenswert, verbraucht. Mehrmals träumt sie von ihrer Mutter, die mit zweiundsechzig Jahren nach langer und schwerer Krankheit verstarb. In den unterschiedlichsten Situationen fällt in zunehmend beschwörender Weise das Wort der Mutter: »Dir wird es nicht so gehen.« Marita fühlte sich nach dieser Traumserie wie verwandelt. Ihre Angst, so wie die Mutter siechen zu müssen, war gebannt.

Oft dienen Träume der psychischen Entlastung. Geradezu klassisch ist der sexuell frustrierte Träumer, welcher sich im Traum an sexuellen Erlebnissen ergötzt. Träume von einem Urlaub oder von anderen harmonischen Erlebnissen geben Kraft für die Bewältigung der Alltagstristesse. Gerade die angenehmen Träume haben eine eminent wichtige Funktion für unser seelisches Gleichgewicht. So scheint es nicht verwunderlich, daß Depressive häufig sehr angenehme

Träume haben.[1] Es stimmt also nicht, daß nur glückliche Menschen glückliche Träume haben. Martina (32) berichtet, daß sie in der Zeit ihrer Ehescheidung sehr oft geträumt habe, sie liege auf einer sonnigen Terrasse am Mittelmeer, im Hintergrund eine weiße Villa. Weißgekleidete Männer hätten sie umstanden und bedient. Nach diesem Traum sei sie immer mit einem Wohlgefühl aufgewacht. Als sie die Scheidung emotional einigermaßen verkraftet gehabt habe, hätten die Träume aufgehört.

Nach diesen Beispielen wird deutlich, wie einfältig es eigentlich ist, Träume zu mißachten. Sie bieten Lebenshilfe, Informationen über mich selbst und sind frühe Anzeiger von Konflikten, die mir so die Möglichkeit geben, rechtzeitig zu reagieren. Nicht zuletzt sind die »schönen« Träume doch wohl auch ein Stück Lebensqualität, auf die man nicht ohne Not verzichten sollte.

Doch warum können sich so viele Menschen nicht an ihre Träume erinnern?

Ein wichtiger Grund wurde schon angeführt: Der Träumende hat Angst, nicht ernst genommen zu werden. Ein weiterer Grund scheint unsere moderne Lebensweise zu sein. Werner, der Bankkaufmann, den wir bereits kennengelernt haben, berichtet von einem ganz normalen Tagesablauf, wie ihn Millionen andere auch erleben: »Ich stehe um halb sieben auf, wenn der Radiowecker angeht. Beim Frühstück schaue ich fern. Die Autofahrt dauert etwa dreißig Minuten wegen des Berufsverkehrs. Meist bin ich etwas knapp. Natürlich läuft das Radio. Eine Zigarette im Auto entspannt mich. Die Parkplatzsuche nervt, in diesen Minuten scheint die Zeit zu rennen. In der Bank gibt es meist gleich Probleme, die gelöst werden müssen. Schnelle Entscheidungen sind wichtig, doch manchmal hätte ich schon gern etwas mehr Zeit zum Nachdenken. Hier helfen mir Erfahrung und ›Instinkt‹, wie ich es nenne. Gegen halb fünf Feierabend – wieder Berufsverkehr, Radio, Zigarette –, doch wenigstens keine Parkplatzsuche. Zu Hause erwartet mich meist ein neues Problem. Entweder eine schlechte Klassenarbeit der Kinder, oder die Putzfrau ist nicht gekommen oder, oder, oder. Leider explodiere ich dann gelegentlich, meist beim Abendessen, wenn man zur Ruhe kommt. Im Sportstudio oder beim Joggen kann ich mich dann ganz gut abreagieren. Vorm Schlafengehen schaue ich dann meist noch ein bißchen fern oder lege einen Videofilm ein. Dann ab ins Bett, denn um halb sieben ist die Nacht herum.«

Die Autoren geben gerne zu, daß sich ihr Tagesablauf in vielen Details nicht von dem Werners unterscheidet. Doch als wir den Text zum erstenmal lasen, waren wir doch erschreckt. Was kann man nach so einem Tag träumen? Der Tag beginnt mit einer Vielzahl von Aktivitäten, die gleichzeitig oder nur halbbewußt ausgeführt werden (zum Beispiel Parkplatzsuche, Auto fahren im Berufsverkehr, Zigarette rauchen). Unzählige Eindrücke prasseln geradezu auf das Bewußtsein ein. Der Beruf verlangt höchste Konzentration und Kompetenz. Fehler kann sich – weder bei der Bank noch anderswo – keiner leisten, schon gar nicht in Zeiten hoher Arbeitslosigkeit. Ruhephasen werden gefüllt mit sportlichen Aktivitäten. Vor dem Schlaf hinterlassen Filme ihre Bilder im Bewußtsein. Daß Werner gelegentlich explodiert, wundert nun nicht mehr. Auch Werners Angst zu versagen, wird vor diesem Hintergrund verständlich. Sein Geist wird Tag für Tag bis zum äußersten gefordert. Ein lebendiger Kontakt zur Traumwelt ist bei diesem Lebensstil einfach nicht möglich. Für Werner gibt es nur zwei Möglichkeiten: Entweder er verdrängt seine Träume, oder er bekommt Alpträume. Sein Gehirn wird so von Reizen überschüttet, daß Träume nur noch als Warnträume möglich erscheinen (die Werner dann als krankhafte Alpträume erlebt).

Hilfreiche Träume setzen zunächst einmal das Interesse des Träumers voraus. Wer seinen Traumerlebnissen gleichgültig gegenübersteht, wird sich nicht oft an Träume erinnern. Darüber hinaus setzen produktive Träume Ruhephasen des Wachbewußtseins voraus, in denen die Reize des Tages angemessen verarbeitet und gespeichert werden können. Ruhe ist jedoch ein Zustand, den zahlreiche moderne

Menschen nur schwer ertragen können. Ähnlich wie die Träume wird Ruhe von vielen Zeitgenossen als bedrohlich erlebt. Wir haben eine Fülle von Strategien entwickelt, um die Erfahrung der Ruhe zu vermeiden (Man denke nur an die Beliebtheit des Walkmans!). Weiterhin hilfreich sind Zeiten des Alleinseins, eine Erfahrung, die für viele Menschen sehr angstbesetzt ist. Doch nur in Zeiten mit wenig Ablenkung nach außen ist es uns möglich, genauer zu sehen, wie es in uns drin aussieht – wenn wir es denn wissen wollen. Zuletzt brauchen wir das Gefühl der Kompetenz gegenüber unseren Träumen. Keine Sprache ist persönlicher und individueller als die Traumsprache. Nirgends sind wir selbst uns näher als in der Traumwelt. Von daher scheint es nur folgerichtig, daß nur wir selbst – als Adressaten des Traums – die Botschaft empfangen können. Wie das möglich ist – davon handeln andere Kapitel in diesem Buch (s. Kapitel 3 und 4). An dieser Stelle sei nur betont: Ich träume für mich, um mein Leben reicher und glücklicher zu gestalten.

2 Der Umgang mit Träumen in der Vergangenheit

Immer und zu allen Zeiten fühlten Menschen sich durch ihre Träume angesprochen und beunruhigt. In diesem Kapitel soll dargelegt werden, wie Menschen in früheren Zeiten mit ihren Traumerfahrungen umgegangen sind, welche Einstellungen sie gegenüber der Traumwelt einnahmen, und ob nicht die eine oder andere Weise des Umgangs mit Träumen auch für uns heute hilfreich sein kann.

Natürlich waren die Lebensumstände in früheren Zeiten ganz andere als heute. Es gab keine Autos und keine Bahnhöfe, keine großen Städte und keine Asphaltstraßen, keine Urlaubsreisen und keine Filme. Das hatte Einfluß auf die Trauminhalte. Geträumt wurde von Tieren und Menschen, von Naturerscheinungen (Gewitter, Sturm) und göttlichen Wesen, von Monstern (oft Mischwesen aus Mensch und Tier) und Extremsituationen (ertrinken, verschlungen werden, verfolgt werden, hingerichtet werden usw.). Im Prinzip unterschieden sich die Träume gar nicht viel von denen heutiger Menschen – abzüglich aller technischen Inhalte (Flugzeugabsturz etc.). Allerdings waren religiöse Bilder (Begegnung mit Göttern und göttlichen Wesen) stärker vertreten; was nicht verwunderlich ist, da Religion in früheren Zeiten einen höheren Stellenwert im Leben des Menschen hatte.

In der deutschen Sprache gibt es die Formulierung: »Heute nacht träumte *mir*, daß …« Darin ist eine uralte Vorstellung konserviert: Nicht ich bin es, der träumt – der Traum wird mir von einer höheren Macht geschickt. Es sind göttliche Wesen, die dem Schläfer einen Traum schenken oder ihn – im ungünstigen Fall – mit einem Traum quälen. Diese Vorstellung war weltweit verbreitet und galt bis in die Zeit der Aufklärung (achtzehntes Jahrhundert). Selbstverständlich wurde nicht einfach jeder Traum als göttliche Gabe angesehen. Immer wurde zwischen wichtigen und unwichtigen Träumen unterschieden. Kriterium hierfür war einzig und allein die Bedeutung, die der Träumende seinem Nachterlebnis zumaß. Ein sehr wirrer oder wenig beeindruckender Traum war einfach nicht der Beachtung wert. Man kümmerte sich nicht weiter darum (wie wir es ja heute noch nicht tun). Je eindrucksvoller und bewegender jedoch ein Traum erlebt wurde – und wenn er sich womöglich noch wiederholte –, desto sicherer konnte man sein, daß er eine Botschaft aus einer anderen Welt für den Schlafenden oder sogar die ganze Gruppe enthielt. Aus dieser Perspektive heraus lag es nahe anzunehmen, daß die soziale Stellung des Träumenden für die Auslegung wichtig war. So wurde dem Traum eines Häuptlings unterstellt, daß er die ganze Gruppe etwas anging; wohingegen der Traum eines »Underdogs« für die Gruppe unwichtig war.

Wenn der Traum von Göttern oder einer göttlichen Macht gesandt ist, dann ist er wichtig und bedeutsam. So ist es bis heute in vielen »primitiven« Kulturen üblich, sich morgens seine Träume zu erzählen.[1] Auf heute übertragen, würde man also nicht fragen: »Wie hast du geschlafen?« sondern: »Was hast du geträumt?« Die Erlebnisse der Nacht können dann in Gemeinschaft mit nahestehenden Menschen rekapituliert werden. In derartigen Kulturen fühlt sich kein Mensch hilflos seinen Träumen ausgeliefert, und – ganz nebenbei – entwickelt sich ein vertieftes Kennenlernen der Mitmenschen.

Besondere Bedeutung gewinnen die geschenkten Träume in Krisenzeiten. Englische Missionare schrieben fassungslos über die Amazulu – einen Stamm in Südafrika: »Es ist sehr merkwürdig, die Zahl der Leute hier zu betrachten, die ihre Bekehrung auf einen Traum zurückführen ...«[2] Mit anderen Worten: Weder Vernunftgründe noch Überredungskünste konnten einen Amazulu veranlassen, Christ zu werden. Er mußte sich durch einen Traum dazu aufgerufen fühlen. Wiederholte sich der Traum, war er sogar absolut verbindlich. So bizarr den Missionaren dieses Verhalten erscheinen mußte – bei näherer Überlegung erscheint es gar nicht mehr so abwegig. Eine so riskante Entscheidung wie ein Religionswechsel muß von der ganzen Person getragen sein. Immerhin war mit sozialen Spannungen und vor allem mit der Rache der alten Götter zur rechnen. So warteten die Amazulu so lange mit der Taufe, bis ihr Unbewußtes im Traum signalisierte, daß die Entscheidung als richtig angesehen wird. Erinnern wir uns an Elsas Traum kurz vor der Hochzeit. Sie träumte, daß die Hände ihres Freundes sie unter Wasser drückten. Sie heiratete trotzdem, und es kriselte schon im ersten Jahr. Eine Amazulu-Frau hätte unter diesen Umständen niemals geheiratet.

In vielen Kulturen ist es sogar üblich, bei Krankheiten oder vor wichtigen Entscheidungen Träume gezielt herbeizuführen mittels besonderer Zeremonien, durch Aufsuchen heiliger Orte (zum Beispiel Höhlen) und nicht zuletzt durch den Einsatz von Drogen. Der Kranke erhofft sich davon Heilung oder doch wenigstens Informationen über den Weg zur Heilung; er hofft, durch den Traum Hinweise auf die richtige Wahl zu bekommen. Dem entspricht der weit verbreitete Glaube an die »Seelenreise«. Während des Schlafs verläßt die Seele den Körper, der nun vorübergehend ohne Lebenskraft ist. Die Träume sind Erinnerungen an diese Seelenreise, die unter Umständen sehr gefahrvoll sein kann. Wird die Seele durch Dämonen verletzt oder – im schlimmsten Fall – an der Rückkehr gehindert, wird der Mensch krank und muß vielleicht sogar sterben.[3] Gute Träume werden in diesen Kulturen folglich als geradezu lebenswichtig angesehen.

Glaubt man den Berichten der ersten Weißen, die sich intensiv mit einfachen Kulturen auseinandersetzten, so scheint es, daß die Verbindlichkeit der Träume gelegentlich doch sehr eng ausgelegt wurde. Der Ethnologe Ling Roth berichtet aus Borneo: »In Muka traf ich Janele … er gab mir als Grund seines Kommens an, daß seine Tochter in Luai mit einer Strafe belegt werden sollte, weil ihr Mann geträumt (!) hatte, daß sie ihm untreu war.«[4] Über die gesellschaftlichen Folgen einer solchen Traumgläubigkeit schweigen wir uns besser aus …

Als hochbedeutsam gelten in einfachen Kulturen Träume, in denen Verstorbene auftreten. Man glaubt, daß die »Seele« des Toten sich in diesen Träumen mitteilt. Je nach der Art der Beziehung wird die Begegnung als beglückend oder als zutiefst bedrohlich angesehen. Der Traum macht klar, daß der Tote nicht einfach »weg« ist, sondern daß seine »Seele« nach wie vor präsent ist als Schutz oder Gefahr. Man kann ahnen, wie sehr es diese Vorstellungen erleichtern, mit Trauer und Schmerz umzugehen – kann doch der Kontakt mit dem Toten im Traum weiter gepflegt werden, bis der Verlust emotional verarbeitet ist. Wird die Begegnung jedoch als bedrohlich erlebt, muß man sich durch Opfer und Bußleistungen von diesem Alb zu befreien suchen.

Festzuhalten ist:
Menschen haben immer zwischen wichtigen und unwichtigen Träumen unterschieden. Wichtige Träume sind ein Geschenk göttlicher Wesen. Es existiert eine Gesprächskultur über Träume. Träume helfen in Krisen- und Konfliktsituationen. Sie erleichtern die Trauerarbeit, sie können aber auch das Leben gefährden. Gelegentlich werden sie vielleicht zu wörtlich genommen.

Der Traum in der Antike

Das Traumverständnis der Antike blieb bis zur Aufklärung in unserem Kulturkreis bestimmend. In Griechenland kommt es ab etwa dem vierten Jahrhundert vor Christus allmählich zu einer veränderten Einstellung gegenüber Träumen. Hintergrund scheint die zunehmende gesellschaftliche Differenzierung in den Städten gewesen zu sein. Jedenfalls vertrauten die Bürger Athens oder Spartas ihre als wichtig erlebten Träume nicht mehr ihrer Familie oder Nachbarn und Freunden an, sondern gingen nun zum Traumdeuter, der davon lebte, die Träume seiner Mitbürger zu erhellen. Diese Entwicklung hatte Folgen. Seitdem herrscht die Überzeugung vor, daß Träume so schwer zu verstehen seien, daß nur Spezialisten mit viel Hintergrundwissen in der Lage seien, sie zu entschlüsseln. Man kann sich vorstellen, daß der Stand der Traumdeuter nach Kräften diese Meinung unterstützte. Für die Träumenden war diese neue Institution natürlich angenehm. Man mußte sich nicht mehr selbst mit der Interpretation der Trauminhalte plagen, sondern konnte die Deutung getrost einem kundigen Spezialisten überlassen, der einem genau sagte, was (angeblich) Sache war.

Die Arbeit der Traumdeuter wird im folgenden dargestellt werden, doch zuvor soll noch auf eine andere Entwicklung hingewiesen werden. Mit dem allmählichen Vertrocknen der Gesprächskultur und dem Aufstieg des Standes der Traumdeuter entstand ein verengtes Verständnis des Traumes selbst. Jeder wichtige Traum wurde nur noch nach seiner Zukunftsbedeutung befragt. Träume wurden im wesentlichen als Anzeiger des zukünftigen Schicksals des Träumenden verstanden – und das oft sehr handfest. Gehen wir nochmals auf Elsas vorhochzeitlichen Traum ein. Ein antiker Deuter hätte Elsa wahrscheinlich vor einem Mordanschlag ihres Gatten in spe gewarnt. Frank, der von einem rätselhaften goldenen Körbchen über der Meeresoberfläche träumte, wäre vermutlich Reichtum oder ein Schatzfund vorhergesagt worden. Es scheint, daß dieses verengte Traumverständnis mit der Kommerzialisierung der Traumdeutung zusammenhängt. Die Versuchung ist groß, Kundenwünschen entgegenzukommen, und wer will in unsicherer Zeit nicht wissen, was die Zukunft bringt? Es wäre jedoch nicht angemessen, die Kunst der Traumdeutung insgesamt als Geldschneiderei zu diskreditieren. Zum erstenmal in der Geschichte beschäftigten sich Menschen von Bildung jahrzehntelang nur mit Träumen. Ihre Erkenntnisse und Erfahrungen schrieben sie in Schriftrollen nieder. Einiges (wenn auch wenig) wurde bis in unsere Zeit überliefert, so daß wir in der Lage sind, uns einigermaßen ein Bild von der Methodik und der Art der Arbeit des Traumdeuters zu machen.

Am bekanntesten ist heute das Traumbuch des Griechen Artemidor von Daldis[5], nicht zuletzt deshalb, weil kein geringerer als Sigmund Freud sich intensiv mit diesem Werk auseinandersetzte. Artemidor lebte im zweiten Jahrhundert nach Christus in Ephesus (Daldis war der Geburtsort der Mutter), einer antiken Großstadt an der Küste Kleinasiens (der heutigen Türkei). In Städten wie Ephesus kam es zu einer Vermischung orientalischer und griechisch-antiker Kultur – ein ideales Umfeld für Artemidor, waren doch die Grundzüge der Traumdeutung in Babylonien geschaffen worden. Basis einer sinnvollen Traumdeutung ist – nach Artemidor – ein enges und vertrauensvolles Verhältnis zwischen Fachmann und Ratsuchendem. Denn nur bei voller Kenntnis der Lebensumstände des Klienten können die Bilder des Traums entschlüsselt werden. Schon damals wußte man also, daß der Trauminhalt prinzipiell nicht von der Person des Träumenden zu trennen ist. Weiterhin betonte Artemidor, wie wichtig es ist, den Trauminhalt vollständig, bis ins letzte Detail zu kennen, denn nur so kann der Zusammenhang der Bilder beurteilt werden. Erst wenn diese Bedingungen erfüllt sind, kann es zur eigentlichen Traumdeutung kommen.

Der erste Schritt ist zu entscheiden, ob es sich um einen wichtigen Traum (oneiros) oder um bedeutungslose Gehirnreflexe (enhypnoi) handelt. Artemidor verläßt sich hier nicht mehr auf das Urteil des Träumenden (wie es in früheren Zeiten üblich war). Wenn ein armer Mann etwa von Goldbarren träumt, so ist der Traum lediglich Ausdruck seiner Sehnsucht nach Reichtum, also unwichtig. Wenn ein alter Herr von einem wunderschönen Lustknaben träumt, so verheißt dieser Traum keineswegs zukünftiges Liebesglück, vielmehr ist er lediglich Reflex der Sehnsüchte, die den Träumenden tagsüber beschäftigen. Kurz: Trauminhalte, die auch im Wachbewußtsein präsent sind, sind allesamt unwichtig. Dies kann jedoch nur bei genauer Kenntnis der jeweiligen Person entschieden werden. Ein wichtiger Traum (oneiros) hat keine Beziehung zum Wachbewußtsein. Für Artemidor sind alle wichtigen Träume ganz selbstverständlich identisch mit prophetischen Träumen. Sie enthalten Informationen über die Zukunft des Träumenden selbst oder seiner Familie, seiner Freunde oder sogar seiner Stadt. Selbst kosmische Ereignisse (zum Beispiel eine Sonnenfinsternis) können sich in Träumen ankündigen.

Einige wichtige Träume zeigen klar und deutlich, was die Zukunft bringt, zum Beispiel wenn jemand vor einer Reise von einem Schiffsuntergang träumt – eine eindeutige Warnung. Die meisten wichtigen Träume sind jedoch verschlüsselt. Artemidor drückt es so aus: »Träume, die ein Ding durch ein anderes anzeigen, wobei die Seele auf natürliche Weise in ihnen mit verhüllten Anspielungen spricht.« (Artemidor Kap. I, Zeile 2) Dies sind naturgemäß die »Lieblingsträume« des Traumdeuters. Hier stellt er sein Können, sein Wissen und seine Erfahrung unter Beweis. Auf Hunderten von Seiten beschreibt Artemidor die mögliche Bedeutung der einzelnen Traumsymbole und verarbeitet dabei eine jahrhundertealte Tradition sowie seine eigene jahrzehntelange Praxis. Trotzdem erscheinen manche Deutungen recht »handfest«. Es folgen zwei kurze Auszüge aus Artemidors Traumbuch.

Zu Äpfeln schreibt er: »Der Anblick und das Verzehren von süßen, reifen Sommeräpfeln ist gut; es bedeutet reichen Liebesgenuß, besonders denen, die um eine Frau oder Geliebte werben, denn der Apfel ist der Aphrodite geweiht. Saure Äpfel dagegen bezeichnen Aufruhr und Streitigkeiten; denn sie sind der Eris zugehörig. Die Winteräpfel, die man auch Quitten nennt, bringen wegen ihrer zusammenziehenden Wirkung Kummer.« (Artemidor Kap. I, Zeile 73)

Beim Motiv des Erbrechens ist die Kenntnis der Lebensumstände des Träumenden wichtig. Artemidor rät seinem Sohn: »Jedes Erbrechen von Blut, Nahrungsmitteln und Schleim lege mittellosen Leuten als Gewinn aus, reichen aber als Schaden; denn jene können nicht verlieren (...) diese besitzen schon und können verlieren.« (Artemidor Kap. IV, Zeile 26)

Artemidor betont ausdrücklich, daß es keineswegs ausreicht, einfach nachzuschlagen. Die individuelle Situation des Träumers will immer bedacht sein. Neben Fachwissen und Menschenkenntnis bedarf ein meisterlicher Traumdeuter jedoch noch mehr. Es ist das »gewisse Etwas«, ein Gespür für die rätselhafte Sprache der Götter. Einige Menschen haben diese spezielle »Antenne«, andere eben nicht. Das ist der Unterschied zwischen Fleiß und Meisterschaft.

Neben den Zukunftsträumen kannte die Antike auch das Phänomen des Heiltraumes (= Inkubationstraum). Kranke können durch einen Traum Genesung erfahren oder wenigstens Informationen zum Weg der Genesung. Diese subjektiv als sehr wichtig erlebten Träume wurden meist dem Gott Asklepios zugeschrieben, der für die Medizin zuständig war. Versagte die Medizin – was damals wie heute oft genug geschah –, blieb nur die Hoffnung auf einen derartigen Traum.

Die Chancen wuchsen, wenn man sich zu einem Heiligtum des Gottes begab. Der Asklepiostempel in den Bergen vor Epidaurus entwickelte sich seit dem fünften Jahrhundert vor Christus zu einem geradezu internationalen Heilungszentrum. Die Kranken kamen zu Tausenden aus der gesamten antiken Welt. Ihr Ziel war das Abaton, ein unterirdischer, geweihter Raum direkt neben dem prachtvollen Tempel. Im Tempelbezirk waren Inschriftenstelen aufgestellt, an denen wunderbare Heilungen abzulesen waren. Auch die Besichtigung der zahlreichen Dankesgaben (oft kostbare Nachbildungen der geheilten Körperteile) in den Schatzhäusern diente der hoffnungsfrohen Einstimmung. Darüber hinaus schürte die tausendfache Gemeinschaft der nun hoffend Leidenden die Gewißheit, daß der Gott sich gnädig erweisen werde. Die Vorbereitungen zum Heilschlaf waren in Epidaurus – im Gegensatz zu ähnlichen Kultorten – denkbar einfach (was sicherlich ein wichtiger Grund für die Beliebtheit gerade dieses Ortes war). Keine langwierigen Gebetspraktiken, keine Fastenzeiten und auch keine sexuelle Enthaltsamkeit waren nötig, um die Gunst des Gottes zu gewinnen. Ein Opfer im Tempel und ein Reinigungsbad waren völlig ausreichend. Danach wurde man in ein weißes Gewand gekleidet und stieg ins Abaton hinab, um hoffnungsfroh einzuschlafen – es sei denn, die Aufregung verhinderte den Schlaf.[6]

Glaubt man den alten Berichten, so kam es während der Nacht häufig zu Spontanheilungen, aber immer vorbereitet durch einen Traum. Oft trat Asklepios höchstpersönlich auf und nahm medizinische Anwendungen vor, gelegentlich ließ er sich durch seine Tiere (Hund und Schlange) vertreten. Andere wurden zwar nicht sofort geheilt, erhielten aber wichtige Tips für Medikamente oder bestimmte Anwendungen, die dann später zur Heilung führten. Dies war wichtig für Kranke, die zu schwach waren, um selbst nach Epidaurus zu reisen. Sie konnten einen Stellvertreter schicken, dem der Gott – hoffentlich – den Weg zur Heilung aufzeigte. Es folgt ein Bericht eines typischen Inkubationstraumes, wie ihn die Priester auf eine der Stelen gemeißelt hatten:

«Erasippe aus Kaphyai: Diese hatte den Magen aufgetrieben, war ganz aufgeschwollen und behielt nichts bei sich. Die schlief im Heilraum und sah einen Traum: Sie träumte, der Gott massiere ihren Magen und küsse sie, hierauf gebe er ihr eine Schale, in der eine Arznei war, und befehle ihr, sie auszutrinken, dann befehle er ihr, sich zu übergeben, da habe sie ausgebrochen und ihr Gewand voll gemacht. Als es Tag geworden, sah sie ihr ganzes Gewand voll von den üblen Sachen, die sie erbrochen hatte, und darauf wurde sie gesund.«[7]

Was immer in Epidaurus »wirklich« geschehen sein mag, fest steht: Nicht nur in der Antike waren die Menschen davon überzeugt, daß Träume heilende Wirkung auf den Körper haben können. Die Autoren glauben, daß dieser Gedanke nicht völlig abwegig ist.

Schon in der Antike sind erste heftige Attacken gegen die Traumdeutung zu beobachten. Kein geringerer als Cicero kritisiert in seinem Werk »De divinatione«[8], das sich gegen alle Techniken der Weissagung richtet, die Traumdeutung. In vielen Punkten nahm er die Einwände der Aufklärer des achtzehnten Jahrhunderts vorweg. Träume seien nichts anderes als der wirre Nachklang von Tageserfahrungen (vgl. 128). Sie hätten deshalb keinerlei Bedeutung für den Menschen. Unmöglich könnten sie von den Göttern geschickt sein, denen doch wohl eine klarere und eindeutigere Sprache zuzutrauen sei (vgl. 126). Aus diesen Gründen sei jeder

Versuch zur Traumdeutung von vornherein sinnlos, und jeder, der behaupte, Träume deuten zu können, sei ein Betrüger (vgl. 129).

Die Wiederentdeckung der Träume

Ciceros Kritik wird in der Zeit der Aufklärung fortgeführt. Einer Zeit, die sich wesentlich von der Vernunft her bestimmt, muß die Welt der Träume als obszön, wirr, ja sogar bedrohlich erscheinen. Entscheidend war der Verstand, nicht die Emotion. Keiner will »Träumer« genannt werden, und jeder paßt auf, daß er nicht »Traumbildern nachjagt«. In der Dichtung wird ein Loblied auf den hellen Tag gesungen, die dunkle Nacht wird als bedrohlich angesehen. Beispielhaft ein Zitat aus den Aphorismen des Aufklärers Georg Christoph Lichtenberg, die in der Zeit zwischen 1775 und 1779 entstanden:

»Daß man solch närrisches Zeug träumt, wundert mich nicht, allein daß man glaubt, man wäre es selbst, der sowas täte und dächte, das wundert mich.«[9]

Ganz deutlich kommt hier das Unbehagen des Aufklärers gegenüber der Traumwelt zum Ausdruck. Lichtenberg ist eher bereit, die Träume vom Ich abzuspalten als zuzugeben, daß noch andere Kräfte als die bloße Vernunft den Menschen bestimmen. Deshalb muß er die Besonderheiten der Traumsprache als bedeutungslose Narretei abtun.[10]

Spätestens in der frühen Neuzeit hatte der Traum seine Beziehung zur Religion eingebüßt. Im fünften Jahrhundert konnte der christliche Bischof Synesios von Kyrene noch schreiben: »Im Wachzustand ist es der Mensch, der lehrt; im Traum aber befruchtet Gott die Menschen mit seiner Kraft …«[11] – und seine Aussage blieb unwidersprochen. In der Scholastik des Mittelalters wurde jedoch die Vernunft Gottes so stark betont, daß man sich nicht mehr vorstellen konnte, daß die Traumwelt etwas mit ihm zu tun haben könnte. Allenfalls Heiligen wurde zugestanden, Träume von Gott zu empfangen, die Träume des »normalen« Christen standen vielmehr in Verdacht, von Satan eingegeben zu sein.

Dominicus van Wijnen, »Allegorische Szene«

Die Folge war, daß viele Menschen begannen, unter ihren Träumen zu leiden und sich selbst als schuldbeladen zu erleben.

Von Kirche und aufgeklärtem Bürgertum gleichermaßen verpönt, sanken die Traumerfahrungen – die natürlich wie zu allen Zeiten weiterhin gemacht wurden – in die Sprachlosigkeit hinab. Man verhielt sich nach dem Motto: Wovon man nicht spricht, das gibt es auch nicht. Diese ablehnende Haltung wurde im Lauf des neunzehnten Jahrhunderts allmählich aufgebrochen. Zuerst waren es die jungen Literaten und Maler der Romantik, die sich erneut für ihre Träume interessierten und darüber sprachen. Sie entdeckten den Traum vor allem als Mittel der künstlerischen Inspiration und als »dunklen« Teil ihrer Persönlichkeit. So ist es kein

Zufall, daß in zahlreichen Werken das Motiv des unheimlichen Doppelgängers gestaltet wird (zu denken wäre etwa an Adelbert von Chamissos »Peter Schlemihl«, der seinen »Schatten« verliert, oder – etwas später – an die bekannte Erzählung von Robert L. Stevenson: »Dr. Jekyll und Mr. Hyde«). Im Kontext der Malerei wäre vor allem auf Arnold Böcklins »Die Toteninsel« zu verweisen, eines der eindrucksvollsten Bilder des neunzehnten Jahrhunderts. Für ein besonders gelungenes Beispiel der Entdeckung des Traums in der Dichtung halten wir die folgenden Zeilen Clemens Brentanos:

»Hörst du wie die Brunnen rauschen?
Hörst du wie die Grille zirpt?
Stille, stille, laß uns lauschen!
Selig, wer in Träumen stirbt.
Selig, wen die Wolken wiegen,
Wenn der Mond ein Schlaflied singt!
Oh! wie selig kann der fliegen,
Dem der Traum den Flügel schwingt,
Daß an blauer Himmelsdecke
Sternen er wie Blumen pflückt:
Schlafe, träume, flieg`, ich wecke
Bald dich auf und bin beglückt!«[12]

Man spürt deutlich die Begeisterung über die neu entdeckte Traumwelt. Brentano bringt die alte Verbindung von Traum und Religion wieder ins Bewußtsein. Die Fähigkeit zu träumen schließt dem Menschen eine völlig neue Welt auf, sie ermöglicht es ihm, die Grenzen des Wachbewußtseins zu durchstoßen und gleichsam die »Himmelsdecke« zu berühren. Der Traum als Entgrenzung des eigenen Ichs – das war es, was die jungen Künstler der Romantik am Traum faszinierte. Es dauerte nicht mehr allzu lange, bis man bereit war, diese beglückende Erfahrung künstlich herbeizuführen mittels Alkohol, Opium und zuletzt LSD und Ecstasy – doch dies ist eine andere Geschichte.

Nach den Künstlern beginnt nun die Philosophie sich für

die Träume zu interessieren. Stellvertretend für andere sei hier nur Arthur Schopenhauer genannt. Doch erst dem Werk des Wiener Arztes Sigmund Freud ist es zu danken, daß eine zentrale Dimension des menschlichen Lebens zumindest teilweise dem Tabu entrissen wurde.

Zusammenfassung:
In der Antike entwickelte sich der Stand des gewerblichen Traumdeuters. Das Interesse richtete sich allein auf prophetische und heilende Träume. Einzelne Intellektuelle (wie Cicero) kritisierten die Hochachtung gegenüber den Träumen. Doch erst im siebzehnten und achtzehnten Jahrhundert kommt es zu einer radikalen Ablehnung der Traumwelt seitens der Kirche und des aufgeklärten Bürgertums. Im Laufe des neunzehnten Jahrhunderts entwickelte sich eine allmähliche Neubewertung der Traumwelt, die in der Theorie Sigmund Freuds ihren vorläufigen Höhepunkt fand. Die weitere Entwicklung soll im folgenden Kapitel dargelegt werden.

3 Der Traum als integrierter Teil des Lebens – Wiederholungsträume und Theorien

Seit einem Jahr träumt Martina (45) immer wieder:

Ich befinde mich morgens in einem Café. Alle Tische sind besetzt, und ich suche einen freien Stuhl. An einem Tisch am Fenster sind noch zwei Plätze frei. Der Tisch ist mit einem reichhaltigen, köstlichen Frühstück gedeckt, mit allem, was ich gerne esse. Ich verspüre einen Riesenhunger und frage, ob ich mich dazusetzen darf. Eine ältere Frau antwortet ärgerlich, die Plätze seien nicht mehr frei. Wütend verlasse ich das Café.

Wie würde zum Beispiel Sigmund Freud den Traum von Martina deuten, und wie interpretieren andere Experten Wiederholungsträume? Diesen Fragestellungen werden wir nachgehen. Auch wenn bislang keine Theorie den Wiederholungstraum explizit hervorgehoben hat, so liefert uns doch jede Theorie wichtige Hinweise für unsere Traumdeutung.

Träume nehmen einen Großteil unserer Schlafzeit ein. Nachts befinden wir uns in einem zweiten Leben, unserem Traumleben. Weder eine Überbewertung noch eine Verdrängung der Träume erscheint sinnvoll. Eine Ablehnung drückt sich in der Bezeichnung »Träume sind Schäume«, in einem Nicht-ernst-Nehmen und in der Verleugnung einer Traumbedeutung aus. Die Überbewertung ist gekennzeichnet durch ein »Sich-suhlen-in-der-Traumwelt«, ein Hinabsteigen in eine andere Welt, das von der Realität ablenken soll.

Träume haben – und das werden uns die Theorien zeigen – etwas zu tun mit unserem Alltag. Der Träumer selbst ist unserer Meinung nach der Traumexperte, der seinen Traum im Kontext seiner Lebensgeschichte verstehen muß. Die Theorien liefern uns hierfür wichtiges Material, das wir für unsere individuelle Trauminterpretation nutzen können.

Die Traumtheorien werden nicht bewertet, denn letztendlich kann nur jede Träumerin und jeder Träumer für sich selbst entscheiden, mit welchen Deutungshinweisen er am besten zurechtkommt. Auch ist es hilfreich, für einen Traum mehrere Deutungsansätze heranzuziehen, da – wie wir noch sehen werden – jede Theorie einen bestimmten Aspekt betont und erst das Zusammenspiel mehrerer Deutungsansätze ein ganzheitliches Verständnis eines Traumes ermöglicht.

In dem 1996 erschienenen Roman »Der Alchimist« erzählt Paulo Coelho die Geschichte des andalusischen Hirten Santiago, der *zweimal* von einem Schatz in Ägypten träumt. Das zweimalige Träumen bewegt ihn letztendlich dazu, aufzubrechen, seinen Heimatort zu verlassen, um den Schatz zu suchen. Santiago deutet den Traum als Zeichen für seinen persönlichen Lebensweg. Er findet seinen Schatz nicht dort, wo er ihn vermutet, doch wird er dafür, daß er seinen Traum ernst genommen hat, reich belohnt. »›Erst die Möglichkeit, einen Traum zu verwirklichen, macht unser Leben lebenswert‹, überlegte er, während er nochmals zum Himmel aufschaute und seine Schritte beschleunigte.«[1] Die Erfahrungen Santiagos liegen allen Traumtheorien zugrunde: das Ernstnehmen der Träume und der Versuch, sie zu verstehen. Die eingeschlagenen Wege sind unterschiedlich, doch birgt am Ende jede Theorie eine Entdeckung in sich, für die es sich lohnt, ihre Gedanken mitzugehen. Eine ausführliche Bearbeitung aller existierenden Traumtheorien würde den Rahmen dieses Buches sprengen, und so beschränken wir uns auf eine Zusammenfassung der bekanntesten, die für unser Thema interessant erscheinen.

3. 1 Ein Blick zurück in die Kindheit – Sigmund Freud und der Traum

Um die Jahrhundertwende stellte Sigmund Freud fest, daß alle psychischen Krankheiten, die nicht auf Infektionen, Verletzungen oder krankhafte physiologische Prozesse zurückzuführen sind, mit traumatischen Erlebnissen oder Umweltbedingungen in der Kindheit zusammenhängen.[2] In der Kindheit psychisch kranker Menschen ist es, so Freud, zu mehr Wunschversagungen und Enttäuschungen gekommen als bei anderen. Freud betrachtete die Kindheit unter dem Blick der psychosexuellen Entwicklung, eine für die Jahrhundertwende sehr provozierende Sichtweise.

Blicken wir noch einmal auf den Wiederholungstraum von Martina und fragen uns, wie Freud diesen Traum gedeutet hätte.

Freuds Traumverständnis zufolge ist es wichtig, sich die Kindheitsphasen bis zum sechsten Lebensjahr anzusehen, denn gerade in ihnen findet er das Traummaterial der Menschen. Freud unterscheidet die orale, die anale und die genitale Phase. Die einzelnen Phasen werden hier nur ansatzweise skizziert.

- Die *orale* Phase umfaßt die ersten zwei Lebensjahre; in dieser Zeit erfährt das Kind Lustgewinn über den Mund. Die Nahrungsaufnahme, das Saugen, Nuckeln, Festhalten mit dem Mund und das Beißen führen zu einem Lustgefühl. Das Kind erobert in diesem Entwicklungsstadium seine Welt mit dem Mund.
- In der *analen* Phase, die sich vom zweiten bis zum dritten Lebensjahr erstreckt, gewinnt das Kind die Kontrolle über seine Ausscheidungen. »Machen« kann mit dem Gefühl »Ich habe etwas geschaffen« verbunden sein. In die Zeit der analen Phase fällt die Sauberkeitserziehung.
- Die *genitale* Phase (drittes bis fünftes Lebensjahr) läuft nach Freud bei Mädchen und Jungen unterschiedlich ab. Das Kind erfährt Lustgefühle über seine Sexualorgane und entdeckt die anatomischen Geschlechtsunterschiede. Das Mädchen verliebt sich in dieser Zeit in den Vater, erlebt die Mutter als Konkurrentin und leidet unter dem »Penisneid« (Freud). Der Junge, der sich in diesem Entwicklungsabschnitt in seine Mutter verliebt (»Ödipuskomplex«) hat Angst, von dem Vater, den er als Rivalen erlebt, kastriert zu werden.

Enttäuschungen (Frustrationen) entstehen, so Freud, durch wiederholt auftretende Wunschversagungen in den beschriebenen Kindheitsphasen. Der Aspekt der Wunschversagung spielt in Freuds Traumverständnis eine wichtige Rolle, denn Freud zufolge sind Träume Wunscherfüllungen. »Er sah sie als Ersatz für Unerlöstes aus der Kindheit und deutete sie vor allem als Ausdruck unterdrückter Sexualität.«[3]

Freud glaubte an Traumsymbole mit einer feststehenden Bedeutung und verstand sie fast ausschließlich sexuell. So werden männliche Genitalien zum Beispiel durch Waffen, Geräte und Werkzeuge symbolisiert, weibliche Genitalien durch ausgehöhlte Gegenstände.

Der Mensch *versucht*, so Freuds Traumdefinition, eine Wunscherfüllung, die ihm in der Kindheit versagt blieb, im Traum zu finden.

Beziehen wir nun Freuds Traumverständnis auf Martinas Traum. Freud hätte einen Blick in die Kindheit Martinas geworfen. Die Trauminhalte »Café«, »reichhaltiges und köstliches Frühstück« würden ihn auf die orale Phase verweisen. Martina hat einen »Riesenhunger« und sucht einen freien Platz. Freud zufolge versucht sie, ihr Bedürfnis, ihren Hunger (wonach auch immer) zu stillen, das heißt, sich ihren Wunsch zu erfüllen. Der Tisch ist mit allem gedeckt, was sie gerne ißt, im übertragenen Sinn vielleicht mit dem, was sie braucht.

Alle Tische im Café sind besetzt, doch sieht die Träumerin noch zwei freie Plätze. Sie fragt, ob sie sich setzen dürfe, und erhält von einer älteren Frau die ärgerliche Antwort, die Plätze seien nicht mehr frei. Aufgrund dieses Trauminhaltes hätte Freud sicherlich eine Enttäuschung durch Wunschversagung in der frühen Kindheit – in der oralen Phase – vermutet, das heißt, in dieser Zeit ist Martina das Stillen von Bedürfnissen wiederholt verweigert worden. Wütend verläßt sie das Café. Bis zum heutigen Tag, so könnte Freud interpretieren, hat Martina den Schmerz, in diesem Fall die Wut über die Enttäuschung in der Kindheit, nicht überwunden.

Um weitere Einzelheiten über Martinas Kindheit zu erfahren, würde Freud den Traum in einzelne Elemente zergliedern und Martina sagen lassen, was ihr dazu einfällt. Vielleicht wären Martina Verbindungen zwischen der älteren Frau im Traum und Frauen in ihrem Leben (Mutter, Großmutter, Tante usw.) bewußt geworden. Sigmund Freud nannte diese Methode »freie Assoziation«.

Martina träumt ihren Traum seit einem Jahr immer wieder, jedoch ging Freud in seiner Theorie auf Wiederholungsträume nicht ein. Er erwähnte lediglich den sich wiederholenden Angsttraum zum Beispiel in oder nach Kriegs- und Katastrophenzeiten. Jeder Mensch hat nach Freud eine natürliche Angstbereitschaft, die ihn davor schützt, in gefährliche Situationen zu geraten. Dies ist in Katastrophenzeiten jedoch kaum möglich, und so wird immer wieder versucht, im Traum eine Angstbereitschaft herbeizuführen, um den Träumer vor neuen unerwarteten Schrecken zu bewahren.[4] Frauen und Männer der Generation, die den Zweiten Weltkrieg erlebt haben, berichteten uns von solchen Angstträumen. In dem Kapitel »Nächte mit der Angst im Nacken« werden wir auf den sich wiederholenden Angsttraum näher eingehen.

3.2 Träume und Lebenskrisen – Traumverständnis nach Erik H. Erikson

Ich sitze im Taxi und fahre zum Flughafen. Aufgeregt und glücklich schaue ich auf mein Flugticket, das mein Ziel nicht verrät. Ein Reiseunternehmen hatte Überraschungsflüge mit unbekanntem Urlaubsort im Sonderangebot, und ich griff sofort zu. An einer roten Ampel muß der Taxifahrer halten, und ich bin sauer, denn die Zeit ist knapp. Plötzlich fällt mir ein, daß ich im Büro gar keinen Urlaub beantragt habe. Außerdem konnte ich mich nicht mehr von meinen Kindern und meiner Frau verabschieden. Die Angst schleicht sich in mir hoch, doch ich kann nicht mehr zurück. Am Flughafen gehe ich schnell zur Paßkontrolle und sehe: mein Reisepaß fehlt! Ich durchwühle alle Taschen, und inzwischen wird mein Flug aufgerufen. Enttäuscht fahre ich mit der S-Bahn nach Hause.

Manfred (53) träumte seinen Reisetraum in den vergangenen zwei Jahren dreimal. Während Freud unseren Blick für Träume auf die Kindheit lenkte, führt uns Erik H. Erikson zu einer erweiterten Perspektive. Das Neue an Eriksons Theorie ist die Annahme einer *lebenslangen* psychosozialen Entwicklung, die erst mit dem Tod endet. Das Wort »psychosozial« deutet auf Eriksons ergänzende Betrachtung der Anforderungen hin, die die Gesellschaft an ein Individuum stellt. Jedem Lebensalter fällt eine Aufgabe zu, die es zu bewältigen gilt. Hierbei bewegen wir uns immer zwischen dem, was unsere Person als Individuum ausmacht, und den Anforderungen der Umwelt, das heißt, wir befinden uns in einem lebenslangen Balanceakt. Jedes Lebensstadium birgt nach Erikson seine eigene Krise in sich, die die Möglichkeit des Gelingens oder aber des Mißlingens beinhaltet.

Erikson ist der Meinung, daß der Traum genau wie das Ich im Wachzustand mit der Anpassung des individuellen Entwicklungstempos an die gesellschaftlichen Anforderungen befaßt ist, die in solch kritischen Phasen an die Person gestellt werden.[5]

Um weitere Traumdeutungshilfen erhalten zu können, müssen wir uns zunächst Eriksons Entwicklungsstufen[6] ansehen. Da wir mit Sigmund Freud bereits unsere Aufmerksamkeit auf Entwicklungsphasen der Kindheit gerichtet haben, soll an dieser Stelle das Erwachsenenalter mit seinen Krisen beleuchtet werden.

Intimität gegen Isolierung

Im Mittelpunkt dieser Phase steht Erikson zufolge die Aufnahme einer Arbeit oder eines Studiums und gegebenenfalls die Gründung einer Familie. Der Mensch sucht Intimität mit dem anderen Geschlecht, wobei nicht nur der Geschlechtsverkehr gemeint ist. Der Aufbau einer wechselseitigen psychischen Intimität mit einem anderen Menschen (nicht nur des anderen Geschlechts) ist Kern dieses Entwicklungsabschnittes. Intimität ist jedoch nur möglich, wenn wir ein Gefühl der Identität haben, das heißt uns unserer selbst sicher sind.

Das Gegenstück zur Intimität ist die Isolierung: »die Bereitschaft, Einflüsse und Menschen von sich fernzuhalten, zu isolieren und, falls notwendig, zu zerstören, die einem für das eigene Wesen gefährlich erscheinen«.[7]

Generativität gegen Stagnierung
Das Streben des Menschen richtet sich nun nach Generativität, womit Elternschaft, aber auch Kreativität, Produktivität und allgemein die Sorge für andere gemeint ist. Es ist eine Zeit des Wachstums und der schöpferischen Leistung, die in der Kindererziehung, im Beruf oder im Engagement (zum Beispiel für eine Selbsthilfegruppe) unterschiedliche Ausprägungen erfährt.

Das Gegenstück zur Generativität ist die Stagnierung, die wir als Stillstand bezeichnen können: ein Gefühl, als würde alles in uns und um uns stillstehen.

Integrität gegen Verzweiflung und Ekel
Integrität ist die Annahme seines einen und einzigen Lebenszyklus und der Menschen, die in ihm notwendig da sein mußten. Integrität bedeutet »eine neue, andere Liebe zu den Eltern, frei von dem Wunsch, sie möchten anders gewesen sein als sie waren, und die Bejahung der Tatsache, daß man für das eigene Leben allein verantwortlich ist«.[8]

Das »Gefühl eines gelungenen Lebens« (Veelken[9]) kann aus dieser Entwicklungsphase hervorgehen, aber auch die Verzweiflung, daß die Zeit zu kurz ist, zu kurz, um noch ein neues Leben zu beginnen. Lebensüberdruß und Ekel drücken die Verzweiflung und eine oft unbewußte Todesfurcht aus.

Nach Erikson existiert in jedem Menschen eine Art Grundplan, dem die Entwicklung folgt. Die Krise eines jeden

Entwicklungsabschnittes kann gelöst werden, aber auch ungelöst bleiben. Manche Menschen erfahren nie eine wirkliche Intimität mit einem anderen, einigen wiederum fehlt noch im Erwachsenenalter das Urvertrauen. In Eriksons Theorie wird deutlich, daß wir uns in einem lebenslangen Wachstumsprozeß befinden, und wenn wir keinen Stillstand (Stagnation) möchten, müssen wir uns wohl oder übel mit unseren alten unbewältigten und neuen Krisen auseinandersetzen. Der Traum kann hierbei Hilfe sein und folgende Botschaften enthalten:

- Die Entwicklungsstufe, in der sich der Träumer befindet oder auf die er sich vorbereitet, wird deutlich.
- Unbewältigte Krisen vergangener Phasen werden sichtbar.
- Spannungen zwischen dem Träumer als Individuum und der Umwelt treten hervor. »Im Traum wird dabei versucht, eine Synthese zwischen der individuellen Entwicklung und den Erwartungen und Bedürfnissen der Umwelt zu schaffen.«[10]

Sehen wir uns gemeinsam mit Erik H. Erikson Manfreds Traum an:

Manfred sitzt im Taxi und fährt zum Flughafen. Aufgeregt und glücklich schaut er auf sein Flugticket, das das Ziel nicht verrät.

Etwas Neues kündigt sich an. Der Wunsch, das Alte und Vertraute zu verlassen, sich auf unsichere Wege zu begeben; nicht zu wissen, wo man ankommt, sich einfach überraschen zu lassen ohne Plan und Ziel.

Flüge können das Überschreiten innerer und äußerer Grenzen, vielleicht sogar die Suche nach Transzendenz symbolisieren. Das Lied von Reinhard Mey, »Über den Wolken muß die Freiheit wohl grenzenlos sein«, drückt diese Ursehnsucht des Menschen aus.

Plötzlich hält der Taxifahrer an einer roten Ampel.

Manfreds individuellen Wünschen und Bedürfnissen tritt ein »Stop« entgegen. Die Erwartungen der Umwelt treten auf in Form des Berufes, der Kinder, der Frau. Manfred hat Angst. Die Spannung zwischen der individuellen Entwicklung und den Anforderungen der Umwelt, von der Erikson spricht, wird an dieser Stelle besonders gut sichtbar.

Manfred kann nicht mehr zurück, doch der Reisepaß fehlt. Enttäuscht fährt er nach Hause.

Vielleicht gibt es in Manfreds Leben noch Unerledigtes, das vor der Reise bewältigt werden muß. Auch kann die Angst vor dem Neuen zu groß sein und das Bekannte mehr Sicherheit bieten.

Manfred hat uns zu seinem Traum folgendes geschrieben:

»Seit dreißig Jahren arbeite ich in derselben Firma. Der Konkurrenzkampf wird immer härter, die Angst, von den Jüngeren verdrängt zu werden, immer größer. Ich habe mich auf einen Fünfundsiebzig-Prozent-Vertrag eingelassen. Die Kinder sind inzwischen erwachsen und brauchen mich nicht mehr. Einerseits bin ich froh. Endlich habe ich mehr Zeit, um tun und lassen zu können, was *ich* will. Andererseits weiß ich gar nicht, wie dieses ›Was-ich-Will‹ aussieht. Im Moment beschränkt sich mein Leben auf meinen Beruf, meine Frau, meinen Garten und die Besuche der Kinder am Wochenende. Hin und wieder spüre ich eine Leere, die mich tief erschreckt.«

Eriksons Stufenmodell zufolge spiegelt sich in Manfreds Traum die Lebenskrise Generativität gegen Stagnation. »Die Phase des Erwachsenenalters ist die Lebensphase der ›Jungen Alten‹, der ›Neuen Alten‹. Viele aus dieser Alterskohorte verlassen die Erwerbsarbeit bzw. lassen die traditionelle Familienarbeit mit der Sorge um die heranwachsenden Kinder hinter sich.« (L. Veelken[11])

In dieser Zeit kommt es zu einer erneuten Identitätskrise, die wir unter dem Begriff Midlife-crisis kennen. Das bisherige Leben wird neu bewertet, viele haben ihren beruflichen Höhepunkt erreicht, andere orientieren sich neu. Die Kinder sind eventuell erwachsen, ziehen aus, und für Frauen, die den größten Teil der Kindererziehung übernommen hatten, beginnt ein neuer Lebensabschnitt.

Die Gefahr dieser Lebenskrise liegt, wie bereits erwähnt, in der Stagnation (Erikson), einer inneren Leere, einem Stillstand oder einer Depression.

Mit Worten von Hermann Hesse aus dem Gedicht »Stufen« läßt es sich so ausdrücken:

> »Kaum sind wir heimisch an einem Lebenskreise
> und traulich eingewöhnt, so droht Erschlaffen;
> nur wer bereit zum Aufbruch ist und Reise,
> mag lähmender Gewöhnung sich entraffen.«

Den Wiederholungstraum hat Erikson nicht erwähnt, doch finden wir in seiner Theorie den ersten Erklärungsansatz für die Wiederholung von Träumen: *Ein Traum taucht in einem Entwicklungsabschnitt immer so lange auf, bis die Aufgabe oder Krise der jeweiligen Phase bewältigt ist.*

Wie wir in dem Kapitel »Der Wiederholungstraum als Bestandteil des Lebens« noch sehen werden, spiegeln vor allem Reiseträume und Umzugsträume in den unterschiedlichen Varianten das Verlassen oder das Verharren in einem Lebensabschnitt.

3.3 Der Traum als Ratgeber – C. G. Jung und seine Traumtheorie

Claudia (41) träumte den folgenden Traum mehrmals und nennt ihn den »Tischverkauf«.

Ich stehe mit meinem Geliebten Wolfgang in der Küche an meinem Küchentisch. Wolfgang möchte den Tisch kaufen, und ich denke: ›Warum will er diesen wackeligen Küchentisch von Neckermann haben? Er hat vor Jahren nur siebzig Mark gekostet und ist heute garantiert nichts mehr wert.‹ Eine alte, mir unbekannte Frau, die nur ich sehen kann – das ist mir in diesem Moment bewußt – kommt hinzu. Sie steht nicht auf dem Boden, sondern schwebt seitlich über mir. Sie sagt mir, der Tisch sei wertvoll und zeigt auf die Tischplatte. Da sehe ich eine Marmorplatte mit Kreisen, die mich an das Yin-Yang-Zeichen erinnern. Die Alte sieht mich durchdringend an und fordert mich auf, den Tisch auf keinen Fall unter neunhundert Mark zu verkaufen. Ich zögere einige Sekunden, doch dann nenne ich den Preis. Wolfgang antwortet, er zahle selbstverständlich alles.

C. G. Jungs Traumtheorie ist zeitlich vor Erikson anzusiedeln, doch wird er an dieser Stelle vorgestellt, da sich sein Traumverständnis von Freud und Erikson in einigen Punkten entscheidend abhebt. Freud und Erikson gehen beide davon aus, daß im Traum Konflikte sichtbar werden. In Freuds Theorie handelt es sich um Konflikte aus der frühen Kindheit, Erikson spricht von Krisen einer Lebensstufe. Für C. G. Jung hat der Traum hingegen eher eine kompensatorische Funktion, das heißt, er kann die Veränderung bewußter Handlungen bewirken und dient sozusagen als Korrektiv. Anders ausgedrückt: Der Traum weiß mehr als unser Ich im Wachzustand. Zu dieser Annahme konnte Jung kommen, weil er das »Unbewußte nicht als ein Chaos von Trieben ansah, sondern vor allem als eine schöpferische Aktivität«[12], die auch nachts in den Träumen wirkt. Während für Freud und Erikson im Traum Situationen verhüllt auftreten, dienen Jungs Traumsymbole einer Enthüllung und bergen Botschaften in sich.

Nach Jung haben viele Träume einen prospektiven (nach vorn gerichteten) Aspekt, und er meinte damit nicht eine Prophezeiung, sondern eine Vorübung oder einen im voraus entworfenen Handlungsplan. Wichtig ist zu erwähnen, daß sich die Mehrheit der Träume, so Jung, auf Eindrücke des Vortages bezieht.

Halten wir noch einmal das Entscheidende an dem Traumverständnis Jungs fest: Der Traum hat eine »lebenspraktische Komponente«[13], das heißt, er macht uns aufmerksam, bietet Handlungsstrategien und ist eine Art Übung für unser bewußtes Erleben.

Jung ging noch einen erheblichen Schritt weiter. Hinter

dem Unbewußten existiert seiner Meinung nach eine weitere Schicht, eine kollektive. Sie ist älter und frei von Elementen der Lebensgeschichte des einzelnen; es handelt sich bei dieser Schicht um Urerfahrungen der Menschheit, die als »Archetypen« bezeichnet werden. Der Traum kann nun Urerfahrungen der Menschheit beinhalten, die in Symbolen sichtbar werden, die keinerlei persönlichen Bezug zu dem Träumer haben. Jung arbeitete mit feststehenden Symbolen, allerdings war er der Ansicht, daß man diese gegen eine mögliche, ganz persönliche Bedeutung des Bildes für den Träumer abwägen müsse. Jung ging sehr vorsichtig mit der Titulierung eines Symbols als Archetypus um, wahrscheinlich weit vorsichtiger als seine Nachfolger. Nehmen wir ein Beispiel:

Jemand träumt von einer Schlange. In den meisten Träumen wird das Symbol der Schlange einen persönlichen Bezug zum Träumer darstellen. Eine Urlaubserfahrung mit einer Schlange, ein Kindheitserlebnis, das Auftauchen einer Schlange in einem gerade gesehenen Krimi usw. Nur wenn kein persönlicher Bezug zu erkennen ist, wäre für Jung die Annahme eines Archetypus gerechtfertigt. Das Schlangensymbol würde dann zu einer Grundvokabel des Unbewußten. Träume mit sogenannten Archetypen sind, so Jung selbst, äußerst selten, und die Mehrheit der Träume steht im Bezug zur Lebensgeschichte des Träumers.

Jeder Traum jedoch, der eine Tendenz im Unbewußten verkörpert, die danach strebt, die bewußte Haltung des Träumers zu verändern, ist nach Jung ein bedeutsamer Traum, dem wir besondere Beachtung schenken sollten.

Nach Meinung der Autoren sind die Wiederholungsträume, die Jung in seiner Theorie nicht erwähnt, vor allem hier einzuordnen, denn tatsächlich verschwinden sie gerade dann, wenn im bewußten Handeln eine Veränderung erfolgte.

Weitere wichtige Aspekte im Traumverständnis von C. G. Jung sind die Symbolfiguren der Anima und des Animus. Jeder Mensch hat seinen gegengeschlechtlichen Seelenanteil. Für den Mann ist dies die Anima, für die Frau der Animus. »Zur vollen Persönlichkeitswerdung hat der Mann seine Anima, die Frau ihren Animus, das heißt die jeweils mitgesetzte psychische Strukturkomponente zu realisieren und existentiell tathaft zu integrieren.«[14] Die Anima kann sich in Männerträumen in weiblichen Personen, der Animus in Frauenträumen in männlichen spiegeln. Aber auch der gleichgeschlechtliche Seelenanteil spricht in Traumsymbolen zu uns, was nicht bedeutet, daß jede im Traum auftretende weibliche oder männliche Figur unseren Animus oder unsere Anima repräsentiert. Jeder von uns kennt diese Erfahrung: Im Traum taucht eine Person auf, die uns vertraut ist, mit der wir kämpfen oder die wir lieben, und doch ist keine Parallele zu uns bekannten Menschen zu erkennen. Morgens rätseln wir, wer uns da so zu schaffen machte (im Positiven oder Negativen), und vielleicht können wir mit C. G. Jung davon ausgehen, daß hier unser Animus oder unsere Anima zu uns gesprochen hat.

Jung zufolge sind die meisten Träume wie ein klassisches griechisches Drama aufgebaut; dieser Aufbau kann einen Zugang zum Verständnis des Traumes bilden. In Anlehnung hieran haben die Autoren einen Fragenkatalog entwickelt, der sich auf Wiederholungsträume anwenden läßt.

1. Anfang des Traumes

Welche Personen tauchen in dem Traum auf? Verwandte, Freunde, Bekannte oder Personen, die nicht bekannt sind?

Welcher Ort wird sichtbar, wie wird die Umgebung beschrieben?

In welcher Zeit spielt der Traum? Tag oder Nacht? Gegenwart, Zukunft, Vergangenheit?

Welche Jahreszeit?

2. Exposition oder Darstellung des Problems, um das der Traum kreist

Welches Problem (Hauptthema) wird dargestellt? Welches ist damit verbunden?

Wie sind die Personen in die Problematik (in das Hauptthema) einbezogen?

3. Klimax
Wie wird das Problem (Hauptthema) angegangen?
Steigert sich das Problem zu einer Katastrophe, und wie sieht diese aus?
Kommt es zu einer Lösung, und wenn ja, zu welcher?
Wie verhalten sich die Personen?
Welche Gefühle sind mit dem Vorgang verbunden?

4. Lysis oder Resultat des Traumes
Wie endet der Traum?
Läßt sich ein Resultat ableiten?
Welche Fragen bleiben offen?

Der Wiederholungstraum von Claudia wird nun dem Traumverständnis Jungs zufolge und mit Hilfe des vorangehenden Fragenkatalogs interpretiert.

1. Anfang des Traumes
Personen, die in dem Traum auftauchen, sind die Träumerin, der Geliebte und eine alte Frau. Die alte Frau ist der Träumerin unbekannt, aber in anderen Träumen ist sie ihr bereits begegnet.
Der Ort ist die Küche ihrer jetzigen Wohnung.
Der Traum spielt in der Gegenwart am Tag.

2. Exposition oder Darstellung des Problems, um das der Traum kreist.
Der Geliebte möchte den Tisch kaufen, doch die Träumerin hat Zweifel. Der Tisch kann als Symbol für die Beziehung (Gemeinschaft) gesehen werden. Die Zweifel an dem Wert des Tisches drücken Selbstzweifel der Träumerin aus. »Bin ich es denn wert? Warum will er mich? Eigentlich ist der ›Tisch‹ doch ›wackelig‹ und wertlos.«

3. Klimax

Die alte Frau taucht auf. Die Träumerin beschreibt diese als eine weise Beraterin, die einen Aspekt des Selbst darstellen könnte, die Anima. Die Anima verdeutlicht den Wert des Tisches, das heißt den Wert der Träumerin. Sie gibt der Träumerin einen Rat, zeigt ihr ein neues Selbstbild und ein alternatives Verhalten auf. An diesem Punkt wird die kompensatorische Funktion des Traumes deutlich. Ein neuer Handlungsentwurf besagt: Zweifle nicht an dir, sieh dir deinen Wert an und fordere!

Die alte Frau weist auf den Tisch, und nun sieht die Träumerin eine Marmorplatte mit Yin-Yang-Zeichen. Sie erkennt ihren Wert und den der Beziehung. Die Yin-Yang-Zeichen symbolisieren ein Verschmelzen von Weiblichkeit und Männlichkeit, von Animus und Anima, zum einen im Selbst der Träumerin, zum anderen in der Beziehung zum Geliebten.

Die alte Frau blickt die Träumerin durchdringend an und fordert sie auf, den Tisch auf gar keinen Fall unter neunhundert Mark zu verkaufen. »Du mußt deinen Preis fordern, verkauf dich nicht unter deinem Wert.« Das bedeutet für die Träumerin im Wachzustand, zu ihren Bedürfnissen und Wünschen zu stehen, nicht immer den Wünschen des Partners nachzugeben aus Angst, verlassen zu werden. Die Träumerin zögert, doch nennt sie letztendlich den hohen Preis. Das Zögern drückt die Ängste der Träumerin aus: Was passiert, wenn ich Forderungen stelle? Ist es das Ende der Beziehung? Wird er mich verlassen? Die Träumerin hat jedoch inzwischen den Wert ihres Selbst erkannt und fordert den Preis.

4. Lysis oder Resultat des Traumes

Der Geliebte sagt, er zahle natürlich alles, das heißt, er geht auf die Forderungen ein. Der hohe Preis ist ihm die Träumerin wert.

Der Traum wies Claudia auf eine alternative Handlungsstrategie und ein neues Selbstbild hin. Er bestätigt Jungs Hypothese, daß das Traum-Ich mehr wissen kann als unser Wach-Ich und unser Verhalten und unsere Einstellungen (uns und anderen gegenüber) korrigiert.

3.4 Der Traum als Spiegel des Selbst oder: Du träumst, was du bist – Rationalistische Ansätze (Calvin Hall, Hans Dieckmann)

Markus (22) träumte in seinem Urlaub zweimal:

Ich sitze in einem Straßencafé in Paris. An einem Nachbartisch trinkt eine schöne junge Frau ihren Kaffee und zwinkert mir zu. Mein einziger Wunsch ist, sie kennenzulernen, und so stehe ich auf und bewege mich auf sie zu. Als ich ihr etwas sagen möchte, kann ich meine Lippen nicht mehr bewegen, und ich habe das Sprechen verlernt. Nun bin ich nur noch voller Angst mit dem Versuch beschäftigt, einen Laut herauszubekommen.

Wie verhält sich Markus Frauen gegenüber im Wachzustand? Völlig anders als im Traum? Ist er vielleicht sogar eine Art »Frauenheld«, der jede Frau mit Leichtigkeit und Charme anspricht?

Die in diesem Kapitel auftretenden Traumtheoretiker würden mit Entschiedenheit nein sagen, denn sie sind der Überzeugung, daß sich unser Ich im Traum nicht anders verhält als unser Wach-Ich. Wir werden nachts nicht der oder die ganz andere. Hans Dieckmann ist der Meinung, daß unser Traum-Ich dieselben Abwehrmechanismen hat und ähnliche Empfindungen, sich nicht einmal viel anders verhält.[15]

Die Annahme Dieckmanns wird bestätigt durch die statistische Erhebung von Calvin Hall. Hall kritisierte in den sechziger Jahren, daß Erkenntnisse der Traumdeutung nur auf klinischen Erfahrungen mit Patienten beruhen. Aus diesem Grund wertete er mehr als fünfzigtausend Träume aus von Menschen, die sich nicht in Therapie befanden, und entwickelte ein umfangreiches Klassifikationsschema. Er war der erste, der das statistische Verfahren der Inhaltsanalyse auf Träume übertrug. Die Träume wurden von ihm ähnlich wie Texte in einzelne Segmente zergliedert und analysiert. Die Aufteilung eines Traumes ist uns bereits bei C. G. Jung als dramatischer Aufbau begegnet. Hall war jedoch dagegen, einzelne Träume zu analysieren. Träume sagen ihm zufolge nur dann etwas aus, wenn Traumserien untersucht werden. Ein einzelner Traum verrät, so Hall, noch nichts über die Persönlichkeit des Träumers, dies tun erst einzelne sich wiederholende Elemente aus Traumserien. *Dieser Gedanke läßt sich nach Meinung der Autoren auf den Wiederholungstraum übertragen, denn gerade in diesem wiederholen sich die verschiedenen Traumelemente und werden damit im Sinne von Hall aussagekräftig.*

Die Traumdefinition, die Hall aufstellte, klingt zunächst einmal nüchtern: Traum ist das, was eine Person berichtet, wenn sie gebeten wird, einen Traum zu erzählen, Kommentare und Deutungen ausgeschlossen. Der Vorteil dieser Definition liegt in der Operationalisierbarkeit, denn der Text kann, so wie er erzählt wird, analysiert werden.

Für Hall sind Träume eine Art Kurzschrift, die Stenographie unserer Gedanken, sie sind ein Denken in Bildern.

Im Gegensatz zu den Freudianern und Jung ist Hall davon überzeugt, daß jeder Träumer imstande ist, seine Träume zu deuten, auch ohne Therapeuten und Traumexperten. Als Hilfestellung für die Traumdeutung entwickelte Hall vier Grundregeln.[17]

1. Der Träumer ist Drehbuchautor, Regisseur und Schauspieler. Der Traum ist ein vollkommen subjektives Produkt und liefert ein genaues Abbild davon, wie der Träumer die Realität wahrnimmt, das heißt, wie er
   - sich selbst,
   - andere,
   - die Welt,
   - die eigenen Impulse und Konflikte sieht.

Francisco Goya, »Der Schlaf der Vernunft gebiert Ungeheuer«

2. Um etwas zu träumen, muß man es zuvor (im Wachzustand) gedacht haben.
3. Der Traum kann mehr als *ein* Bild des Träumers von sich selbst oder von der Welt offenbaren.

4. Der Traum ist ein organisches Ganzes. Das heißt, die einzelnen Elemente sind nur im Kontext des ganzen Traumes verständlich. Deshalb muß die Bedeutung der einzelnen Symbole im Kontext des Traumes betrachtet werden.

Kommen wir noch einmal zurück zu dem Traum von Markus. Dem rationalistischen Ansatz von Hall und Dieckmann entsprechend, können wir interpretieren: Markus befindet sich im Urlaub und hat den Wunsch, eine junge Frau kennenzulernen. Er ist in Paris, der »Stadt der Liebe«. Wie der Traum zeigt, hat er jedoch Schwierigkeiten, Kontakt aufzunehmen. Etwas in ihm hemmt ihn, löst so große Angst aus, daß es ihm »die Sprache verschlägt«. Er ist unfähig zu sprechen, das heißt, die Frau, die ihm gefällt, anzusprechen.

Das Ich von Markus wird im Traum nicht zum Frauenheld, sondern verhält sich, wenn wir Hall und Dieckmann glauben, wie das Wach-Ich. Es ist nicht identisch, aber bewahrt seine Kontinuität und erlebt dieselben Ängste, Hemmnisse und Konflikte.

Der Traum ist in diesem Sinne ein Spiegel, in den wir blicken, um uns zu erkennen.

3.5 Zusammenfassende und ergänzende Betrachtungen

Die vorgestellten Traumtheorien beleuchten wichtige Aspekte der Traumdeutung. Sicherlich hat jede Theorie ihre Grenzen und Kritikpunkte, gelangt aber auf ihrem eingeschlagenen Weg zu neuen Erkenntnissen.

Freud richtet unseren Blick auf die Kindheit. Nicht alle Träume finden hier ihren Ursprung, dennoch ist offensichtlich, daß sich viele von uns ihr Leben lang mit ungelösten Kindheitskonflikten »herumschlagen«, und dies auch nachts im Traum. So erfuhren die Autoren zum Beispiel aus dem Brief einer Neunzigjährigen von einem Leben, in dem eigene Wünsche und Berufsziele nie erreicht werden konnten, weil die Mutter, die zur Schuldigen gemacht wurde, dies nicht erlaubte. Mit der Verneinung der Verantwortung für das eigene Leben kommen wir zu Eriksons Lebenskrise »Integrität gegen Verzweiflung und Ekel«.

Erikson erweitert den Ansatz von Freud in Richtung auf Krisen eines jeden Lebensalters, die in den Träumen sichtbar werden.

C. G. Jung interessierten nicht so sehr die im Traum erscheinenden Krisen und Konflikte; er sieht in den Träumen eine schöpferische Aktivität und Botschaften, die unsere Einstellungen oder unser Verhalten korrigieren können. In einem weiteren Schritt geht er auf eine universale Sprache der Träume, die sogenannten Archetypen, ein.

Calvin Hall und Hans Dieckmann betrachten Träume als Spiegel unseres Selbst. Wir träumen, wer und was wir sind, und haben hierdurch die Möglichkeit, Träume als ein Mittel zur Selbstreflexion einzusetzen.

Die Autoren haben die Theorien ausgewählt, die für den Wiederholungstraum und eine individuelle Traumdeutung Hinweise und Hilfen bieten. Zahlreiche weitere existierende wissenschaftliche Arbeiten über Träume können in diesem Rahmen nicht vorgestellt werden.

Erwähnt werden soll an dieser Stelle jedoch noch die umfangreiche erlebnisorientierte Traumarbeit, die ihren Ursprung in der Gestalttherapie (Fritz Perls) hat, die alle einzelnen Elemente des Traumes als Bruchstücke der Persönlichkeit des Träumers ansieht. Während der Therapie wird der Klient angehalten, sich im Rollenspiel mit den einzelnen Elementen des Traumes zu identifizieren. Da diese Traumarbeit sehr stark auf ein therapeutisches Vorgehen ausgerichtet ist, wird in diesem Buch nicht näher darauf eingegangen.

Auch die Traumforschung im Labor soll in diesem Zusammenhang noch kurz angeführt werden, bestätigt sie doch die Bedeutsamkeit des Traumes für das psychische Wohlbefinden des Menschen. 1953 entdeckte man bei Menschen in bestimmten Phasen des Schlafes schnelle Augenbewegungen. Weckt man einen Menschen in dieser Phase, kann er sich gewöhnlich an seinen Traum erinnern. Man bezeichnet diese Phasen als REM(Rapid Eye Movement)-Schlaf. In diesem Schlafstadium ist die Hirnaktivität sehr hoch, nahezu gleich dem Wachzustand. Der REM-Schlaf ist überwiegend der Zustand des Träumens und beträgt bei Erwachsenen zwischen achtzehn und dreiunddreißig Prozent des Gesamtschlafes. Experimente deuten darauf hin, daß die Auseinandersetzung mit Träumen und deren Inhalten offenbar positive Auswirkungen auf die psychische und die soziale Situation des Träumers hat. Träumen ist der Forschung im Labor zufolge eine Aktivität, die viel Zeit in Anspruch nimmt und außerordentlich wichtig für das psychische Wohlbefinden ist. Dies ist eine Erkenntnis, aufgrund derer sich die Auseinandersetzung mit den eigenen Träumen lohnt!

Werfen wir noch einen Blick auf die aus den Theorien gewonnenen Einsichten bezüglich der Wiederholungsträume. Freud erwähnt als Wiederholungstraum lediglich den Angsttraum, in dem versucht wird, eine einmal durchlebte, starke Angst auslösende Situation zu verarbeiten. In Anlehnung an Erikson gewinnt der Wiederholungstraum eine interessante Perspektive. Die Krise einer Lebensstufe taucht im Traum immer wieder auf, und erst nach deren Bewältigung verschwindet der Traum. Auf diesen Gedanken werden wir in den Kapiteln 5 und 6 näher eingehen. Jung richtet unser Interesse auf Botschaften des Traumes an unser Wach-Ich. Auch er greift den Wiederholungstraum nicht auf, doch läßt seine Theorie die Schlußfolgerung zu, daß ein Traum so lange erscheint, bis wir seine Botschaft »begreifen« und in unser Leben integrieren. Calvin Hall bekräftigt unser spezielles Interesse am Wiederholungstraum, denn für ihn wird ein Traum gerade dann aussagekräftig, wenn Traumelemente immer wieder auftauchen.

In der anschließende Tabelle werden die Theorien hinsichtlich ihrer Traumdefinitionen, Inhalte und Aussagen zu Wiederholungsträumen noch einmal gegenübergestellt.

Theorie: *Sigmund Freud*

Traumdefinition:	Traum ist der Versuch einer Wunscherfüllung
Trauminhalte:	Konflikte der frühen Kindheit (orale, anale und genitale Phase); unterdrückte Sexualität
Wiederholungstraum:	Angsttraum als Versuch, eine einmal durchlebte stark angstauslösende Situation zu verarbeiten

Theorie: *Erik H. Erikson*

Traumdefinition:	Traum ist genau wie das Ich im Wachzustand mit der Anpassung des individuellen Entwicklungstempos an die gesellschaftlichen Anforderungen befaßt
Trauminhalte:	Die Entwicklungsstufe, in der sich der Träumer befindet; unbewältigte Krisen vergangener Phasen; Spannungen zwischen dem Träumer als Individuum und der Umwelt
Wiederholungstraum:	Im Traum wird die Lebenskrise, in der sich der Mensch befindet, immer wieder thematisiert

Theorie: *C. G. Jung*

Traumdefinition:	Traum ist eine schöpferische Aktivität und hat eine kompensatorische Funktion. Traum dient als Korrektiv
Trauminhalte:	Botschaften an das Wach-Ich; Handlungspläne; Aspekte des Selbst (Anima, Animus); Archetypen

Wiederholungstraum:	Träume wiederholen sich so lange, bis die Botschaften verstanden und in das Wach-Ich integriert sind

Theorie: *Calvin Hall*

Traumdefinition:	Traum ist das, was eine Person berichtet, wenn sie gebeten wird, einen Traum zu erzählen, Kommentare und Deutungen ausgeschlossen
Trauminhalte:	Identische Erfahrungen, Ängste, Konflikte und Verhalten des Wach-Ich
Wiederholungstraum:	Traum ist nur aussagekräftig, wenn sich die Traumelemente *wiederholen*

Tabelle Traum und Theorien

Kommen wir zu der Frage, welche Theorie denn nun für die individuelle Traumdeutung herangezogen werden kann. Welche Theorie ist für welchen Traum geeignet? Die Autoren sind der Meinung, daß jede Theorie einen wichtigen Aspekt beleuchtet, und es liegt an uns, welchen Ansatz wir anwenden. Jeder Träumer besitzt genügend Sensibilität, um diese Entscheidung zu fällen. Das Kapitel 4 wird jedoch Hinweise und Tips für die eigene Traumdeutung anbieten. Letztendlich werden wir aber selbst feststellen müssen, welcher Ebene ein Traum entspringt.

»Ist es ein Alptraum, eine direkte Botschaft des Schattens? Ist es einfach ein Tagesrest, der aus dem Ego aufsteigt? Oder liegt der Ursprung noch tiefer: ein Traum von archetypischer Bedeutung … Von der Antwort wird abhängen, welchen Ansatz man wählt.«[18]

4 Individuelle Deutung der Wiederholungsträume

Wie beginnen wir mit der Deutung unserer Wiederholungsträume und was müssen wir beachten? Wiederholungsträume sind in der Regel durch eine erhöhte Intensität gekennzeichnet. Wir werden morgens wach, haben vielleicht das Gefühl, als hätten wir eine körperliche Höchstleistung hinter uns, und dazu sind wir noch emotional aufgewühlt. Der Wiederholungstraum ist anders als Träume, in denen Tagesreste aufgearbeitet werden. Die Mehrheit der Träume, so haben wir von den Traumexperten erfahren, basiert auf Ereignissen des Tages. Diese Träume belasten uns in den überwiegenden Fällen nicht sonderlich, an viele können wir uns gar nicht mehr erinnern. Wiederholungsträume hingegen lassen uns so schnell nicht los, sie steigen aus der Tiefe unseres Unbewußten auf und »wollen irgend etwas« von uns. Sie sind wie ein Klingelzeichen an unserer Haustür, das uns veranlaßt, die Tür zu öffnen. Die Frage ist, welche Botschaft denn da in uns dringen möchte, was sollen wir in unser Bewußtsein hineinlassen? Wenn wir das Klingeln einfach überhören, wird der Besucher wiederkommen, denn er ist hartnäckig und will uns schließlich etwas übergeben.

Zur Entschlüsselung der Botschaften unserer Wiederholungsträume soll das Kapitel 4.2 Hinweise und Tips bieten, doch vorher müssen wir uns die Probleme ansehen, die mit einer individuellen Traumdeutung verbunden sind.

4.1 Probleme individueller Traumdeutung

Wir neigen dazu, feststehende Traumsymbole mit beigefügten Interpretationen zu bevorzugen. Träumen wir zum Beispiel von Schlangen oder Raubtieren, schlagen wir in einem Traumbuch unter dem jeweiligen Symbol nach, und schon kennen wir die Bedeutung. Wir lesen, daß Schlangen unterdrückte sexuelle Wünsche symbolisieren, Raubtiere zeigen dem Träumer seine Bereitschaft, sich Gegnern zu stellen. Doch so einfach machen es uns die Träume nicht!

Sicherlich haben Traumsymbole mit den entsprechenden Bedeutungen ihre Berechtigung und können für die eigene Interpretation wichtige Anregungen bieten. Aber wie sollte jemals ein feststehendes Symbol uns als Person im Traum und im Wachzustand erfassen? Jeder von uns ist eine Persönlichkeit mit Millionen von Facetten und einer einzigartigen Biographie. Unser Bewußtsein ist nur die Spitze des Eisberges, darunter liegt unser Unbewußtes verborgen und spricht nachts mit uns. Wir werden niemals eine objektive Deutung erhalten können. Wir selbst sind Drehbuchautoren, Regisseure und Schauspieler unserer Träume (vgl. Hall, Kapitel 3.4) und aus diesem Grunde diejenigen, die eigene Träume am besten interpretieren können. Die Deutung unserer Träume ist immer subjektiv, und wahrscheinlich fällt sie manchmal so aus, wie es uns gerade angenehm erscheint; aber das ist berechtigt. Wir müssen nur berücksichtigen, daß wir uns in unserer Deutung irren können, denn die Trauminhalte sind keine unumstößlichen Wahrheiten.

Träume können als ein Medium zur Selbstreflexion eingesetzt werden, und wenn wir diese Tatsache nutzen, sind sie uns hilfreich auf dem Weg unserer Entwicklung. Sie sind jedoch nicht das einzige heilbringende Mittel, für manchen Menschen mag ein literarischer Text, ein Musikstück oder ein Gemälde geeigneter sein, um über sich nachzudenken.

Wir sollten nicht zwanghaft in unserer Traumdeutung vorgehen und zum Beispiel, wie es einige Experten empfehlen, uns nachts den Wecker stellen, um Träume sofort aufschreiben zu können. Dies halten wir für übertrieben; es kann uns jeden Spaß an der Traumdeutung rauben.

Wiederholungsträume begleiten uns über einen längeren Zeitraum, und so ist es wahrscheinlich, daß sich unsere Deutung verändert. Wir werden einen Traum das erstemal anders interpretieren als nach zwei Jahren, denn sicherlich erkennen wir plötzlich neue Traumelemente, oder wir werden uns eines anderen Zusammenhangs bewußt, und das ist gut so. Traumdeutung ist nicht statisch, sondern wird sich mit uns selbst weiterentwickeln. Wenn wir anfangen, uns mit unseren Träumen zu beschäftigen, werden wir immer mehr Gespür bekommen für die Vielschichtigkeit unserer Träume, unserer Persönlichkeit, vor allem auch unseres Unbewußten.

4.2 Tips und Hinweise zur individuellen Deutung von Wiederholungsträumen

Zunächst einmal ist es notwendig, den Wiederholungstraum zu definieren, denn eine Definition fehlt in allen Traumtheorien.

Ein Wiederholungstraum ist ein Traum, den wir mindestens zweimal träumen. Die wichtigsten Traumelemente (Hauptthema, Personen, Krise, Ergebnis) sind in der Wiederholung identisch. Verändert sich in einem Wiederholungstraum ein Hauptelement, sprechen wir von Traumserien.

Im Traum kommt es zum Beispiel plötzlich zu einem neuen Ergebnis, oder es erscheinen andere Personen. Denken wir an Manfreds Reisetraum (Kapitel 3.2): Manfred träumt vielleicht irgendwann nicht mehr, daß er sein Flugzeug verpaßt, sondern startet in den Urlaub.

Korrigieren wir unser Verhalten, unsere Einstellung oder Empfindung einem Problem gegenüber, wird der Wiederholungstraum entweder seine Inhalte verändern oder aber insgesamt aus unseren Nächten verschwinden. Der Aspekt der Veränderung spielt in der Deutung unserer Träume eine besondere Rolle, auf die wir noch näher eingehen werden.

Die in diesem Kapitel zusammengestellten Hinweise und Tips sind auf Wiederholungsträume ausgerichtet, was nicht besagt, daß sie nicht auch auf andere Träume angewandt werden können.

1. Die Grundvoraussetzung einer jeden Traumdeutung ist das Ernstnehmen des Traumes. Hans Dieckmann emp-

fiehlt, sich abends vor dem Einschlafen vorzunehmen, sich für die Träume der Nacht zu interessieren und sie sich zu merken.[1]

2. Eine weitere Notwendigkeit ist das Aufschreiben des Wiederholungstraumes, jedesmal, wenn wir ihn träumen. Auch wenn wir der Meinung sind, er wäre vollkommen identisch, sollten wir dies tun, ansonsten werden wir eventuell wichtige veränderte Details übersehen. Haben wir morgens Zeit, beginnen wir sofort mit dem Aufschreiben, allerdings nicht unter Streß und Zeitdruck. Das Schreiben darf nicht unter Zwang oder als Muß geschehen, sondern in Muße und entspannter Atmosphäre und zunächst ohne Interpretationen, Wertungen und Gliederungen. Wir schreiben das auf, was uns spontan einfällt, ohne anschließende Veränderungen vorzunehmen. Eine weitere Bearbeitung nehmen wir erst zu einem späteren Zeitpunkt vor.
3. Wir nehmen den Traum mit in unseren Alltag und meditieren über ihn. Haben wir zum Beispiel in der Mittagspause einige Minuten Zeit, konzentrieren wir uns auf seine Inhalte und lassen die Traumbilder und die damit verbundenen Gedanken und Gefühle in uns aufsteigen. So werden wir allmählich emotional etwas von der Botschaft, die uns der Traum mitzuteilen hat, verstehen und begreifen, ohne daß wir seine Einzelheiten direkt ins Rationale übersetzen.[2]
4. Eine weiter gehende Beschäftigung mit unserem Traum ist die Reflexion unserer Traumbilder, der in uns aufsteigenden Gefühle und Botschaften des Unbewußten. Ein Traum ist nicht losgelöst von unserer Ratio, unserem Verstand, er ist keine Gefühlsduselei, kein Bild, das von irgendwo herkommt und nichts mit uns zu tun hat. Im Prozeß des Reflektierens stellen wir notwendige Verbindungen her, die Verbindung zwischen unseren Gefühlen und unserem Verstand, zwischen unserem Bewußtsein und unserem Unbewußten. Nur in der Beleuchtung der Traumbilder mit Hilfe unserer Ratio wird ein Traum verständlich und aus dem Dunkel der Nacht herausgeführt.

Antoine Watteau, »Der Traum des Künstlers«

Bereits C. G. Jung stellte fest, daß der Traum wie ein klassisches Drama aufgebaut ist (vgl. Kapitel 3.3). Der auf Grundlage dieser Annahme von den Autoren entwickelte Fragenkatalog wird im folgenden erweitert und schematisch dargestellt, so daß er dem Leser als Vorlage für die Bearbeitung eigener Wiederholungsträume und Traumserien dienen kann.

ERSTER TRAUM

Anfang des Traums:	Welche Personen tauchen in dem Traum auf? Verwandte, Freunde, Bekannte oder Personen, die nicht bekannt sind? Welcher Ort wird sichtbar? Wie wird die Umgebung beschrieben? In welcher Zeit spielt der Traum? Tag oder Nacht? Gegenwart, Zukunft, Vergangenheit? Welche Jahreszeit?

Darstellung des Problems, um das der Traum kreist (Exposition):	Welches Problem/Hauptthema wird dargestellt? Welches ist damit verbunden? Wie sind die Personen in die Problematik (in das Hauptthema) einbezogen?
Klimax:	Wie wird das Problem (Hauptthema) angegangen? Steigert sich das Problem zu einer Lösung, und wenn ja, zu welcher? Wie verhalten sich die Personen? Welche Gefühle sind mit dem Vorgang verbunden?
Lysis oder Resultat des Traums:	Wie endet der Traum? Läßt sich ein Resultat ableiten? Welche Fragen bleiben offen?

Zweiter Traum

Anfang des Traums:	…
Darstellung des Problems, um das der Traum kreist (Exposition):	…
Klimax:	…
Lysis oder Resultat des Traums:	…

Was hat sich verändert?

Anfang des Traums:	…

Darstellung des Problems, um das der Traum kreist (Exposition):	…
Klimax:	…
Lysis oder Resultat des Traums:	…

Die schriftliche Bearbeitung unserer Träume mit Hilfe des vorangehenden Schemas ermöglicht die genaue Beachtung aller Traumelemente und Details, die ansonsten schnell untergehen und wieder im Unterbewußtsein verschwinden würden. Die Fragestellungen sind geeignet, die Botschaften eines Traumes zu entschlüsseln und zu den Kernaussagen hinzuführen. Einen Wiederholungstraum sollten wir jedesmal, wenn wir ihn träumen, notieren und dem vorherigen gegenüberstellen (siehe Schema, erster und zweiter Traum). Nur mit Hilfe der Gegenüberstellung werden wir feststellen, inwieweit sich einzelne Traumelemente verändern oder identisch bleiben. Dies wird in den folgenden Träumen von Ulla (57) deutlich.

Erster Traum
Ich bin auf einer Veranstaltung zusammen mit vielen Menschen, und ich bin sehr beschäftigt. Neben mir steht meine Reisetasche. Plötzlich fällt mir ein: In der Reisetasche ist ja mein Baby. Ich habe es schon lange Zeit nicht mehr versorgt. Lebt es noch? Ich schaue hastig nach und stelle fest, daß es noch lebt. Ich wende mich wieder anderen Dingen zu, ohne das Baby zu versorgen.

Zweiter Traum (einige Wochen später)
Ich bin wieder auf einer Veranstaltung und sehr beschäftigt. Plötzlich erinnere ich mich erschrocken, daß ich in meiner Tasche mein Baby habe. Drei Tage habe ich nicht danach gesehen. Ich gucke nach und bin ganz erleichtert, daß das kleine Herz noch schlägt.
Ich wende mich wieder meiner Beschäftigung zu.

Anfang des Traums:

Welche Personen tauchen in dem Traum auf?
Verwandte, Freunde, Bekannte oder Personen, die nicht bekannt sind?

Erster Traum	Die Träumerin, viele unbekannte Menschen
Zweiter Traum	Die Träumerin
Was hat sich verändert?	Andere Menschen werden nicht mehr erwähnt, spielen im zweiten Traum keine Rolle mehr

Welcher Ort wird sichtbar? Wie wird die Umgebung beschrieben?

Erster Traum	Veranstaltung, neben der Träumerin steht eine Reisetasche
Zweiter Traum	Veranstaltung, die Träumerin hat eine Tasche bei sich
Was hat sich verändert?	Identisch, Reisetasche wird im zweiten Traum nicht erwähnt, nur eine Tasche

In welcher Zeit spielt der Traum? Tag oder Nacht? Gegenwart, Zukunft, Vergangenheit? Welche Jahreszeit?

Erster Traum	?
Zweiter Traum	?
Was hat sich verändert?	?

Darstellung des Problems, um das der Traum kreist (Exposition):

Welches Problem/Hauptthema wird dargestellt?
Welches ist damit verbunden?

Erster Traum	In der Reisetasche befindet sich das Baby der Träumerin, das sie schon lange Zeit nicht mehr versorgt hat
Zweiter Traum	Drei Tage hat die Träumerin nicht mehr nach ihrem Baby in der Tasche gesehen
Was hat sich verändert?	Zeit ist im ersten Traum nicht genau definiert; im zweiten sind es hingegen schon drei Tage (Steigerung)

Wie sind die Personen in die Problematik (in das Hauptthema) einbezogen?

Erster Traum	Die Träumerin ist sehr beschäftigt; hat aus diesem Grund ihr Baby nicht versorgt
Zweiter Traum	Die Träumerin ist sehr beschäftigt; hat aus diesem Grund nicht nach ihrem Baby gesehen
Was hat sich verändert?	Grund für das Problem ist identisch: Träumerin ist sehr beschäftigt

Klimax:

Wie wird das Problem (Hauptthema) angegangen?

Erster Traum	Die Träumerin fragt sich, ob das Baby noch lebt und schaut hastig nach

Zweiter Traum	Die Träumerin ist sehr erschrocken und guckt in ihre Tasche
Was hat sich verändert?	Die Träumerin ist sehr erschrocken; das Problem berührt sie im zweiten Traum stärker

Steigert sich das Problem zu einer Lösung, und wenn ja, zu welcher?

Erster Traum	Die Träumerin stellt fest, daß das Baby noch lebt
Zweiter Traum	Die Träumerin ist erleichtert, daß das Herz ihres Babys noch schlägt
Was hat sich verändert?	Im zweiten Traum spricht die Träumerin von dem Herz des Babys und ihrer Erleichterung

Welche Gefühle sind mit dem Vorgang verbunden?

Erster Traum	Gefühle werden nicht erwähnt; eher neutral
Zweiter Traum	Die Träumerin ist zunächst sehr erschrocken, später dann erleichtert
Was hat sich verändert?	Der zweite Traum hat ein stärkeres gefühlsmäßiges Erleben

Lysis oder Resultat des Traums:

Wie endet der Traum?
Läßt sich ein Resultat ableiten?
Welche Fragen bleiben offen?

Erster Traum	Die Träumerin wendet sich wieder anderen Dingen zu, ohne das Baby zu versorgen
Zweiter Traum	Die Träumerin wendet sich wieder ihrer Beschäftigung zu
Was hat sich verändert?	Identisches Ende

Auf den ersten Blick erscheinen die beiden Träume von Ulla als identisch. Erst in der Gegenüberstellung wird sichtbar, daß im zweiten Traum eine Steigerung im gefühlsmäßigen Erleben zu erkennen ist. Ulla ist hier sehr erschrocken und erleichtert, als das Herz ihres Babys noch schlägt. Im ersten Traum stellt sie eher neutral fest, daß ihr Baby noch lebt. Auch die Konkretisierung in Blick auf das Herz = Gefühl bekräftigt noch einmal diese Annahme. Ulla selbst interpretiert das Symbol »Baby« als ihr inneres Kind, als Wunsch, sich auch einmal schwach zeigen zu können, ein Wunsch, dem sie in ihrem Alltag wenig Beachtung schenkt. Sie ist oft unterwegs (siehe Reisetasche im ersten Traum) und sehr beschäftigt. Im ersten Traum wird sie an das Kind erinnert, und obwohl die wichtigsten Traumelemente im zweiten Traum identisch sind und es sich um einen Wiederholungstraum handelt, wird hier bereits eine steigende Tendenz sichtbar. Was ihrem inneren Kind passieren kann, wenn sie es weiterhin unversorgt läßt, erfährt Ulla dann in einem dritten Traum.

Dritter Traum (wieder einige Wochen später)
Ich gehe durch die Straßen meiner Stadt und treffe eine gute Bekannte, eine junge Frau, vor dem Haus, in dem sie wohnt. Sie weist auf den Korb, den sie trägt, und sagt, daß darin ihr totes Baby liege. Sie sagt dies so, als sei das etwas ganz Normales und Selbstverständliches. Sie sagt, in ihrem Garten seien viele tote Babys begraben.

Die Träume von Ulla zeigen uns in faszinierender Weise, wie hartnäckig unser Unterbewußtsein mit Hilfe von Wiederholungsträumen und Traumserien Botschaften an unser Bewußtsein vermittelt. Die Bilder in den Träumen werden dramatischer, so als würde uns jemand wachrütteln wollen.

Wiederholungsträume und Traumserien beinhalten Themenbereiche, die für den einzelnen Träumer und seinen Alltag in besonderer Weise wichtig sind. Und doch tauchen in zahlreichen Träumen unterschiedlicher Menschen bestimmte Themen immer wieder auf, Themen, die uns allen in der einen oder anderen Weise nachts in den Träumen begegnen. Auf diese werden wir in Kapitel 5 unsere Aufmerksamkeit richten.

4.3 Ein neues Verständnis der Traumsprache

Aufgrund ihrer Theorien kamen Sigmund Freud und C. G. Jung zu einem neuen Verständnis der Traumsprache. Beide setzten jedoch unterschiedliche Akzente, die sich aus heutiger Sicht durchaus ergänzen.

Freud hatte das Unbewußte als eine Art »Abfallager« der Triebregungen verstanden, vor denen wir Angst haben oder für die wir uns schämen. Er denkt hier vor allem an Sexualität und Aggression. Diese Triebregungen »melden« sich jedoch immer wieder in unserem Wachbewußtsein. Jeder Mensch hat ein ausgeklügeltes System geschaffen, um diese »Zumutungen« zu bekämpfen, und ist darin mehr oder weniger erfolgreich.

Im Schlaf jedoch fällt die Kontrolle des Bewußtseins weg. Trotzdem werden wir – glücklicherweise – nicht von Sex- und Gewaltbildern überschwemmt. Dafür sorgt die »Traumzensur«. Sie ist gleichsam der »Hüter unseres Schlafs« und verhindert, daß wir regelmäßig aus Schrecken oder Ekel wach werden. Träume sind also niemals direkter Ausdruck unseres Unbewußten. Im Normalfall haben die Instanzen des Ich oder des Über-Ich die Inhalte so verändert, daß wir gut mit ihnen leben beziehungsweise schlafen können. Jede

Nacht erleben wir eine wunderbare Maskerade. Unser Unbewußtes äußert sich im bunten Spiel der Verhüllung und Enthüllung. Wenn das Spiel zu heftig wird, werden wir wach und freuen uns, daß es »nur« ein Traum war. Sind wir jedoch von unserem nächtlichen Erleben schockiert und geängstigt, so liegt ein echtes seelisches Problem vor.

Sigmund Freud erkannte, daß die Techniken der Maskierung vielfach dem entsprechen, wie wir uns im Wachbewußtsein gegenüber peinlichen oder gefährlichen Triebregungen verhalten. Über die Jahre entdeckte er nicht weniger als zehn verschiedene Abwehrmechanismen, die jeder von uns täglich einsetzt. Je nach Charakter beanspruchen wir vielleicht die eine Technik mehr als die andere, und je nach den Lebensumständen und der Biographie wehrt der eine mehr ab als der andere. Bei allen individuellen Unterschieden – fest steht: Jeder Mensch unterhält ein ganzes Arsenal von »Abwehrwaffen« gegen unerwünschte Triebimpulse, was ja auch sehr sinnvoll ist. Man stelle sich vor, jeder würde völlig losgelöst seinen aggressiven und sexuellen Impulsen nachgeben – es gäbe Mord und Totschlag, Inzest und Vergewaltigung. Freuds Tochter Anna stellte unsere Abwehrmechanismen systematisch dar.[1] Wir werden sie nur unter den Aspekten vorstellen, die für die Traumdeutung wichtig sind.

Verdrängung

Es gibt viele Träume, die uns – manchmal völlig überraschend – mit »vergessenen« Erfahrungen und Erlebnissen konfrontieren. Mal sind es Kleinigkeiten, die gar nicht wichtig erscheinen (die Hausnummer unseres Geburtshauses oder längst vergessene Lateinvokabeln), mal sind es schockierende Erlebnisse, die sich scheinbar plötzlich durch einen Traum wieder in unser Bewußtsein drängen. Diese überraschenden Durchbrüche bedürfen jedoch immer eines Auslösers. Oft werden wir durch ein triviales Erlebnis an die »alte Sache« erinnert.

Hanna (82) sah in einer Fernsehübertragung Eiskunstlauf. Dabei stürzte eine Läuferin völlig unspektakulär. Im

Traum sah sie dann eine Szene aus ihrer Kindheit. Sie hatte mit angesehen, wie ein befreundetes Mädchen beim Schlittschuhlaufen verunglückte. Jahrzehntelang hatte sie nicht mehr an dieses Erlebnis gedacht. Natürlich kann sich die Erinnerung auch schon im Wachbewußtsein vollziehen, was im Alltag oft genug geschieht. Jeder kennt die Formulierung: »Als dies oder jenes geschah, erinnerte ich mich plötzlich, daß ...« Je nach der Art der Erinnerung kann Hannas Erfahrung sehr bestürzend und bedrohlich werden. Man denke nur an Fälle von Mißbrauch oder Mißhandlung in der Kindheit. Doch sind derartig klare Erinnerungsträume eher selten, denn der »Traumzensor« hat die Möglichkeit, aufsteigende Traumata so stark zu entstellen, daß sie nicht weiter beunruhigen.

Regression

Jeder Mensch hat, wenn er frustriert wird, die Tendenz, auf eine frühere Lebensstufe zu regredieren, weil er sich dort glücklicher fühlte. Wenn wir traurig sind, essen wir viel (orale Phase) oder umgeben uns mit Wärme (Bett, Badewanne; orale Phase), oder wir gehen einkaufen (anale Phase), oder wir lassen uns bemuttern (ödipale Phase). All das ist auch in unseren Träumen möglich. Viele Menschen kennen Träume, in denen sie selbst als Kind vorkommen. Wird das Bild von angenehmen Gefühlen begleitet, dann handelt es sich um einen »Regressionstraum«. Dies muß nun keineswegs bedeuten, daß der Träumende ein Kind sein will. Aber der Traum verschafft ihm Wohlbehagen und ein Glücksgefühl – und daran ist doch wohl nichts auszusetzen. Oft sind es die Regressionsträume, die uns die Kraft geben, im harten Alltag weiterzumachen und nicht zu verdorren. Insbesondere alte Menschen und Depressive haben häufig derartige Träume.

Reaktionsbildung

Gelegentlich tun wir das genaue Gegenteil dessen, was wir eigentlich wollen. So kann man oft beobachten, daß das ältere Kind sein neugeborenes Geschwisterchen sehr zärtlich behandelt, obwohl es vielleicht zutiefst eifersüchtig ist. Jeder kennt Menschen, die extrem sauber und ordnungsliebend sind. Daß es sich hierbei um eine Form der Abwehr unerwünschter Impulse handelt, erkennt man daran, daß dieses Verhalten in übertriebener Weise an den Tag gelegt wird. Auch kommt es zu gelegentlichen Durchbrüchen der verdrängten Wünsche. Dies kann natürlich ebensogut in Träumen geschehen. So kann das ältere Kind träumen, daß das unerwünschte Baby »einfach weggeht«, wie es Anna Freud berichtet.[2] Der »Saubermann« träumt nachts vielleicht von Müllbergen und verwahrlosten Körpern. Menschen, die extrem freundlich sind (weil sie ihre Aggressionen nicht zeigen können), sind in ihren Träumen vielleicht Raubtiere und Massenmörder.

Dies sind sehr wichtige nächtliche Erfahrungen, denn sie machen uns bewußt, wie wir *auch* sein können, was noch in uns steckt, und welche Charaktereigenschaften es noch zu entdecken gibt. Allerdings verhindert der innere Traumzensor oft genug die tiefere Einsicht, indem er die verpönte Charaktereigenschaft derart abstoßend präsentiert, daß dem Träumer die Lust auf Neuentdeckungen rasch vergeht. Je größer die Übertreibung im Traum ist (beim Saubermann: je widerlicher die Müllberge sind), desto größer ist die Angst des Träumers vor seinem Schatten. Der verdrängte Triebwunsch bläht sich im Traum zu einem Monstrum auf und verhindert so eine Weiterentwicklung der Persönlichkeit. Menschen, die derartige Träume haben, fällt es oft sehr schwer zu erkennen, daß es ihre Ängste (vor Schmutz, vor Sexualität, vor Haßgefühlen usw.) sind, die diese Träume erst so intensiv und bedrohlich erscheinen lassen.

Isolierung

Die Technik der Isolierung ermöglicht es, die schlimmsten Dinge zu träumen (oder zu tun), ohne an Schuldgefühlen oder Ängsten zu ersticken. Wie funktioniert das? Nicht das Ereignis selbst, sondern sein emotionaler Wert oder seine Bedeutung werden verdrängt. Mit anderen Worten: Das Ereignis wird völlig isoliert erlebt.

Ein Beispiel: Hin und wieder träumt Kai (15), daß er seinen Vater tötet. Er erlebt diesen Traum jedoch völlig neutral, ohne positive oder negative Gefühle. Es ist »wie in einem Film, als wäre ich bloß ein Schauspieler«, so sagt er selbst. Ohne Isolierung hätte der Junge vermutlich schwere Schuldgefühle, was die Beziehung zum Vater, von dem er sich gerade lösen will, wohl sehr komplizieren würde.

Mit Hilfe der Technik der Isolierung können wir im Traum, ohne mit der Wimper zu zucken, die schlimmsten Untaten begehen, selbst mit uns können die schlimmsten Dinge passieren, ohne daß wir Leid oder Schmerz empfinden. Und manchmal wachen wir auf und wundern uns, daß wir im Traum nicht traurig waren oder keine Angst hatten, oder keine Schuld empfanden. Die Fähigkeit zur Isolierung sollte in bezug auf Träume nicht moralisch bewertet werden. Es ist wichtig, daß wir unsere destruktiven Impulse, ob sie sich nun gegen andere oder gegen uns selbst richten, im Traum ausleben können, denn sonst laufen wir Gefahr, daß die aufgestauten Triebe plötzlich in die Wirklichkeit einbrechen – was das für Folgen hat, lesen wir jeden Tag in der Zeitung.

Ungeschehen machen

Durch »ungeschehen machen« können wir ein Stück weit die harte Realität ignorieren. So kann ein Arbeitsloser zum Beispiel träumen, daß er mit dem Auto zur Arbeit fährt. Eine Witwe träumt regelmäßig, daß sie mit ihrem Mann beim Frühstück sitzt. Unliebsame Ereignisse (hier: Arbeitslosigkeit oder Tod) können in der Traumwelt ignoriert werden, als seien sie niemals geschehen. Diese Technik ist eminent wichtig, um die Seele gesund zu erhalten. Besonders wenn wir mit Tod und Trennung konfrontiert werden, brauchen wir Zeit, um diese traumatisierenden Ereignisse zu verarbeiten. Träume, die das Geschehen verleugnen, geben uns Zeit zum Atemholen. In schweren Zeiten können sie eine Gnade sein.

Projektion

Im Alltag führt diese Abwehrtechnik oft zu Konflikten. Die verpönten Triebregungen werden nicht der eigenen Person zugeschrieben, sondern anderen Menschen gleichsam untergeschoben. In zahlreichen Lustspielen begegnen uns diese Charaktere in verzerrter Form: Der Priester, der jedem Mädchen Unzucht unterstellt; die alte Frau, die sich von jedem jungen Mann sexuell belästigt fühlt; der Pedant, der über seine »verschlampten« Nachbarn schimpft. Auch in unseren Träumen können wir unliebsame Triebregungen auf andere Traumfiguren projizieren, ohne daß uns im Traum bewußt wäre, daß wir selbst es sind, die so agieren.

Ein Beispiel: Elke (24) wirkt gehemmt und schüchtern. Regelmäßig träumt sie, sie sitze allein in einem Boot ohne Ruder auf dem offenen Meer. Da kommt eine schöne, wenn auch etwas ordinär aussehende Nixe angeschwommen, in großen Sprüngen, wie ein Delphin. Mit breitem Lachen umkreist sie das Boot und will es zum Kentern bringen. Elke ist in Todesangst. Vielleicht verkörpert die Nixe all die vitalen Anteile, die Elke nicht zum Leben kommen läßt. Was sie im Traum als äußere Bedrohung erlebt, scheint in Wirklichkeit eine – aus ihrer Sicht – innere Gefahr zu sein, daß sie sich »ordinär« und »nackt« im »Wasser« bewegt, was sie »eigentlich peinlich findet«, wie sie sich ausdrückt. Sie hat ihre unbewußten Wünsche nach Freiheit, spontaner Bewegung und Nacktheit auf die Figur einer Nixe übertragen, die sie bedroht.

Nicht jedes unbekannte Wesen, mit dem wir im Traum konfrontiert werden, ist uns wirklich unbekannt. Sehr oft handelt es sich bei diesen Figuren um Projektionen unserer ungeliebten oder gefürchteten Charaktereigenschaften.

Introjektion

Jedes Kind durchlebt – zum Leidwesen seiner Eltern – die Phase, da es alles, was interessant erscheint, in den Mund nehmen will. Im übertragenen Sinne verhalten wir uns so auch gegenüber unseren Trieben. In bezug auf den Traum gehören alle Motive des Verschluckens, Essens, Beißens, Einverleibens und Erstickens hierher. Der Trieb (zum Beispiel Haß) wird zwar verschluckt, bleibt aber wirksam. Oft sagen wir im Alltag: »Ich bin vor Wut erstickt« oder »Sie hat ihre Tränen hinuntergeschluckt«. Im Traum können sich diese Metaphern in konkreten Bildern äußern.

So träumt Hanna (82) häufig: »Ich gehe durch die Stadt. Aus irgendeinem Grund ist mir zum Weinen. Ich treffe auf einen Arzt, der ganz streng aussieht. Er stopft mir Mullbinden in den Mund. Ich habe Angst zu ersticken und werde wach.« Den Grund ihrer Trauer hat Hanna uns nie nennen können (oder wollen). Interessant ist hier die Verbindung zweier Abwehrmechanismen: Projektion und Introjektion. Der strenge Arzt kann als Hannas Über-Ich interpretiert werden; es verhindert – auf recht brutale Weise –, daß Hanna ihre Trauergefühle »auf der Straße« zeigt. Zugleich werden hier die Nachteile der Introjektion deutlich. Hanna droht an ihren Gefühlen zu ersticken. Dadurch, daß sie ihre Trauer nicht zeigt, sondern verschluckt, wirkt dieser Affekt um so heftiger in ihr. Menschen, die häufig diese Abwehrtechnik benutzen, bevölkern die psychosomatischen Kliniken, denn der Gefühlsstau führt oft zu körperlichen Leiden.

Wendung gegen die eigene Person

Vielen Menschen fällt es schwer, Aggressionen zu zeigen. Sie fürchten sich davor, sich mit anderen zu streiten. Gleichzeitig müssen sie ihre Aggression – die ja da ist – irgendwie abbauen. So wenden sie sich gegen sich selbst. Viele Menschen, die in einem aggressiven Umfeld leben müssen (in der Schulklasse, am Arbeitsplatz, bei einem aggressiven Partner usw.), können sich selbst nicht leiden und beschuldigen sich selbst, Auslöser der Aggression zu sein. Dies kann sich auch in Träumen äußern.

So träumt die schüchterne Elke häufig, daß ihre Kollegen sie mit Müll bewerfen. Statt Wut und Empörung zu empfinden, äußert sie, daß sie das im Traum als »irgendwie richtig« ansieht. Würde es ihr gelingen, mehr Persönlichkeitsanteile der »Nixe« zu leben, die sie ja auch ist, hätte sie vermutlich ganz andere Empfindungen bei diesem Traum.

Der Preis dieser Abwehrtechnik ist sehr hoch. Derartige Menschen wüten gegen sich selbst und zerstören nach und nach ihr gesamtes Selbstbewußtsein, bis sie sich nur noch als »häßliches Entlein«, als Auswurf der Menschheit vorkommen – und sich entsprechend verhalten. Bis heute ist nicht recht klar, weshalb die einen Menschen zu derart zerstörerischen Abwehrtechniken greifen und andere nicht. Erziehung und Veranlagung spielen dabei sicherlich eine wichtige Rolle.

Sublimierung (Verschiebung)

Bei der Sublimierung gelingt es uns, unerwünschte Impulse in einen ungefährlichen Bereich zu verschieben. So kann etwa der Aggressionstrieb vieler Heranwachsender dadurch kanalisiert werden, daß sie zum Beispiel eine Sportart betreiben. Für das gefürchtete Triebziel wird ein Ersatz geschaffen. Davon lebt die Film- und Fernsehindustrie. Die Beliebtheit von Liebesszenen kann als Ersatz für eigene unbefriedigte Liebessehnsüchte verstanden werden. Unter diesem Aspekt wäre der Umgang mit unseren Haustieren eine Untersuchung wert. Auch in unseren Träumen finden sich zahlreiche Bilder der Sublimierung. Orte der Wärme (Bett, Badewanne, Strand) können Ersatz für Liebe sein. Verzerrungen, Deformationen (der Chef als Zwerg, der gehaßte Nachbar, der sich im Traum in eine dicke Fliege verwandelt) können als Ersatz für Aggressionen gedeutet werden. Zahlreiche andere Situationen können als verkappte Aggression verstanden werden, wie etwa der ungeliebte Ehepartner, der krank und hilflos im Bett liegt. All diese Träume sind nicht offen aggressiv (niemand wird gefoltert, getötet usw.), lassen jedoch Aggressivität erkennen.

Verkehrung ins Gegenteil

Diese Technik ist eng mit der Reaktionsbildung verwandt. Triebwünsche werden nicht befriedigt, sondern ins Gegenteil verkehrt. Liebe kann schnell in Haß umschlagen, Aggression in betonte Fürsorglichkeit. Da die Angst sehr groß ist, die wahren Gefühle zu zeigen, bemüht man sich krampfhaft, das genaue Gegenteil zu leben, damit ja kein Verdacht aufkommt. Im Unterschied zur Reaktionsbildung wird jedoch keine ganze Lebenshaltung aus diesem Verhalten aufgebaut, sondern es kommt nur in einzelnen Situationen zu derartigen Abwehrmaßnahmen.

Als beispielhaft sei ein weiterer Traum von Hanna angeführt. Sie hatte ihre Mutter jahrelang gepflegt. Oft fühlte sie sich in dieser Zeit von der alten Dame überfordert und provoziert. Sie hat ihre Aggressionen jedoch nie gezeigt, wie sie versichert, denn die Mutter »konnte ja nichts dafür«. In dieser harten Zeit träumte sie immer wieder von Situationen, in denen sie sich als »tüchtige« und »liebevolle« Pflegerin erwies. Die Träume enthielten keine Spur von Aggression. Dies ist ein schönes Beispiel dafür, wie Träume Lebenshilfe leisten können. Hätte Hanna sehr aggressive Träume gehabt, hätte sie Schuldgefühle bekommen, so daß sie ihr Ziel, die Mutter »bis zuletzt« zu pflegen, vielleicht nicht erreicht hätte. Es sei dem Leser überlassen zu entscheiden, ob Hannas Ziel richtig oder falsch war. Für uns ist wichtig, daß derartige Träume Hanna halfen, das zu tun, was sie für richtig hielt.

Vor dem Hintergrund der Abwehrmechanismen, die meist in kombinierter Weise auftreten, wird mancher »verrückte« Traum plötzlich verständlich. Seit Freud wissen wir, daß die einzelnen konkreten Bilder manchmal gar nicht so wichtig sind. So ist es für das Verständnis von Hannas »Introjektionstraum« ziemlich egal, ob ihr der Arzt Mullbinden oder irgend etwas anderes in den Mund stopft. Entscheidend ist das Motiv des Erstickens. Auch hätte es nicht unbedingt ein Arzt sein müssen. Jede andere Autoritätsperson hätte die Rolle des Über-Ich genauso übernehmen können, ohne daß sich die Bedeutung des Traums wesentlich geändert hätte. So ist oft nicht der Inhalt, sondern die Form des Traums entscheidend. Diesen wichtigen Grundsatz hat Sigmund Freud als erster in die Traumdeutung eingeführt. Hierin ist der entscheidende Unterschied zwischen moderner und traditioneller Traumdeutung zu sehen. Artemidor und seine Vorgänger haben sich immer auf die Deutung der einzelnen Motive konzentriert (nach dem Motto: Apfel bedeutet Liebe).

Neben den Abwehrmechanismen, deren Wirksamkeit im Traum heute von niemandem bezweifelt wird, hat Sigmund Freud sich auch zur Symbolik des Traums geäußert. Deformationen und Verzerrungen haben wir schon kennengelernt. Sie sind Ausdruck sublimierter Aggression (Chef als Zwerg) oder der Regression (Kindesmotiv). Viel wichtiger sind für ihn jedoch die maskierten Äußerungen der Sexualität. Platt gesagt: Jeder längliche Gegenstand (ob Stock, Turm, Pistole oder Kugelschreiber) konnte für Freud ein verkappter Penis sein und jeder ausgehöhlte Gegenstand (ob Körbchen, Blumenvase, Eimer oder Tasse) eine potentielle Vagina. Diese Sexualisierung nahezu jeden Traumes – denn wo sind derartige Motive nicht zu entdecken – hängt mit seiner Vorstellung vom Unbewußten zusammen, das lediglich aus verpönten Sexual- und Aggressionstrieben besteht, die nur darauf lauern, sich über die Träume wieder ins Bewußtsein zu schleichen. Wie wir gesehen haben, hat sein Schüler C. G. Jung ein freundlicheres Bild des Unbewußten entworfen (vgl. Kapitel 3.3).

Darüber hinaus wies Freud darauf hin, wie wichtig Assoziationen und Wortspiele für Träume sind. So kann etwa eine gestreßte Mutter, die immer »Zirkus« zu Hause hat, von einem tatsächlichen Zirkus träumen, in dem sie auftreten muß. Auch einzelne Traummotive können assoziativ mit der Wachwelt verbunden sein. Hanna sah im Traum kurz vor dem Tod der Mutter eine verdorrende Anthurie – die Mutter liebte Anthurien. Diese assoziativen Verweise kann nur der Träumer selbst erkennen, hier kann kein Spezialist helfen.

Es gibt verschiedene Gruppen sich wiederholender Abwehrträume. Verändert sich der Traum nur wenig, heißt das, daß die seelische Verfassung des Träumenden gleich geblieben ist. Steigert sich die Bildersprache, wird deutlich, daß die seelische Spannung steigt und nach einer Entlastung verlangt. Bei diesen Traumreihen ändert sich der Inhalt des Traums bei gleichbleibender, jedoch intensiver werdender Botschaft.

Hierfür ein Beispiel. Werner (45), Bankangestellter, will nicht akzeptieren, daß seine Kräfte nachlassen. In einem ersten Traum wird er in seine Schulzeit zurückversetzt. Er muß eine wichtige Klassenarbeit schreiben, jedoch an einem weit entfernten Ort, den er nur mit dem Fahrrad erreichen kann. Er radelt, als ginge es um sein Leben. Darauf erwacht er. Der Träumende ist nicht mehr Angestellter, sondern nur noch ein kleiner Schüler, der verzweifelt zu seiner Klassenarbeit radelt. Genau so fühlt sich Werner in beruflicher Hinsicht. Jedes neue Problem, das er früher locker löste, erscheint ihm nun als unliebsame Prüfung seiner verbliebenen Kräfte. Seine Angst zu versagen, eines Tages zu spät zu reagieren, drückt sich in diesem Traumbild aus.

Im zweiten Traum muß er zu einem wichtigen Geschäftsessen, doch er kann seine Hose nicht finden. Er sucht mit wachsender Verzweiflung im ganzen Haus. Plötzlich steht seine Frau lachend vor ihm und hält ihm eine Kinderhose entgegen mit dem Kommentar: »Merkst du nicht, daß deine Hosen viel zu klein sind?« Diese Worte treffen ins Mark. Im Zentrum des Traums steht als Symbol die Kinderhose. Ohne daß er es gemerkt hatte, ist er aus ihr herausgewachsen. Faßt man sie als Symbol für seinen Beruf auf (für einen Bankangestellten ist korrekte Kleidung überlebenswichtig), so wird deutlich, daß er nicht mehr in diesen Beruf »hineinpaßt«, mit anderen Worten: Er kann den beruflichen Erwartungen und Erfordernissen nicht gerecht werden. Ob das der Realität entspricht, sei dahingestellt. Im Traum wird lediglich seine Angst davor deutlich, daß es so sein könnte. Zugleich thematisiert der Traum seine Beziehung zur Ehefrau. Sie ist es, die ihn mit den zu kleinen Hosen konfrontiert. Ihr kann er nichts vormachen. Darüber hinaus kann die Hose auch als Symbol für seine Männlichkeit aufgefaßt werden. Aus dieser Perspektive wird seine Angst deutlich, sexuell zu versagen und von der Ehefrau deswegen verhöhnt zu werden. Zuletzt kann die Ehefrau als Projektion aufgefaßt werden. Sie würde dann den Teil seiner Persönlichkeit repräsentieren, der längst weiß, daß er den Zenit überschritten hat und daß die neue Lebensphase ihm nun abverlangt, sich mit seinem zunehmenden Kräfteverschleiß auseinanderzusetzen. C. G. Jung würde sagen: Es ist seine Anima, die ihn auf die wichtigeren Werte in seinem Leben hinweisen will.

In einem dritten Traum ist Werner auf einem Flughafen, wieder ein wichtiger Termin, wieder Zeitdruck. Mit schwerem Gepäck hastet er zum Abfertigungsschalter. Die Angestellte erscheint ihm riesig groß. Er sieht sich selbst mit ihren Augen von oben herab als kleinen, schwer bepackten und aufgeregten Wicht – und er muß lachen. In diesem letzten Traum drückt sich sehr schön die erreichte Selbsterkenntnis aus. Werner kann sich selbst nun mit den Augen seiner Anima sehen, die diesmal in Gestalt einer Angestellten erscheint. Die Figur ist gewachsen, Zeichen für die größere Bedeutung, die dieser Aspekt seiner Persönlichkeit nun bekommen hat. Der Träumende erlebt, daß seine Versagensängste aus anderer Perspektive einfach lächerlich erscheinen. Sein Lachen schafft Distanz und bricht die Macht der Ängste.

Wir meinen, Werner hat es geschafft. Er hat erkannt und akzeptiert, daß er mit fünfundvierzig Jahren anders leben muß als ein Endzwanziger und daß dieser neue Lebensabschnitt keineswegs einen Verlust an Lebensqualität darstellt. All diese Prozesse sind unbewußt abgelaufen. Allein die Träume zeigen, was Werner in dieser kurzen Zeit (die Traumserie erstreckte sich über fünf Wochen) alles gelernt hat.

Sich wiederholende Träume müssen inhaltlich keineswegs immer gleich sein. Entscheidend ist die Thematik, nicht die Illustration. In unendlich vielen Variationen weisen Träume uns auf Lebensprobleme hin und signalisieren Lösungen – wir müssen sie nur ernst nehmen.

C. G. Jung steuerte einige neue und wichtige Aspekte zum Verständnis der Traumsprache bei. Er interessierte sich – mehr als Freud – für die Bilder, die uns im Traum erscheinen, und wandte sich vor allem gegen ihre sexualisierte Deutung. Dies ist nur folgerichtig, denn Jung versteht das Unbewußte keineswegs als eine Art »Schlangengrube« schrecklicher verdrängter Triebe, sondern als wichtige Lebenshilfe. Die Träume signalisieren dem Schläfer, wie es um ihn steht, wie er seine Beziehungen gestaltet und – vor allem – welche Lösungsmöglichkeiten ihm zur Verfügung stehen.

Mit anderen Worten: Träume verhüllen nicht, im Gegenteil: Sie enthüllen die Wahrheit über mich selbst.

Die Botschaften der Träume werden in einer universalen Symbolsprache vermittelt, die die Kraft hat, die Psyche zu verwandeln; ohne daß wir uns dessen recht bewußt sind. Diese hilfreichen Symbole sind im allgemeinen leicht zu erkennen. Ihr wichtigstes Merkmal nennt Jung »Kontamination«, und er meint damit Verbindungen von Inhalten, die in unserer bewußten Welt unmöglich sind (eine silberne Insel oder ein Baum, der auf dem Kopf steht oder ein Mann mit dem Kopf eines Löwen usw.). Sie entspringen nicht unserer individuellen Phantasie; alle Menschen haben zu allen Zeiten und egal in welchem Kulturkreis sie wohnen in ihrem Unbewußten denselben Schatz von Symbolen, der ihnen hilft zu leben. Hierzu gehören zum Beispiel das böse Tier, Aufstieg in den Himmel oder Abstieg in die Hölle, eine hilfreiche Frauen- oder Männergestalt (Anima und Animus), das Labyrinth, Licht und Dunkelheit.

Jung machte sich daran, mit Hilfe eines breiten Wissens über die Verwendung dieser Symbole in Kunst- und Kulturgeschichte ihren Bedeutungsreichtum zu erschließen. Der Nachteil dieses Verfahrens ist jedoch offensichtlich. Der Träumende muß ein enormes Hintergrundwissen mitbringen, um seine Traumbilder verstehen zu können. Aus diesem Grunde halten wir dieses Verfahren für den »normalen« Träumenden für ungeeignet. Für uns ist es wichtig festzuhalten: Tauchen unrealistische Verbindungen in unseren Träumen auf, können wir davon ausgehen, daß sie Wahrheiten über unser Leben enthalten. Der auf dem Kopf stehende Baum kann zum Beispiel Hinweis darauf sein, daß etwas in unserem Leben »auf dem Kopf steht«, die silberne Insel weist auf etwas Kostbares in unserem Leben hin, und der Mann mit dem Löwenkopf kann eine Bedrohung, eine Aggression, verbildlichen.

Sie mögen fragen: »Woher weiß ich denn, ob die Beziehung, die ich da herstelle, überhaupt stimmt?« Unsere Erfahrung ist: Oft trifft das, was einem zuerst zu einem Traum einfällt, genau ins Schwarze. Und wenn die Bedeutung wirklich vage oder falsch ist, können wir getrost den nächsten Traum abwarten – er wird in einer deutlicheren Sprache zu uns sprechen, denn das Unbewußte *will* sich ja mitteilen, und es meldet sich so lange und hartnäckig, bis wir endlich verstanden haben.

Zusammenfassung:
Die merkwürdige und scheinbar verrückte Sprache der Träume wird verständlich, wenn wir uns klarmachen, daß die Traumsprache dahin tendiert, unliebsame Wahrheiten nur maskiert zur Sprache zu bringen. Freud entdeckte zehn Arten der Verhüllung. Ergänzend wies Jung darauf hin, daß viele Wahrheiten unseres Lebens in eindrucksvollen Bildern verdichtet werden, damit sie uns endlich bewußt werden.

Nachdem wir uns die Besonderheiten der Traumsprache bewußt gemacht haben, können wir uns nun in den folgenden Kapiteln mit wichtigen Motiven in Wiederholungsträumen auseinandersetzen.

5 Der Wiederholungstraum als Bestandteil des Lebens

Wiederholungsträume werfen existentielle Fragen auf, die unser Wachleben berühren und beeinflussen. Allerdings ist unser Alltag in der Regel so angefüllt mit Pflichten und Terminen, daß wir vergessen, über uns selbst nachzudenken, uns Pausen der Besinnung zu gönnen. Ängste, Wut, Sehnsüchte, Lebenskrisen und die unausweichliche Existenz des Todes stören unseren Alltagstrott und beunruhigen uns, und so bevorzugen wir ein Verhalten, das an das Versteckspiel kleiner Kinder erinnert: Die Hände vor die Augen halten und glauben, daß man nicht zu sehen ist. Dieses Spiel funktioniert jedoch nicht in Phasen des Schlafes, denn hier treten Themen, die wir tagsüber verdrängen, in den Träumen »zu Tage«.

In den folgenden Kapiteln werden Wiederholungsträume von existentiellen Fragen und damit über unser Selbst berichten.

5.1 Nächte mit der Angst im Nacken

Wer kennt es nicht: Wir legen uns am Abend nichtsahnend, friedlich in unser Bett, und plötzlich befinden wir uns in einem Horrorfilm. Eine Verfolgungsjagd, brutale Angriffe, ein Sturz in den Abgrund oder das Gefühl zu ersticken, dies sind nur einige Beispiele der angstauslösenden Traumbilder. Morgens, wenn wir wach werden, sind wir erleichtert. Zum Glück war es nur ein Traum! Doch manchmal sitzt uns der Schock auch am Tag noch in den Knochen und läßt uns so schnell nicht wieder los. Wir suchen nach dem Auslöser für solch einen schrecklichen Traum und fragen uns, ob vielleicht das Fernsehprogramm daran schuld war. Doch dann fällt uns ein, daß wir gar nicht ferngesehen haben. Selten suchen wir nach weiteren Gründen, und unser Angsttraum gerät in Vergessenheit, zumindest bis zum nächsten Mal. Wenn der Traum jedoch zu einem Wiederholungstraum wird, kann er zur Qual werden und eine weitere Angst hervorrufen: die Angst vor dem Einschlafen und den Träumen.

Wie entstehen Angstträume, welche Ursachen haben sie, und wie können wir mit ihnen umgehen? Ein möglicher Erklärungsansatz ist uns bereits bei Sigmund Freud begegnet.

Nach Freud schützt uns die Angst davor, in gefährliche Situationen zu geraten. Da dieser Schutzmechanismus zum Beispiel in Katastrophenzeiten nicht möglich ist, wird immer wieder im Traum Angst hervorgerufen, um den Träumer vor neuen, unerwarteten Schrecken zu bewahren.

Ich sitze bei Kerzenlicht in meiner Küche und stricke. Plötzlich Alarm! Ich suche verzweifelt nach einem weißen Bettuch. Endlich finde ich eines, und darin wickle ich mein Kind ein. Ich stürze mit meinem Kind auf dem Arm hinaus auf die Straße und suche voller Angst nach einem Schutzraum.

Eine fünfundachtzigjährige Frau erlebt dies in unterschiedlichen Abständen immer wieder. Sie hat die Angst, die im Traum auftaucht, im Zweiten Weltkrieg real erfahren. Viele Menschen der Generation, die den Zweiten Weltkrieg erlebt hat, werden noch heute in den Nächten von den Kriegserfahrungen geplagt.

Aber selbst diejenigen, denen Katastrophen- und Kriegszeiten im unmittelbaren Erleben erspart blieben, kennen existentielle Ängste, auch wenn diese in unserer Gesellschaft verpönt sind. Und wer zeigt schon gern seine Ängste in einer Gesellschaft, in der nur Stärke und Leistung zählen? Horst-Eberhard Richter spricht von einer neuen Moral, die in unserer Gesellschaft herrscht, und er nennt sie die Okay-Moral. Man lächelt sich zu, unbekümmert und strahlend, als befände man sich auf einem Reklameposter oder in einem Fernsehspot. Wer Angst hat, sollte besser nicht unter die Leute gehen, sondern gleich zum Psychotherapeuten.

»Die Menschen inszenieren sich oder lassen sich inszenieren wie ein einziges Show-Ensemble. Sie tanzen wie auf einer riesigen Bühne, wo man einander ununterbrochen Fitneß, ewige Jugendfrische und künstlichen Optimismus vorlügt. Es ist ein gigantisches hysterisches Theater. Wer nur irgend kann, spielt nach den Regeln das Okay-Spiel mit. Wer es nicht schafft, ist schnell out, weg vom Fenster, ein ›looser‹, abgehängt von den ›winners‹«.[1]

Während wir am Tag nach dem Motto »Don`t worry, be happy« leben, schleichen sich nachts die verleugneten Ängste in unsere Träume. Davor sind auch die Stärksten nicht geschützt, vielleicht haben sogar die, die tagsüber ihre Angst besonders hartnäckig verdrängen, die schlimmsten Alpträume (vgl. Kapitel 5.8).

Bereits als Kinder lernen wir, unsere Ängste zu unterdrücken und als Charakterschwäche anzusehen. »Du bist doch ein tapferes Mädchen, ein tapferer Junge!« »Davor brauchst du doch keine Angst zu haben, das ist doch lächerlich!« »Stell dich nicht so an! Reiß dich zusammen! Du bist doch ein Indianer, der keine Angst hat!« Mit solchen und ähnlichen Sprüchen wird Kindern die Angst ausgetrieben.

In unserer Kultur wurde die Kunst entwickelt, Gefühle der Angst nicht erleben zu müssen. Doch die Angst verschwindet damit nicht, sondern sucht sich andere Wege, etwa den Traum. Der Angst kann man nicht ausweichen, denn sie gehört zum Dasein und zu allen Lebensstufen. Jeder Reifungsschritt ist mit Angst verbunden, denn er führt in etwas Neues und Unbekanntes. Die Bewältigung neuer Aufgaben, das Verlassen vertrauter Bahnen sind Beispiele für Wendepunkte, die zunächst Angst auslösen. Und wenn man sich auch noch so anstrengt, die Angst zu verdrängen, sie wird sich bemerkbar machen, letztendlich vielleicht in körperlichen Symptomen wie Herzrasen, Atemnot, Schweißausbrüchen. Erst die Auseinandersetzung mit der Angst, das Verstehen ihrer Ursachen, kann zu einer Überwindung der Angst führen.

In den Träumen tauchen verschiedene Angsttypen immer wieder auf, die wir im folgenden genauer betrachten werden.

Fritz Riemann unterscheidet in einer tiefenpsychologischen Studie vier Grundformen der Angst[2], denen sich nach

Meinung der Autoren die unterschiedlichen Angstträume zuordnen lassen.

1. Die Angst vor der Selbsthingabe, als Ich-Verlust und Abhängigkeit erlebt;
2. die Angst vor der Selbstwerdung, als Ungeborgenheit und Isolierung erlebt;
3. die Angst vor der Wandlung, als Vergänglichkeit und Unsicherheit erlebt;
4. die Angst vor der Notwendigkeit, als Endgültigkeit und Unfreiheit erlebt.

Nach Riemann sind alle möglichen Ängste Varianten dieser vier Grundängste, die zu unserem menschlichen Dasein gehören. Belastend oder sogar krank machend wird die Angst, wenn eine der Grundängste ein gewisses Maß übersteigt und einseitig akzentuiert ist.

Die einzelnen Grundängste und die dazugehörigen Wiederholungsträume werden im folgenden eingehend beleuchtet.

1. Angst vor der Selbsthingabe

Ich sehe meine Freundin Nicole am Strand, etwa hundert Meter von mir entfernt. Ich denke, wie schön sie doch ist, und daß ich sie liebe. Als sie auf mich zukommt, hat sie plötzlich ein entstelltes Gesicht und Vampirzähne. Ich renne angstbesessen davon.

Tobias (26) hat diesen Traum, nachdem Nicole und er beschlossen haben, zusammen in eine Wohnung zu ziehen. Sie finden eine passende Wohnung, doch bevor der Mietvertrag unterschrieben ist, macht Tobias einen Rückzieher. Nun träumt er:

Wieder bin ich mit Nicole am Strand. Nicole nimmt unser Schlauchboot und fährt davon. Sie ist hundert Meter von mir entfernt, und ich möchte zu ihr hinschwimmen, doch die Wellen tragen mich in eine andere Richtung. Ich kann sie nicht erreichen, und ich habe Angst unterzugehen.

In Tobias Träumen wird die Angst vor der Selbsthingabe, eine Angst, die wir alle in uns tragen, deutlich. Jeder von uns möchte ein unverwechselbares Individuum sein und nicht austauschbar. Der Wunsch, uns von anderen zu unterscheiden und unsere persönlichen Interessen leben zu können, ist ein Grundimpuls, dem wir zu folgen versuchen. In Beziehungen, in denen wir permanent daran gehindert werden, fühlen wir uns nicht wohl.

Viele Menschen haben jedoch eine übermäßige Angst vor der Nähe anderer, vor einer partnerschaftlichen Verbundenheit. Jede mitmenschliche Nähe wird als Bedrohung und Gefährdung der persönlichen Freiheit erlebt. In unserer Single-Gesellschaft ist die Tendenz, anonym zu bleiben und die Unabhängigkeit als Priorität zu betrachten, besonders weit verbreitet. Je länger und stärker jedoch der Nahkontakt verhindert wird, um so unsicherer wird der Mensch im Umgang mit seinen Mitmenschen. »Durch die Ferne zur mitmenschlichen Umwelt weiß er zu wenig von anderen; es entstehen zunehmend Lücken in der Erfahrung über sie und daraus Unsicherheiten im mitmenschlichen Umgang. So weiß er nie recht, was im anderen vorgeht, denn das erfährt man, wenn überhaupt, ja nur in vertrauter Nähe und liebender Zuwendung.«[3]

Sehen wir uns den Traum von Tobias noch einmal an. Tobias sieht in der Ferne seine Freundin und denkt an seine Liebe zu ihr. Doch als sie sich nähert, packt ihn die Angst. Nicole wird zum Vampir, zu einer Person, die ihn »aussaugen« und verletzen will. Hier wird sichtbar, wieviel Angst Tobias vor Nähe hat. In der Liebe ist unsere Unabhängigkeit und Freiheit besonders gefährdet, denn hier öffnen wir uns dem Du, »geben uns hin« und werden besonders verletzlich und empfindsam. Tobias verhindert im Wachleben das Zusammenleben mit Nicole, indem er den Mietvertrag nicht unterschreibt.

Im darauf folgenden Traum wird das Dilemma deutlich, in dem Tobias steckt. Er sieht Nicole im Schlauchboot in der Ferne und möchte zu ihr schwimmen, doch die Wellen tragen ihn immer wieder in eine andere Richtung. In der Distanz zu Nicole wird Tobias von der Sehnsucht befallen.

Er wünscht sich nun ihre Nähe, wird aber von dem Wasser, das C. G. Jung zufolge das Unbewußte symbolisiert (vgl. Kapitel 3.3), fortgetrieben.

Im Menschen scheint, das macht dieser Traum deutlich, eine tief verwurzelte Paradoxie von Nähe und Distanz zu existieren. Arthur Schopenhauer hat dies in seiner Fabel von den zwei Stacheltieren besonders gut veranschaulicht:

»Es waren einmal zwei Stachelschweine, die sich in der Nacht dicht aneinander schmiegten, um sich gegenseitig zu wärmen, wobei sie sich jedoch unvermeidlich stachen. Gereizt und verärgert trennten sie sich, begannen jedoch schon bald vor Kälte zu zittern. Abermals suchten sie ihre Wärme und Nähe, wurden aber durch Schmerz und Ärger wieder auseinandergetrieben. Immer wieder versuchten sie es aufs neue. Die Hoffnung auf die Wärme des Partners trieb sie zueinander, doch wurden sie bei jeder Berührung enttäuscht wieder auseinandergetrieben.«

Mit Tobias' Träumen haben wir eine der vier Grundformen der Angst, die Angst vor der Selbsthingabe, kennengelernt. Dieser Angst steht die zweite Grundform, der wir uns nun zuwenden, als Ergänzung oder auch als Widerspruch gegenüber.

2. Angst vor der Selbstwerdung

In einem Hotel in Italien verbringe ich mit meinem Mann unseren Jahresurlaub. Morgens beim Frühstück setzt sich eine allein reisende Frau zu uns an den Tisch, mit der mein Mann sofort eine Unterhaltung beginnt. Er wird charmant und lebendig, während er zuvor mit mir kaum gesprochen hat. Die beiden reden miteinander, beachten mich gar nicht mehr, während ich mich wie abgeschnitten und isoliert fühle. Ich habe eine schreckliche Angst, und mein Herz rast.

Schweißgebadet und mit Herzrasen wird Anne (52) nach diesem Traum, der in ihren Nächten bereits mehrfach auftauchte, wach.

Die Angst, die den Träumen von Anne zugrunde liegt, ist die, vom geliebten Partner verlassen oder getrennt zu werden. Jeder Mensch hat den Wunsch, geliebt zu werden und

Geborgenheit zu erfahren. Wir sind auf andere Menschen angewiesen und brauchen das Du, ein Gegenüber, dem wir vertrauen und von dem wir uns verstanden fühlen.

Im Gegensatz zu Tobias, der den Nahkontakt fürchtet, hat Anne Angst vor der isolierenden Distanz. Wenn der Partner im Leben einen »Überwert« bekommt, wird das Angewiesensein auf den anderen verstärkt. Man bezieht dann seinen eigenen Wert nicht aus sich selbst, das heißt, man hat kein Selbstwertgefühl, sondern macht seine Identität abhängig vom Verhalten des Partners oder anderer Menschen. Man fühlt sich wohl, solange man anerkannt, gemocht oder geliebt wird. Distanz oder Kritik führen zu Minderwertigkeitsgefühlen und in vielen Fällen sogar zu Depressionen oder Angstanfällen.

»Die Betreffenden mögen im übrigen viele Ziele im Leben erreichen, geachtet, bestaunt oder bewundert werden – in einer ›Ecke‹ bleiben sie kleine Kinder mit dem Schreckbild hilfloser, tödlicher Vereinsamung.«[4] Während ein Mensch, der Angst vor Nähe hat, Ungebundenheit und Unabhängigkeit lebt, sucht derjenige, der Distanz und Trennung fürchtet, größtmögliche Nähe und Bindung. Ist die Verlustangst in einem Menschen überstark, führt dies zu folgendem Verhalten in der Partnerschaft: »Man versucht, gleichsam nur noch durch den Partner zu leben, in völliger Identifikation mit ihm. Das ermöglicht tatsächlich die größte Nähe. Man ist gleichsam der Andere geworden, hat aufgehört, ein von ihm getrenntes Eigenwesen zu sein, ein Eigenleben zu haben.«[5] Das Problem liegt darin, daß man vor der Selbstwerdung ausweicht, die Individuation regelrecht verhindert.

Annes Angst, die zunächst in den Wiederholungsträumen erschien, nahm auch in ihrem Wachleben einen immer größeren Raum ein. Angstanfälle mit massiven Herzproblemen veranlaßten Anne schließlich dazu, therapeutische Hilfe in Anspruch zu nehmen.

Angst vor Einsamkeit und Isolation gehört – das muß an dieser Stelle noch einmal betont werden – zu unserem Dasein. Krank macht die Angst vor der Selbstwerdung nur dann, wenn sie in unserem Leben übermächtig ist und nicht mehr durch die Angst vor der Selbsthingabe ergänzt wird.

3. Angst vor der Wandlung

Ich sitze in meinem VW-Bulli und fahre durch eine einsame Landschaft. Kein anderes Auto ist zu sehen, ebenso keine Fußgänger. Die Straße, auf der ich fahre, wird immer abschüssiger, und ich muß mein Tempo drosseln. Ich versuche zu bremsen, doch die Bremsen versagen. Panisch ziehe ich die Notbremse, doch vergeblich! Ich verliere die Kontrolle über mein Auto, die Straße erkenne ich nicht mehr. Immer mehr Bäume, die mir die Sicht versperren, tauchen auf, und ich habe Angst. (Sven, 24)

Mit der Angst vor der Wandlung kommen wir zu der dritten Grundangst menschlicher Existenz. In ihr verwurzelt ist die Sehnsucht nach Dauer. Die Wiederkehr des Vertrauten schenkt Vertrauen, und wir erfahren, auf was und auf wen wir uns verlassen können. In der Kindheit entwickelt sich durch die Wiederkehr der Bezugspersonen das Urvertrauen. Gesetzmäßigkeiten und Ordnungen bieten unserem Leben Orientierung, ohne sie wäre unser Leben das Chaos schlechthin. Die Angst vor der Wandlung beinhaltet die Angst vor der Vergänglichkeit, die um so stärker wird, je mehr wir uns gegen das »Vergehen« absichern wollen. Wer von uns hat jedoch nicht schon einmal erfahren, daß das, was wir um jeden Preis behalten wollen und aus Angst umklammern, besonders schnell verlorengeht. Das »Tibetische Buch vom Leben und Sterben« gibt uns den Rat, das folgende Experiment zu machen[6]:

»Nehmen Sie eine Münze in die Hand, und stellen Sie sich vor, es sei etwas, an dem Sie sehr hängen. Halten Sie sie fest in der Faust und strecken Sie dann den Arm aus, die Handfläche nach unten. Wenn Sie jetzt die Faust öffnen, verlieren Sie, was Sie umklammern. Darum halten Sie fest.

Es gibt aber eine andere Möglichkeit: Sie können loslassen und dennoch behalten. Drehen Sie einfach die Hand um. Wenn Sie die Faust jetzt öffnen, bleibt die Münze einfach auf ihrer Handfläche liegen. Sie lassen los, doch die Münze bleibt Ihnen trotzdem.«

Wie schwer das Loslassen und Akzeptieren der Vergänglichkeit ist, verdeutlicht die dritte Grundangst. Wenn sich

Gewohntes ändert, vertraute Personen uns verlassen, eine berufliche Wende ansteht usw., reagieren wir verständlicherweise mit Angst. Wenn die Angst vor der Wandlung jedoch »überwertig« erlebt wird, hat dies Konsequenzen für das Verhalten eines Menschen. »Die allgemeinste Folge wird sein, daß er die Neigung hat, alles beim alten zu belassen. Änderungen jeder Art erinnern an die Vergänglichkeit, die er ja so weit wie möglich vermeiden will. Daher sucht er, immer das Gleiche, schon Bekannte und Vertraute wiederzufinden oder wiederherzustellen.«[7]

Wie sich die Angst vor der Wandlung in unseren Träumen spiegeln kann, zeigt uns der Traum von Sven. Seit seinem Studium an der Universität hat Sven den sich wiederholenden Angsttraum. Er studiert Mathematik und hat bisher alle Prüfungen gut oder sehr gut bestanden. Und doch fühlt er sich an der Uni nicht wohl. Er sagt selbst, alles sei dort so chaotisch. Manchmal würden Seminare ausfallen oder einfach verschoben. Veränderungen, unvorhersehbare Ereignisse lösen in Sven Angst aus. Er hat einen minutiösen Tageszeitplan, an den er sich genau hält, und auch seine Freizeit ist organisiert und geplant. Besuchern, die unangemeldet vorbeikommen, macht er die Tür nicht auf. Das Traumauto, das er nicht mehr unter Kontrolle hat, spiegelt seine Angst vor dem, was in seinem Leben unvorhergesehen eintritt. Die Bäume versperren ihm die Sicht, er weiß nicht mehr, wo es langgeht. Ungeplantes löst in Sven Unsicherheit aus, er verliert seine Orientierungspunkte.

Der Angst vor der Wandlung steht die Angst vor der Notwendigkeit, die als Endgültigkeit und Unfreiheit erlebt wird, gegenüber.

4. Angst vor der Notwendigkeit

Ich bin allein in einem Fahrstuhl. Mit einem plötzlichen Ruck bleibt er stehen. Hastig drücke ich alle möglichen Knöpfe, doch nichts rührt sich. Ich rufe und schreie, aber niemand hört mich. Der Fahrstuhl beginnt zu vibrieren, und mit Entsetzen sehe ich, daß sich die Decke auf mich zu bewegt.

An dieser Stelle wird Lisa (31) von ihrem eigenen Aufschrei geweckt. Lisa hat wiederholt Alpträume, in denen sie eingesperrt ist oder zu ersticken droht. In dem einen Traum ist es der Fahrstuhl, in einem anderen eine Pyramide oder eine Höhle.

Die Grundangst, die sich hinter solchen Träumen verbirgt, ist die Angst vor der Begrenztheit, vor dem Endgültigen und Unausweichlichen. Neues bietet unserem Leben besondere Reize und Freude. Im Gegensatz zu der von Sven in seinen Träumen erlebten Angst, wird die Wandlung hier ersehnt. Ferne Länder, neue Beziehungen oder ein zu verwirklichendes Projekt können unseren alltäglichen Rahmen sprengen und uns bereichern. Veränderungen und das Wagnis, einen unbekannten Weg einzuschlagen, bergen Chancen in sich, führen zu Erkenntnissen, lassen uns reifen. Wenn wir die Angst vor dem Endgültigen nicht in uns trügen, wären wir wahrscheinlich nie bereit, alte und uns vertraute Bahnen zu verlassen, um den Zauber des Anfangs wahrzunehmen.

Auch die vierte Grundangst führt bei Überakzentuierung zu quälendem, aufreibendem Verhalten, dazu, dem Leben hinterherzurennen, auf der Jagd nach immer neuen Reizen. Passivität wird dann als Bedrohung, als Lähmung erlebt. Wenn nichts passiert, fühlt man sich leer. In der Stille müßte man sich ja mit dem Endgültigen, vor dem man ausweichen will, auseinandersetzen. Letztendlich ist die Angst vor der Begrenztheit die Angst der Menschen vor dem Tod. Im nächsten Kapitel werden wir untersuchen, in welchen Bildern der Tod, den wir nur allzugern verdrängen, in unseren Träumen erscheint.

Zusammenfassende Betrachtung:
Angst gehört zum menschlichen Dasein. Die vorgestellten vier Grundängste begleiten uns ein Leben lang. An besonders wichtigen Stellen unserer Entwicklung, an Wendepunkten, dringt sie am ehesten in das Bewußtsein. Bestimmte Ereignisse verstärken die eine oder andere Grundangst. So wird der drohende Verlust eines geliebten Menschen unsere Trennungsangst hervorrufen, ein von außen erzwungener

beruflicher Wechsel die Angst vor der Wandlung und Veränderung. Angst kann sich, bevor sie unseren Alltag berührt, zunächst in den Träumen bemerkbar machen und Signale senden. In den Träumen funktionieren unsere Abwehrmechanismen der Verdrängung und Verleugnung nicht so stark wie im Wachleben, das heißt, wir können uns dort selbst nichts vormachen und nicht wie im Alltag die Furchtlosen spielen. Hier wird der Wiederholungstraum wieder zu einer Hilfe, indem er Botschaften sendet und zum Verständnis unserer Ängste beiträgt. Wenn wir auf unsere Träume hören, lernen wir unsere Ängste kennen und verstehen. Dies ist der einzige Weg zur Angstüberwindung, der offenbar viel zu tun hat mit unserem Reifen und unserer Entwicklung. Mit einem Satz, der von Psychotherapeuten gern benutzt wird, läßt es sich so ausdrücken: Wo die Angst ist, da geht es lang!

5.2 Träume des Todes

Diese Gruppe sich wiederholender Träume wirkt oft äußerst beunruhigend und verstörend. Die meisten Alpträume, von denen Tausende Nacht für Nacht gequält werden, enthalten Todesmotive. Derartige Träume lassen sich nicht so leicht wegwischen und vergessen. Niemand bleibt völlig ruhig, wenn er im Traum Todesängste aussteht, den Tod geliebter Menschen erlebt, oder wenn geliebte Verstorbene im Traum erscheinen. Diese Bilder treffen ins Mark. Man kann sich ihnen nicht entziehen, selbst wenn man sich noch so oft einredet, daß es ja »nur« ein Traum war. Die selbstverständliche Lebenssicherheit ist dahin, Erinnerungen tauchen auf, Ängste und Unsicherheiten verstärken sich, vertraute Beziehungen werden plötzlich fragwürdig, schwere Schuldgefühle können entstehen, wenn ich zum Beispiel im Traum den Tod geliebter Menschen verursache oder auch nur zulasse.

Mit derartigen nächtlichen Bildern in den Tag zu gehen ist nicht leicht – und die nächste Nacht kommt bestimmt. Die heimliche Furcht, daß der Traum sich wiederholen könnte, wirkt wie ein Magnet auf unser Unterbewußtsein. Die furchtsame innere Spannung führt zu Einschlafschwierigkeiten, der Griff zur Schlaftablette ist naheliegend. Es erscheint besser, sich morgens matt und unausgeschlafen zu fühlen, als sich dem Risiko auszusetzen, von den nächtlichen Zerrbildern verfolgt zu werden.

Angstträume können die Beziehung zwischen Eltern und Kindern erheblich belasten. Stellen Sie sich vor, Sie träumen regelmäßig, Ihr Kind werde von einem Auto überfahren! Mit der Zeit wird die Angst Sie dazu treiben, jeden Schritt des Kindes zu überwachen – mit entsprechenden Folgen für die Persönlichkeitsentwicklung des Kindes.

In diesem Kapitel werden die verschiedenen Arten der Todesträume vorgestellt. Es folgen Überlegungen, wie man mit diesen Erfahrungen sinnvoll umgehen kann. Doch zuvor scheinen uns einige Gedanken zu unserer alltäglichen Einstellung gegenüber dem Tod notwendig. Denn die Art, wie wir auf Träume des Todes reagieren, ist sehr stark davon bestimmt, wie wir uns auch sonst gegenüber dem Tod verhalten. Darüber hinaus ist unser Unterbewußtsein beeinflußt von Erfahrungen und Einstellungen in der bewußten Welt, und die Art der Bilder, die uns verstören, hängt mit unseren bewußten Vorstellungen vom Tod zusammen.

Erfahrung des Todes in der Alltagswelt

Wir leben in einer paradoxen Zeit. Einerseits kommt es selten zu einer persönlichen Begegnung mit dem Tod, andererseits sehen wir nahezu täglich in Film, Fernsehen und Video, wie gestorben wird, und zwar meist schon von Kindesbeinen an. Es ist eine simple Tatsache, daß jeder Mensch – auch wir selbst – sterben wird. Insofern ist der Tod absolut nichts Ungewöhnliches oder Dramatisches. Trotzdem sprechen wir ungern vom Tod, und wenn es uns möglich ist, weichen wir einer Begegnung aus.

Trauernde berichten häufig davon, daß sich der Freundeskreis zurückzieht. Dies geschieht nicht aus »Rücksicht« auf die Trauernden – die sich in ihrem Leid allein gelassen fühlen –, vielmehr scheuen wir instinktiv die Atmosphäre von Tod und Trauer. Auch Schwerkranke berichten häufig, daß nach einer gewissen Zeit die Besuche der Freunde deutlich nachlassen. Die Beerdigung gerät oft zu einer peinlichen Pflicht. Die enorme Zunahme an anonymen Bestattungen und Beerdigungen im »engsten Familienkreis« hat wohl damit zu tun, daß wir die persönliche Konfrontation mit dem Tod scheuen.

Der Tod wird geradezu systematisch aus dem öffentlichen Leben verbannt. Wir tun so, als wären Jugend und Fitneß das Normale und Alter und Tod die Ausnahme. Betrachtet man die Alterspyramide unserer Gesellschaft, so wird deutlich, wie sehr wir uns hier selbst belügen.

Die Entwicklung der Medizin hat mit dazu beigetragen, den Tod aus dem Alltagsbewußtsein zu verdrängen. Gestorben wird nicht mehr zu Hause, sondern auf der Intensivstation, wo der Eintritt des Todes nur noch durch Maschinen angezeigt wird. Den »Rest« übernimmt das Beerdigungsinstitut. Es gibt immer mehr Menschen, die noch nie einen reellen toten Körper gesehen haben. Und da, wo die Toten noch aufgebahrt werden, werden sie so hergerichtet, daß sie nicht tot aussehen. Kommentar bei der Beerdigung einer Verwandten des Autors: »So gut hat sie schon jahrelang nicht mehr ausgesehen.« (!)

Zusammenfassend können wir sagen: Der Tod wird in der Öffentlichkeit wie im privaten Leben bestmöglich verdrängt. Seit Sigmund Freud wissen wir jedoch, daß alles, was verdrängt wird, nicht einfach »weg« ist, sondern untergründig weiterwirkt, nun jedoch ohne jede Kontrollmöglichkeit durch das Bewußtsein. Dazu gehört, daß nicht nur der Tod, sondern alles, was mit ihm zu tun hat und an ihn erinnert, auch verdrängt wird, zum Beispiel Alter und Krankheit; manche Menschen weigern sich, Krankenhäuser oder Friedhöfe zu betreten; Musiklehrer wissen, daß viele Schüler sich weigern, »traurige« Musik zu hören usw. Auf der anderen Seite üben Bilder des Todes, vermittelt durch die Massenmedien, eine seltsame Faszination aus. Schon im neunzehnten Jahrhundert wußte man: Nirgends sterben Menschen so

Arnold Böcklin, »Die Toteninsel«

schön wie auf der Bühne. Hier und in zahllosen verfilmten Melodramen wird der Tod zu einem ästhetischen Erlebnis stilisiert. In den zahlreichen Krankenhausserien werden herzzerreißende Szenen präsentiert, die im Zuschauer so etwas ähnliches wie Trauer auslösen. Aber auch die dunkle, erschreckende Seite des Todes ist zur Unterhaltung freigegeben. In manchen Action-Filmen stirbt alle fünf Minuten ein Mensch.

So hilflos wir uns bei einer echten Begegnung mit dem Tod fühlen, so locker gehen wir mit den Bildern von Mord und Totschlag um. Früher war die Sexualität tabuisiert, also malten sich die Menschen – sofern sie es sich leisten konnten – nackte Nymphen und Götterknaben in ihre Wohnräume. Heute ist der Tod tabuisiert, also können wir nicht genug haben von Bildern des Todes. Niemand ist so sensibel für die Tabus einer Gesellschaft wie die Jugend, die ihr Selbstbewußtsein ja oft aus der Provokation der Erwachsenen bezieht (was heutzutage immer schwerer wird): Die »Grufties«, schwarz gekleidet, weiß geschminkt und von Todessymbolen umgeben, zielen auf das gesellschaftliche Tabu und versuchen zu schockieren. Neben Film und Fernsehen ist auf dem Büchermarkt das Thema Tod en vogue. Das Informationsbedürfnis ist riesig, kann man doch häufig genug im Bekanntenkreis nicht über dieses Thema sprechen.

Trotz aller Bemühungen, eine persönliche Begegnung mit den Phänomenen Tod und Sterben zu vermeiden, wird deutlich, daß gleichsam an allen »Ecken und Enden« dieses gefürchtete Thema in verzerrter Form virulent ist. In dieser gesellschaftlichen Situation haben es Menschen, die trotzdem mit dem Tod konfrontiert werden – sei es durch Unfall oder Krankheit oder auch Gewalt – doppelt schwer, mit ihren Erfahrungen fertig zu werden. Da sie sich nur in seltenen Fällen persönlich mit dem Tod auseinandergesetzt haben, bricht diese Erfahrung wie eine Katastrophe in ihr Leben ein. Oft genug sind sie dann völlig allein gelassen in ihrer Verzweiflung. Der Freundeskreis zieht sich zurück, um weiter ein unbeschwertes Leben zu führen, und von dem Betroffenen wird erwartet, daß er sich erst dann wieder meldet, wenn es ihm wieder »gut« geht. In solchen Situationen ist der moderne Mensch überfordert. In einer solchen Umwelt muß der Schock traumatisierend wirken und in eine schwere Depression führen.

Todesmotive in Träumen

Angesichts der Beobachtungen, wie wir mit dem Thema Tod umgehen, wundert es nicht, daß in unseren Träumen der Tod ein zentrales Motiv ist. Man könnte sagen: Wovon wir nicht sprechen, davon träumen wir. Und so wie wir im Wachbewußtsein auf die Konfrontation mit dem Tod reagieren, so fühlen wir uns durch Träume mit Todesmotiven überfordert, geängstigt, hilflos und überrascht. Und meist findet sich kein Mensch, mit dem wir über unsere Erfahrung sprechen können, denn wer gibt schon gerne zu, von seinen Träumen geängstigt zu sein?

In einem ersten Schritt wollen wir uns einen Überblick verschaffen über Todesmotive im Traum.

Der eigene Tod

Sehr beunruhigend sind alle Träume, in denen der Tod des Träumenden thematisiert wird. Hierzu gehört die große Gruppe der klassischen Alpträume: Ich werde von bedrohlichen und übermächtigen Wesen angegriffen oder verfolgt. Dies können wilde Tiere (Hunde, Wölfe und ähnliches), Monster, Menschen oder Fahrzeuge sein. Im Mittelpunkt steht nicht so sehr der Tod selbst (meist werden wir kurz vorher wach) als vielmehr die Angst vor dem Tod und/oder dem Prozeß des Sterbens. Dies bestätigt die Tatsache, daß gelegentlich die Ursache der Todesängste gar nicht recht klar wird, das heißt, der Aggressor kommt im Traum nicht in den Blick, der Träumende ist sich nur »sicher«, verfolgt oder bedroht zu werden.

Gemeinsam ist all diesen Träumen ein intensives Angstgefühl, da der Träumende sich gegenüber der Bedrohung absolut machtlos fühlt und überzeugt ist, keinerlei Chance zu haben. Das Ende des Traums wird praktisch nie erlebt. Auf dem Höhepunkt der Angst erwachen wir. Man kann unterscheiden zwischen Verfolgungsträumen, in denen der Träumende aktiv ist, indem er Fluchtversuche unternimmt, und Träumen, in denen das Ich absolut hilflos zur Passivität verurteilt ist. Sehr weit verbreitet sind Träume, in denen man erstickt, in denen man erdrückt oder lebendig begraben wird. Ilona (24) träumt häufig, daß sich die Zimmerdecke langsam auf sie herabsenkt. Derartige Träume – aus denen man ja nicht einfach aussteigen kann – verursachen wahre Todesängste.

Eine Variante dieses Typs stellen die verbreiteten Träume einer Hinrichtung dar. Hier kommen andere Menschen ins Spiel. Meist geschieht die Hinrichtung vor einer schweigenden oder auch gröhlenden Menschenmenge. Ein Richter kann das Urteil verkünden, ein Henker es vollziehen. Verwandte, Freunde können als Fürsprecher oder Ankläger auftreten. Das Urteil kann als gerecht oder ungerecht empfunden werden. Die Hinrichtung kann sich jedoch auch in aller Heimlichkeit, etwa in einer Gefängniszelle, abspielen. Entscheidend ist die absolute Passivität des Opfers, an dem eine grausame Strafe exekutiert wird. Es gibt keine Chance auf Rettung. Wie beim Verfolgungstraum erwacht der Schläfer kurz vor dem entscheidenden Akt, was zeigt, daß es auf die Zeit unmittelbar vor dem Tod ankommt, nicht auf den Tod selbst.

Weit weniger angstbesetzt sind Träume von der eigenen Beerdigung. Man sieht sich selbst im Sarg und erlebt im Traum die Feierlichkeiten und Reaktionen der Anverwandten mit. Dies kann unter Umständen als ausgesprochen angenehm empfunden werden, denn die Trauer der eigenen Lieben ist ein Beweis ihrer Wertschätzung. Je nach Lebenssituation – etwa wenn eine schwere Krankheit beim Träumenden vorliegt – können derartige Träume jedoch zutiefst deprimierend wirken.

Es gibt auch Träume von sich selbst als Leiche. Oft werden diese Träume von Sterbenden berichtet. Sie sehen gleichsam »von oben« die Bemühungen der Ärzte und die Trauer der Angehörigen. Der tote Körper liegt »unten« im Bett. Diese Träume können mit ganz unterschiedlichen Gefühlen besetzt sein. Manche erleben sich in dieser Situation gleichsam befreit und erlöst von Schmerzen, andere empfinden bloße Verwunderung, wieder andere Angst um das eigene Schicksal und Qual angesichts der Schmerzen der Zurückgebliebenen. Hier scheint die Lebenssituation des Sterbenden eine wichtige Rolle zu spielen. Wird das Leben als unvollendet erfahren (etwa wenn eine junge Familie zurückbleibt), so ist ein derartiger Traum eher angstbesetzt; ist die Zeit »reif«, wird er als tröstlich erlebt.

Der Tod naher Menschen

Sehr verstörend sind Träume vom Tod naher Menschen (des eigenen Kindes, des Ehepartners usw.). Die Träume sind um so überraschender, wenn »objektiv« betrachtet überhaupt kein Grund vorliegt, mit dem Tod eines nahestehenden Menschen zu rechnen. Oft werden derartige Träume als eine Art »böses Omen« gedeutet, und es entsteht die heimliche Angst, die Träume könnten womöglich furchtbare Wirklichkeit werden, zumal immer wieder Gerüchte kursieren, ein plötzlicher Todesfall sei von nahen Verwandten vorausgeahnt worden.

Auch in dieser Gruppe von Träumen lassen sich verschiedene Untergruppen unterscheiden. So gibt es Träume, in denen das Ich des Träumenden überhaupt nicht vorkommt. Man sieht die Ereignisse wie in einem Fernsehfilm, gelegentlich sogar ohne jede emotionale Beteiligung; der Schrecken kommt erst, wenn ich mich beim Erwachen an den Traum erinnere. In diesen Träumen wirkt der Abwehrmechanismus der Isolierung (vgl. Kapitel 4.3). Im Traum werden die Gefühle der Angst und des Schreckens einfach ausgeblendet, damit der Traum überhaupt ertragen werden kann. Geträumt werden die Umstände des Todes (meist Unfall oder Krankheit) und die Reaktionen der irgendwie Beteiligten. Es kann aber auch von einer Beerdigung, einer Leiche oder nur von einem Grabstein geträumt werden, ohne daß klar wird, durch welche Umstände der Tod eingetreten ist. Die Rolle des Ich ist auf die des hilflosen Zuschauers beschränkt, der keinerlei Möglichkeit hat einzugreifen.

In anderen Träumen, die oft als unangenehmer empfunden werden, ist das Ich in die Ereignisse verwickelt. Entweder versucht der Träumende hilfreich in die Ereignisse einzugreifen – ohne daß er letztlich den Tod verhindern kann –, oder er ist selbst Ursache des Todes, indem er ihn aktiv herbeiführt oder ohne Absicht verursacht.

Einen besonders grotesken Traum berichtete uns Marita (54). Sie sitzt in Sonntagskleidung mit ihren drei Freundinnen in einem Café. Auf dem Teller liegt Sachertorte, die sie am liebsten ißt. Gerade will sie mit der Gabel ein Stück abbrechen, da ruft eine Freundin entsetzt: »Aber Rita, du sitzt ja auf deinem Sohn!« Sofort springt sie auf – und tatsächlich: Sie hat auf dem Gesicht ihres Sohnes gesessen. Er sieht tot aus. Diesen Traum hat Marita immer wieder. Zuerst konnte sie darüber lachen, doch als der Traum sich ständig wiederholte, war sie doch beunruhigt und wandte sich an uns. Cafés sind ihre große »Leidenschaft«, wie sie sich ausdrückte. Sie war alleinstehend und lebte mit ihrem Sohn (34) in einem kleinen Häuschen. Die Bemerkung »Mein Sohn hat keine gute Hand bei Frauen« brachte uns auf die richtige Spur. Marita zerstörte systematisch jede Beziehung des Sohnes zu Frauen, was ihr aber überhaupt nicht bewußt war. Der Traum führte ihr drastisch vor Augen, was sie ihrem Sohn damit antat. Sie will ihn buchstäblich »be-sitzen« und achtet sehr darauf, daß keine andere Frau ihn ihr wegnimmt. Marita reagierte mit Wut auf diese Deutung. Es war ihr nach unserem Eindruck nicht möglich, diese unliebsame Wahrheit zu akzeptieren. Wir sind sicher, daß ihr Unbewußtes zu noch drastischeren Bildern greifen wird, bis sie endlich versteht.

Sehr oft können Träume, in denen der Träumende in irgendeiner Weise am Tod eines nahestehenden Menschen beteiligt ist, darauf hinweisen, daß in der Beziehung etwas nicht in Ordnung ist.

Träume von Toten

Tief bewegend sind Träume, in denen längst verstorbene Angehörige (meist Eltern oder Großeltern) auftreten. Oft kommt es dabei zu tröstenden Begegnungen, und manchmal hat der Tote eine wichtige Botschaft für uns. Derartige Träume werden gelegentlich als Beweis für ein Leben nach dem Tod interpretiert. Doch muß man nicht so weit gehen, um diese Träume angemessen zu deuten. Es ist nicht verwunderlich, daß Verstorbene, die uns viele Jahre lang begleitet haben und uns wichtig waren, tiefe Spuren in unserem Unterbewußtsein hinterlassen, was in unseren Träumen zum Ausdruck kommt.

Oft werden diese Toten von religiösen Bildern oder Symbolen begleitet (Licht, Engel, Madonna oder ähnlichem), oder sie erscheinen irgendwie verwandelt (zum Beispiel schöner als in der Wirklichkeit). Diese begleitenden Wahrnehmungen machen die Träume natürlich noch eindrucksvoller und lassen sie als sehr wichtig erscheinen.

Nicht weniger prägen uns leider Erfahrungen mit Menschen, die uns nicht wohlgesonnen waren. Bleiben diese Verstorbenen in unseren Träumen lebendig, kann dies als sehr belastend erfahren werden. Derartige Träume können schwere Schuldgefühle zum Ausdruck bringen oder verursachen. Dann können wir von Vorwürfen träumen, die uns der Tote macht, oder von Forderungen, die er stellt.

Es wird auch von Träumen berichtet, in denen es zu unfreiwilligem Kontakt mit Leichen kommt, die bekannt sein können oder auch nur einfach »irgendwelche« Leichen sind. Diese sind oft sehr entstellt und lösen Ekel und Angst aus.

Es herrscht der reine Horror vor dem Tod an sich, der Ekel vor dem verwesenden Körper. In vielen Gruselfilmen wird mit der urmenschlichen Abscheu vor dem toten Körper gespielt. Derartige Träume gehören eindeutig zur Gruppe der Alpträume, in denen sich tiefsitzende Ängste ausdrücken.

Träume von todähnlichen Zuständen
In diesen Träumen wird die Urangst thematisiert, nicht tot zu sein, sondern nur tot zu erscheinen. Hierzu gehören Motive wie erstarrt sein, komplett gelähmt sein, lebendig begraben werden, versteinert sein. Dem Träumenden selbst oder einem bekannten Menschen kann diese Katastrophe widerfahren. All diesen Träumen gemeinsam ist eine extreme Hilflosigkeit des Opfers, das seine Not in keiner Weise zum Ausdruck bringen kann. Die meisten dieser Träume werden als Alptraum erlebt.

Erstaunlich ist, in wie vielfältiger Weise das Motiv des Todes sich in unseren Träumen ausdrückt. Je nach Zusammenhang kann es ganz unterschiedliche Funktionen haben. Es kann Beziehungsprobleme, Ängste und Aggressionen zum Ausdruck bringen, aber auch Trost und Befreiung vermitteln. Angesichts unserer Todesverdrängung im Alltag wundert diese thematische Breite nicht. Der Tod ist Teil unserer Lebenswirklichkeit, und wenn wir uns nicht bewußt mit ihm auseinandersetzen wollen, beschäftigt sich unser Unbewußtes um so intensiver mit ihm – und es sind keinesfalls nur Horrorszenarien, die uns präsentiert werden.

Die Bedeutung sich wiederholender Träume

Ich sitze in einem kleinen Boot. Es ist dunkel und kalt. Ich spüre die Auf- und Abwärtsbewegungen des Bootes und kann das Wasser hören. Festes Land ist nicht in Sicht. Ich bin allein. Plötzlich spüre ich, wie Wasser ins Boot sickert. Verzweifelt versuche ich, es mit den hohlen Händen auszuschöpfen. Dabei darf ich keine hastigen Bewegungen machen, denn das Boot schwankt sofort. Je mehr ich schöpfe, desto bedrohlicher schwankt das Boot. Ich bekomme eine irrsinnige Angst, zugleich muß ich meinen Körper total beherrschen, damit das Boot nicht kentert. Immer mehr Wasser dringt ein, das Boot schwankt immer stärker. Ich höre meinen keuchenden Atem und spüre die eiskalten Hände – dann werde ich wach.

Dieser Alptraum verfolgt Werner (45), den wir schon kennen, sein Leben lang, und er ist immer gleich. Es ist ein typischer Bedrohungstraum. Was fällt auf? Das Ich ist immer allein in einer undurchschaubaren und lebensfeindlichen Umwelt (Dunkelheit und Kälte). Der »Untergrund« ist bewegt und gefährlich. Das Ich »schwimmt« gleichsam auf dem Wasser. Das kleine Boot ist völlig unzulänglich. Es gibt weder Ruder noch Paddel. Dann dringt das Wasser ins Boot ein. Die Abwehrmaßnahmen des Ich sind unzureichend, wirken geradezu lächerlich. Es wird nicht klar, weshalb das Wasser eindringt. Es scheint durch die Planken einzusickern. Das Ich wird von zwei Ängsten geplagt: Das Boot sinkt, wenn die Abwehrmaßnahmen nicht ausreichen, und das Boot kann kentern, wenn sie zu heftig werden. Trotz aller Aktivität scheint das Schicksal des Ich besiegelt: Es wird im Wasser versinken.

Man ahnt, worum es in diesem Traum geht. Es ist die Angst vor der Auflösung des Ich, dem Verlust der Identität. Es ist eine unüberwindliche Macht (das eindringende Wasser), die das Ich zu zerstören droht.

Unser Ich stellt immer einen Kompromiß dar zwischen den Forderungen des Über-Ich (dem, wie wir sein sollen oder möchten) und den Ansprüchen des Es (unseren Trieben). Der Traum zeigt, daß dieser Kompromiß bei Werner offensichtlich nicht mehr funktioniert, daß seine Persönlichkeit aus dem Gleichgewicht geraten ist. Werner berichtet, daß dieser Traum besonders häufig aufgetreten sei in der Zeit der Pubertät, vor seiner Heirat und jetzt, da er sich beruflich überfordert fühle. Wir haben Werners Lebensweise schon kennengelernt (vgl. Kapitel 4.3). Er ist ein Verdrängungskünstler, der – wie die meisten modernen Menschen – sich sehr auf die Außenwelt konzentriert und wenig auf sein Inneres achtet. Es erstaunt nicht, daß ihn die Alpträume besonders in Krisenzeiten, in Zeiten der Wandlung, verfolgen.

Hier spürt er seine heimlichen Ängste besonders deutlich. Aber wovor hat er denn nun Angst? Die Antwort fällt nicht schwer. Jeder Pubertierende muß sich mit dem bewußt werdenden Sexualtrieb auseinandersetzen und ihn in seine Gesamtpersönlichkeit integrieren. Das eindringende Wasser kann als maskierter Sexualtrieb verstanden werden, der über das Ich hereinbricht und gestaltet werden will. Der Traum drückt Werners Angst aus, vom Es gleichsam überschwemmt zu werden. Ähnliche Ängste hatte er vor der Hochzeit. »Ich hatte irgendwie schon das leise Gefühl, in Gefangenschaft zu geraten«, gibt Werner selbst zu. Eine Heirat bedeutet, sich aus Liebe an einen Partner zu binden, um den Preis des Verzichts auf andere Sexualpartner – im Idealfall. Diese Entscheidung hat dieselben Ängste ausgelöst, die Werner schon in der Pubertät hatte. Und jetzt, im Alter von fünfundvierzig Jahren merkt er, daß er beruflich nicht mehr das leistet, was er leisten möchte (seine Ängste im Beruf haben wir ja schon kennengelernt, vgl. Kapitel 4.3). Um diesen Ansprüchen des Über-Ich noch gerecht werden zu können, muß er alle Wünsche nach Genuß und Lebensfreude zurückstellen, da die Arbeit und seine Angst zu versagen alle Energien binden. Kein Wunder, daß seine Es-Anteile in Träumen ihre Ansprüche anmelden, die Werner im Wachzustand nicht wahrhaben will. Daß er dieser Situation im Traum allein und ohne Hilfe ausgeliefert ist, wundert nicht, da er bislang zu keinem Menschen von seinen Ängsten gesprochen hat. Vor dem Hintergrund seiner Träume wird klar, daß Werners Erfolg und sein Selbstbewußtsein im äußeren Leben nur eine Facette seiner Persönlichkeit sind. Im Innern sitzt er in einem kleinen zerbrechlichen Boot und kämpft darum, nicht zu versinken. Bei scheinbar starken Persönlichkeiten sind Alpträume keine Seltenheit, denn sie sind oft davon überzeugt, sich keine Schwäche leisten zu können. Genau diese Angst kann zu nächtlichen Panikattacken führen.

Werners Traum ist nur ein Beispiel, mit dem wir zeigen, wie man die Bilder eines Alptraums entschlüsseln kann. Hier einige Ratschläge zur Deutung Ihrer Alpträume (die hoffentlich nicht zu häufig auftreten):

Wie erscheint die Umwelt?
Bei Werner ist sie dunkel und unberechenbar. Dieses Lebensgefühl kann sich natürlich auch in anderen Bildern ausdrücken (zum Beispiel in einem dunklen oder halbdunklen Raum, einem Dschungel, einem Tunnel usw.). Viele Menschen träumen von Zuständen der Enge (Schacht, Fahrstuhl etc.). Hier drückt sich die Angst vor Gefangenschaft und Eingeengt-Werden aus.

Welcher Art ist die Gefahr?
Bilder des Versinkens und Stürzens (im Moor versinken, in ein Loch stürzen usw.) weisen meist auf Ansprüche des Es hin. Uneingestandene Wünsche und Sehnsüchte scheinen unser Selbstbild zu zerstören. Bei diesen Traummotiven kann eine verdrängte Sexualität eine große Rolle spielen. Sehr verbreitet sind Traumbilder, in denen irgendwelche Ansprüche des Ich oder Aufgaben, die an mich gestellt werden, nicht erfüllt werden (den Zug verpassen, eine Klassenarbeit versäumen, eine Aufgabe, in der es um Leben und Tod geht, nicht schaffen usw.), was immer schreckliche Folgen hat. Hierzu gehören Bilder des Erdrückt- und Zerquetscht-Werdens oder des Erstickens. Derartige Motive lassen vermuten, daß der Träumende unter Ansprüchen seiner Umwelt oder eigenen Leistungserwartungen leidet. Mit anderen Worten: Das Ich wird von den Ansprüchen des Über-Ich zerdrückt.

Wie verhält sich das Ich?
Anhand dieses Motivs wird deutlich, wie wir mit unseren inneren Konflikten umgehen. Manche sind völlig passive Opfer, die den Ereignissen hilflos ausgeliefert sind, oft gelähmt vor Angst. Andere unternehmen zahlreiche, mehr oder weniger sinnvolle Aktivitäten, um das Unheil abzuwenden, was oft genug nicht gelingt. Manchmal wird das Unheil durch die Abwehraktivitäten noch schneller herbeigeführt.

Wer kommt noch im Traum vor?
In vielen Alpträumen ist man allein irgendwelchen Gefahren ausgesetzt. Andere träumen, daß nahestehende Men-

schen mehr oder weniger erfolgreich versuchen, sie zu retten. Häufig geht die Gefahr von Menschen aus (Einbrecher, Jugendliche). Dies kann mit Erfahrungen aus der Wachwelt zusammenhängen. Wer zum Beispiel als Kind von einer Gruppe drangsaliert wurde, kann in seinen Träumen immer wieder in diese Situation geraten. Zahlreiche Frauen träumen von gefährlichen Männern, die sie bedrohen. Hierbei drückt sich eine unbewußte Angst vor dem anderen Geschlecht aus. Am häufigsten erscheinen unbewußte Ängste vor den Erwartungen anderer, vor meinen eigenen Ansprüchen an mich selbst, vor der eigenen Triebwelt (sei es Sexualität oder Aggression) in Verfolgungsträumen. Die Wesen, die uns jagen (seien es Tiere, Monster oder gefährliche Menschen), sind immer Projektionen dieser Ängste. Und je größer die Angst ist, desto erschreckender sind die Traumfiguren. In Verfolgungsträumen können sich sowohl Es- wie auch Über-Ich-Konflikte manifestieren. Verdrängte Schuldgefühle (»von Furien gehetzt«) und aggressive oder sexuelle Wünsche werden im Traum zu unheimlichen Wesen, die uns bedrängen und verfolgen.

Was hat der Traum mit meinem Leben zu tun?
Dies ist die entscheidende Frage. Hierzu bedarf es großer Ehrlichkeit mir selbst gegenüber, denn die Träume weisen mich auf etwas hin, was ich im Alltag nicht wahrhaben will. Bin ich in meiner Ehe wirklich glücklich? Fühle ich mich überfordert? Wovor habe ich Angst? Was macht mir angst in meinem Leben? Kann ich anderen Menschen und ihren Ansprüchen Grenzen aufzeigen? Kann ich meine Wut ausleben? Habe ich einen Menschen, mit dem ich über meine Gefühle und Sehnsüchte sprechen kann? Habe ich Angst vor meinen sexuellen Bedürfnissen? Kann ich auch nein sagen, oder werde ich von meinen Trieben fortgeschwemmt? Kann ich meine Aggressionen zeigen, oder will ich immer noch »das liebe Kind« sein? Können mich Aggressionen fortreißen? Versuche ich ein »schreckliches« Geheimnis zu verbergen? Gebe ich mich anders, als ich bin?

Zugegeben, diese Fragen können sehr unangenehm sein,

und mancher möchte vielleicht nicht darüber nachdenken. Doch gerade sich wiederholende Angstträume weisen uns unerbittlich Nacht für Nacht auf diese wunden Punkte in unserem Leben hin – sie werden wiederkommen, bis wir endlich bereit sind, uns der Wahrheit zu stellen.

Angstträume fordern uns auf, eine unglückliche Beziehung zu verändern, einen ungeliebten Beruf aufzugeben oder bislang ungelebte Anteile unserer Persönlichkeit zu entdecken. Dies alles ist mit vielen Problemen, Konflikten und Schmerzen verbunden. Doch unsere Träume lassen nicht locker, bis wir uns endlich in Bewegung setzen und bereit sind, die Schmerzen der Veränderung zu akzeptieren.

1. Träume von der eigenen Hinrichtung

Eine besondere Form des Alptraums ist der Hinrichtungstraum. Immer wird in diesen Träumen der Tod als Strafe erlebt. Oft wird der Grund für die Strafe gar nicht klar, oder es besteht überhaupt kein Verhältnis zwischen Fehltat und Strafe. Doch immer erscheint das Ich als nicht lebenswert. Diese Träume stehen in Verbindung mit Über-Ich Konflikten. Der Träumende ist im Grunde seines Herzens davon überzeugt, in irgendeiner Sache vor sich selbst oder vor anderen gräßlich versagt zu haben. Der Traum ist Ausdruck seines unbewußten Wunsches nach Strafe. Gelegentlich ist es sogar der eigene Vater oder eine Vaterfigur (alter Mann), der maßgeblich zur Strafe beiträgt (sei es als Ankläger, Richter oder Henker).

Wer von derartigen Träumen verfolgt wird, muß sich überlegen, wann und wobei er glaubt versagt oder sich schuldig gemacht zu haben. Halten die Träume weiterhin an, ist therapeutische Hilfe erforderlich. Hinrichtungsträume werden oft gefühlsmäßig ambivalent erlebt. Zum einen dominiert natürlich die Angst vor der grausamen Strafe (verbrannt, geköpft werden usw.). Zum anderen wird aber auch Erleichterung erlebt, daß die schreckliche Tat, das furchtbare Geheimnis endlich entdeckt und gesühnt wird. Deswegen kommt in diesen Träumen oft eine große Menschenmenge vor, die das Strafritual verfolgt.

2. Träume vom Tod naher Menschen
In diesen Träumen steht nicht das Ich mit seinen inneren Konflikten und Schwierigkeiten im Mittelpunkt, sondern die Beziehung, die das Ich zu anderen Menschen hat. Je enger die Beziehung ist, desto mehr beschäftigt sich das Unbewußte mit diesen Menschen und desto größer ist die Chance, daß diese Beziehung in unseren Träumen zum Thema wird.

Eine Beziehung ist eng, wenn mir die Existenz und das Verhalten des anderen Menschen wichtig und bedeutsam erscheinen, völlig unabhängig davon, ob ich ihn mag oder nicht oder ob er mich mag oder nicht. Auch zu Feinden und unsympathischen Menschen haben wir folglich eine »enge« Beziehung, da ihr Verhalten uns innerlich beschäftigt. Manchmal erscheinen uns unsere Feinde sogar wichtiger als unsere Freunde, und wir bedenken ihr Verhalten mit viel mehr Aufmerksamkeit.

Konflikte in der Wachwelt drücken sich natürlich auch in der Traumsprache aus. Aggressionen, die in der Wachwelt nicht gelebt werden können, weil wir uns nicht trauen oder weil es einfach aufgrund der Machthierarchie nicht möglich ist, sie zu zeigen, können im Traum ausgelebt werden. Alle Wut, Frustration und aller Ärger, den wir im Alltag »hinunterschlucken« müssen, kann sich in grausamen Traumbildern entladen. Wie viele Lehrer, Vorgesetzte, Väter und Mütter, Mitarbeiter und Ehepartner mögen wohl schon in Träumen getötet worden sein! Der eine oder andere mag dann mit Schuldgefühlen erwachen. Wir meinen jedoch: Ein geträumter Mord tut keinem weh. Träumen Sie weiter! Seien Sie froh, daß Sie wenigstens im Schlaf Ihre Aggressionen abbauen können, wenn es Ihnen im Alltag nicht möglich erscheint. Schuldgefühle sind hier völlig fehl am Platz.

Die meisten unserer engen Beziehungen sind jedoch nicht einfach nur positiv oder negativ. Wie alles Irdische verändern sich auch Beziehungen. Aus Feinden werden Freunde und aus Freunden Feinde. Gerade in engen Beziehungen sind wir sehr verletzlich, und die Erfahrung, vom anderen enttäuscht zu werden, kann regelrecht krank machen. Manchmal brauchen wir Jahre, um diese Erfahrung zu verarbeiten. Verletzungen durch geliebte Menschen können bis ans Lebensende brennen. Diese Erfahrungen drücken sich in Traumbildern aus. Motive des Verletzt-, Verlassen- oder Getötet-Werdens können mit solchen Erlebnissen zusammenhängen. Die Deutung derartiger Träume dürfte nicht besonders schwer fallen.

Was ist, wenn ich träume, am Tod eines geliebten Menschen beteiligt zu sein? Derartige Nachterlebnisse können sehr verstören und beunruhigen, vor allem wenn sie sich wiederholen. Sabine, Mutter eines kleinen Sohnes, träumt mehrmals im Jahr: »Ich gehe eine Autobahn entlang. Mein Kind ist in der Tasche. Die Autos rauschen an mir vorbei. Da hält ein Mercedes und der Fahrer verwickelt mich in ein Gespräch. Er will mich mitnehmen. Ich steige ein und bewundere die schönen Armaturen. Plötzlich schießt mir durch den Kopf: ›Mein Gott, ich habe die Tasche mit dem Kind stehen gelassen!‹ Sie erwacht mit furchtbar schlechtem Gewissen.

Sabine liebt ihr Baby – um so unverständlicher erscheint ihr der Traum. Sie hatte ihn zuerst, als sie von ihrer Schwangerschaft erfuhr. Natürlich ist Sabine keine Rabenmutter, die nur darauf wartet, ihr Kind loszuwerden und womöglich ihren Mann zu verlassen. Wie aber ist dieser Traum zu verstehen? Sabine berichtet, daß sie mit der Autobahn nur Positives verbindet. Schon als Kind habe sie gerne auf Fußgängerbrücken gestanden und den Fahrern zugewunken. Autobahn bedeute für sie Weite, Aufbruch, Urlaub und Unterwegssein. Ein Mercedes sei lange der Traum ihres Vaters gewesen. Sie verbinde mit diesem Wagentyp Luxus, Komfort und Bequemlichkeit. Reisen und das Gefühl von Freiheit seien in ihrem Leben immer wichtig gewesen. Nun steht das Kind im Mittelpunkt. Und so sehr Sabine sich gefreut hat, ein Stück Freiheit mußte sie – wie jede Mutter – aufgeben. Ihr Unbewußtes hat sich mit dieser Entscheidung offensichtlich noch nicht ganz abgefunden. Den Traum könnte man als Warnung verstehen: »Paß auf, daß du dein Kind nicht vergißt!« Zugleich macht er Sabine bewußt, daß sie nicht nur helle Freude über ihr Kind empfindet, sondern auch auf etwas Wichtiges in ihrem Leben verzichtet hat. Da Sabine sich den Zumutungen ihrer Träume ausgesetzt hat, indem sie über sie sprach und sie nicht schnell »vergißt«, braucht sie keine Angst zu haben, »eigentlich« keine gute Mutter zu sein – ein heimlicher Verdacht, der viele Mütter umtreibt und sie zwingt, sich selbst und anderen immer wieder zu beweisen, wie »gut« sie sind. Hätte sie versucht zu verdrängen, wären die Traumbilder vielleicht viel drastischer geworden, bis hin zur Tötung des Kindes. Die Folgen für die Beziehung zum Kind wären katastrophal.

Zahlreiche Träume vom Tod nahestehender Menschen können also als Warnung verstanden werden, daß die Beziehung durch mein Verhalten und meine Erwartungen gefährdet ist.

Häufig leben wir in Beziehungen, die wir für gut und harmonisch halten, in denen aber in Wirklichkeit schon längst »der Wurm drin« ist. Es ist erstaunlich, wieviel Kraft Menschen aufbringen können, um vor sich selbst die Illusion einer harmonischen Beziehung aufrechtzuerhalten. Der Autor hat einmal bei der Telefonseelsorge gearbeitet. Dort mußte er den Satz hören: »Mein Mann schlägt mich oft, aber eigentlich hat er mich gerne.« Hier wird das Ausmaß der Verdrängung deutlich. Besonders in der Liebe neigen viele Menschen dazu, Negatives einfach nicht zur Kenntnis zu nehmen. Weil sie unbedingt geliebt sein wollen, bilden sie sich ein, wirklich geliebt zu werden. Es fällt ihnen furchtbar schwer, vor sich selbst einzugestehen, daß sie sich geirrt haben, daß das Feuer längst erloschen ist oder vielleicht nie gebrannt hat.

Derartig ambivalente Beziehungen drücken sich natürlich in intensiven Traumerlebnissen aus, in denen wir mit der Wahrheit konfrontiert werden, daß der Partner oder die Beziehung für uns eigentlich längst »gestorben« ist. Es ist schwer, mit diesen Träumen umzugehen, da sie genau das zeigen, was wir nicht wissen wollen.

Schon lange vor ihrer Scheidung träumte Marion häufig: »Ich bummele durch die Stadt und betrachte die Schaufenster. Da fällt mir eine Schaufensterpuppe auf, und ich denke: ›Das ist doch dein Mann!‹ Ich betrachte ihn lange. Er steht völlig unbeweglich mit starren Augen in einem schönen Anzug. Am Arm hängt ein Preisschild. ›Der ist bestimmt nicht billig‹ denke ich und gehe weiter.« Deutlich wird die Entfremdung visualisiert, die zwischen den beiden eingetreten ist. Das Paar ist durch eine Glasscheibe getrennt, der Mann erscheint starr und unbeweglich, wenn auch gut gekleidet. Eine menschliche Beziehung ist unmöglich. Interessant ist das Preisschild. Nicht nur der Anzug, der ganze Mann steht zum Verkauf, was an dem doppeldeutigen Demonstrativpronomen deutlich wird (»*Der* ist bestimmt nicht billig.«). Marion denkt »im Traum« nicht daran, diesen »Anzug« (= Mann) zu kaufen. Sie geht gleichgültig weiter.

Sehr oft drücken wir in unseren Träumen den Wert eines Menschen in Heller und Pfennig aus (vgl. Claudias Traum in Kapitel 3.3). Immer wenn im Traum gehandelt wird, geht es »eigentlich« um Menschen und Gefühle. Marion hat ihren Träumen damals wenig Bedeutung beigemessen, weil sie sie nicht mit ihrem Wachbewußtsein in Beziehung setzen konnte. Sie fühlte sich als glückliche und geliebte Ehefrau; die leisen Zweifel wollte sie einfach nicht wahrhaben. Erst in der »heißen« Trennungsphase fielen ihr die Träume von der Schaufensterpuppe wieder ein. Sie hatte die Warnung nicht verstanden, nun war es zu spät. Sie erkannte, daß sie schon damals nicht richtig glücklich war. Viele Menschen machen dieselbe Erfahrung. Aus der Rückschau, wenn Krisen überwunden sind und keine Notwendigkeit zur Abwehr besteht, erscheinen Träume oft in einem völlig anderen Licht.

Viele Menschen kennen die Angst, geliebte Menschen zu verlieren. Dies kann sich im Alltag äußern durch übermäßige Kontaktsuche (zum Beispiel tägliche Anrufe), übermäßige Eifersucht, Unglücksphantasien, falls mal ein Termin nicht eingehalten wird, oder übermäßige Angst, daß »etwas passieren« könnte (zum Beispiel gluckenhafte Mütter). Die Gefahr ist natürlich, daß der Adressat sich eingeengt und kontrolliert fühlt. Derartig veranlagte Menschen müssen oft die Erfahrung machen, daß der solcherart geliebte Mensch sich zurückzieht. Meist fassen sie diese Enttäuschung als Bestätigung ihrer Befürchtungen auf, und in der nächsten Beziehung werden noch ausgefeiltere Sicherungstechniken eingesetzt. So kann sich ein Teufelskreis entwickeln. Je stärker ich mich der Liebe eines Menschen versichern will, desto sicherer treibe ich ihn fort, weil ich ihm die Luft zum Atmen nehme.

Menschen, die derartig veranlagt sind, leiden häufig unter Alpträumen, in denen der geliebte Mensch durch irgendwelche Umstände (Autounfall, Hausbrand usw.) zu Tode kommt. Hierin manifestiert sich ihre Angst vor einem Ende der Beziehung. Diese Träume können sich zu einer schweren Belastung zwischen Menschen entwickeln, und es bedarf viel persönlicher Kraft, um sich klarzumachen, daß es sich hier nur um geträumte und nicht um reale Gefahren handelt. Solche Träume zeigen mir lediglich, wie wichtig mir dieser Mensch ist, wie sehr mich ein Ende der Beziehung schmerzen würde und wie groß meine Angst ist, ihn oder sie zu verlieren. Mehr zeigen diese Träume *nicht* (und dieses »nicht« würden wir am liebsten dreimal unterstreichen!). In solchen Beziehungen gibt es keine »Wahrträume«, die eine mögliche Katastrophe ankündigen. Derartige Befürchtungen sind nur Entschuldigungen dafür, daß ich meinen Nächsten kontrollieren kann – und dadurch werde ich ihn verlieren.

Träume, in denen ich selbst aktiv den Tod geliebter Menschen verursache, sind immer Ausdruck von Angst- oder Schuldgefühlen. Viele Menschen wissen oder glauben zu wissen, daß sie es durch bestimmte Charaktereigenschaften oder Verhaltensweisen anderen Menschen nicht leicht machen (Launenhaftigkeit, Neigung zu Wutausbrüchen, Eigensinnigkeit, extreme Sauberkeit, Schwierigkeiten mit der Treue usw.). Dieses Selbstbild mag berechtigt oder unberechtigt sein, entscheidend ist, daß es unsere Träume prägt. Das Gefühl, eigentlich nicht liebens*würdig* zu sein, eine Beziehung nicht verdient zu haben oder dem anderen »auf die Nerven zu gehen«, drückt sich in zahlreichen Traumbildern aus, in denen wir dem Geliebten Leid zufügen oder sogar töten. Es ist die Angst, den Menschen durch »eigene Schuld« zu verlieren oder (am Ende der Beziehung) verloren zu haben. Letztlich weisen uns derartige Träume darauf hin, daß wir mit uns selbst nicht im Reinen sind und genau deshalb die Beziehung gefährden.

In anderen Fällen kann es sich um uneingestandene Aggressionen handeln. Die Beziehung ist gar nicht mehr so harmonisch, wie ich im Wachbewußtsein meine. Dann weisen mich diese Traumbilder von der Tötung des geliebten Menschen auf meine eigene versteckte Wut hin.

Ist es nun verborgener Selbsthaß oder ein uneingestandener Konflikt? Die Antwort kann nur durch genaue Beobachtung und große Ehrlichkeit gefunden werden. Doch oft reicht schon der geschärfte Blick für mich selbst und die Beziehung aus, um derartige Träume zum Verschwinden zu bringen, denn sie haben ihre Funktion erfüllt: Ich bin aus der Bewußtlosigkeit des Alltags aufgeschreckt. Es war gar nicht nötig, eine eindeutige Antwort zu finden.

3. Träume von Toten

Einen Tag vor dem Tod meiner Mutter träumte ich, sie liege in ihrem Krankenbett in einem hell erleuchteten Raum. An ihrem Kopfende steht eine weibliche Gestalt mit einem hellblauen Schultermantel, wie eine Schutzmantelmadonna. Der Traum war ungemein tröstlich. Ich wußte: Es geht ihr gut. (Frank, 42).

Wir sind sicher, daß Frank diesen Traum sein Leben lang nicht vergessen wird. Viele Menschen berichten von ähnlichen Träumen, meist in Zeiten, da ein naher Angehöriger oder Freund im Sterben liegt. Dies ist immer ein einschneidendes Ereignis. Zahlreiche Gefühle bedrängen uns: Angst vor dem Alleinsein, Trauer, Wut, daß uns der Sterbende zurückläßt usw. Unser Inneres ist aufgewühlt. Erinnerungen tauchen auf, wir ziehen Bilanz. Kein Wunder, daß wir in diesen Zeiten viel träumen. Möglicherweise stellen sich auch Fragen nach dem Danach. Alte religiöse Vorstellungen können aktiviert werden. Die persönliche Betroffenheit mischt sich mit der Ratlosigkeit angesichts des Endes. Ist der Tote einfach weg? Bleibt irgend etwas? Niemand kann diese Fragen beantworten, die uns in solchen Momenten zutiefst bewegen. Ist Franks Traum nur ein Wunsch, oder steckt mehr dahinter? Auch wir können diese Frage nicht beantworten. Wir wissen nur, daß es viele Menschen sind, die träumen, der Sterbende sei in irgendeiner Weise in göttlicher Obhut und leide nicht mehr.

Solche Träume können die nachfolgende schwere Zeit der Trauer sehr erleichtern, denn sie vermitteln die Überzeugung, daß es dem Toten gutgeht und daß die Beziehung auf irgendeine Art erhalten bleibt. Diese Erfahrung gibt Kraft und Trost, der Abschied wird wesentlich erleichtert, und allmählich wird der Schmerz von einer kostbaren Erinnerung abgelöst, so daß neues Leben möglich wird. Eigentlich kann man jedem Menschen wünschen, in einer solch schweren Zeit derartige Träume geschenkt zu bekommen.

Doch nicht nur in Zeiten der Trauer und des Abschieds erscheinen uns geliebte Tote im Schlaf. Viele Menschen träumen in Krisen- und Konfliktzeiten von geliebten Toten (oft Vater oder Mutter), die ihnen wichtige Botschaften übermitteln. Es ist schon erstaunlich, zu welchen Mitteln unser Unbewußtes greift, um uns Lösungen anzubieten. Maritas Traum haben wir schon kennengelernt. In ihm sprach die verstorbene Mutter tatsächlich. Es gibt aber auch Träume, in denen bestimmte Zeichen oder Handlungen uns auf den Weg bringen. Kurz vor seiner zweiten Heirat, der eine lange Zeit der Unsicherheit vorausging, träumte Frank: »Ich sitze in einer alten Küche. Meine Mutter backt. Es riecht wunderbar. Auf dem Küchentisch, direkt vor meinen Augen, flicht sie einen Hefezopf. Zwei Teigstränge, die ineinander geschlungen werden. Da wußte ich: Ich werde Doris heiraten.« Durch das Traumbild wurde Frank klar, was er wirklich wollte. Ob es die richtige Entscheidung war, kann kein Mensch wissen – auch nicht Franks Unterbewußtes. Doch Frank geht mit Herz und Seele in die zweite Ehe. Mehr Sicherheit gibt es in diesem Leben nicht.

Ganz anders sind Träume von Toten, zu denen wir ein gespanntes oder ambivalentes Verhältnis hatten. Die Trauer wird von dem Gefühl überschattet, daß etwas nicht »ins Reine« gebracht wurde, Worte ungesagt blieben, daß der Tote uns im Stich gelassen hat. Die Erinnerung hat immer einen schlechten Beigeschmack von Vorwürfen und Schuldgefühlen. Inges Mutter, die in einer anderen Stadt lebte, wurde erst nach zwei Tagen tot in ihrer Wohnung aufgefunden. Seitdem träumt Inge, wie die alte Frau verzweifelt nach ihr ruft. Derartige Träume kann man nicht so einfach wegstecken. Inge trifft »objektiv« keine Schuld. Es war ein plötzlicher Blutsturz. Die alte Frau konnte keine Hilfe mehr holen. Im Innersten ist die Tochter jedoch davon überzeugt, daß sie an ihrer Mutter schuldig geworden ist, was ihr die nächtlichen Alpträume vor Augen führen. In diesen Fällen kann nur ein Therapeut helfen – und er ist hier dringend anzuraten.

Es ist eine »Spezialität« von Schuldgefühlen, daß sie eine eigene Dynamik entwickeln, wie wir im Kapitel 5.4 noch sehen werden. Wider besseres Wissen haben wir das Gefühl, »trotzdem« versagt zu haben. Dagegen kommt kein noch so wohlmeinendes und überzeugendes Argument an, denn hinter dem Gefühl der Schuld verbirgt sich immer der unbewußte Wunsch nach Strafe für das Versagen. So kann man Inges nächtliche Alpträume auch als unbewußte Selbstbestrafung verstehen, etwa nach dem Motto: »Weil ich meine Mutter so einsam sterben ließ, darf ich nicht mehr ruhig schlafen.« Ähnlich wie Schuldgefühle haben auch Selbstbestrafungsphantasien die Tendenz zur Maßlosigkeit, wie wir am Beispiel der Hinrichtungsträume gesehen haben.

4. Träume von todähnlichen Zuständen

Häufig berichten Menschen, die Erfahrungen der Gemeinschaft scheuen, von solchen Träumen. Das Gefühl, von einem anderen abhängig zu sein, in einer Menge aufzugehen, sich zu öffnen und im Innersten erkannt zu werden, empfinden sie als sehr unangenehm, ja als Bedrohung. Ist diese Lebenshaltung sehr ausgeprägt, sendet das Unterbewußte »Warnschüsse«. In diesem Zusammenhang müssen Träume

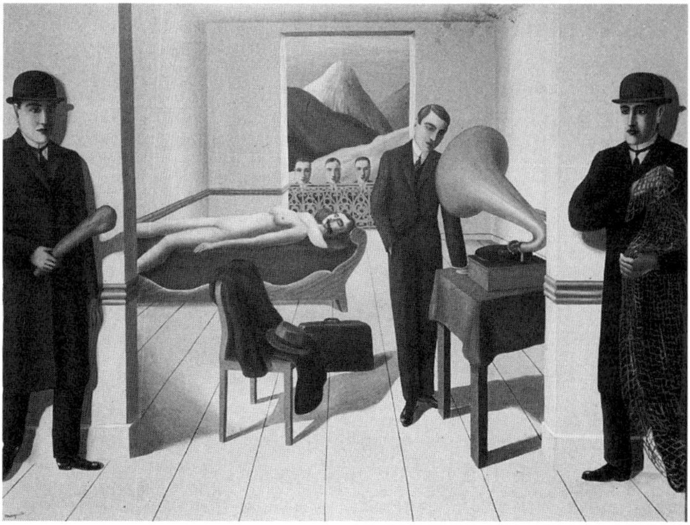

René Magritte, »Der bedrohte Mörder«

mit Motiven der Erstarrung, des Versteinerns, des Lebendig-begraben-Werdens und des Gefangenseins gesehen werden. Wer sich zu stark zurückzieht, stirbt den sozialen Tod; er ist für die anderen längst schon gestorben, obwohl er noch lebt. Viele Menschen, die sich einsam oder abgeschoben fühlen (man denke nur an die vielen vereinsamten Alten) kennen solche Träume ebenfalls. Jeder Einsame hat ein wenig das Gefühl, im Leben schon tot zu sein.

Bernd (25) wird immer von dem gleichen Traum verfolgt: »Ich bin in einer Straße voller Menschen. Es herrscht Lärm, Gedränge und Geschäftigkeit. Doch all das dringt irgendwie nicht zu mir durch, als wäre ich hinter einer Scheibe aus Plexiglas. Die Menschen sehen mich, nehmen aber keinen Kontakt zu mir auf oder prallen an der Scheibe ab. Innen ist der Lärm gedämpft. Es ist ein Gefühl von Sicherheit, aber auch des Abgetrenntseins.« Sehr schön wird im Symbol der Glasscheibe das Dilemma dieser Lebenshaltung deutlich. Die Scheibe funktioniert wie ein Schutzpanzer. Wer dahinter steht, dem kann nichts passieren. Verletzungen und Schmerzen sind unmöglich, weil nichts durchdringt. Der Preis ist jedoch eine zunehmende Verarmung an menschlichen Kontakten und Begegnungen. Bei manchen Menschen sagen wir: »Er kann nicht aus sich heraus.« – Genau das ist das Lebensgefühl, das sich in derartigen Träumen ausdrückt. Zieht sich Bernd weiter zurück, werden sich seine Traumbilder steigern. So kann aus der Scheibe zum Beispiel eine Mauer werden, aus der Mauer ein Grab. Die Angst vor anderen Menschen wird sich allmählich zu einem Alptraum entwickeln. Bernd wird dann hinter seinen Schutzmauern gleichsam emotional verhungern. Er wird sich vorkommen wie in einem dunklen Verließ, in das niemand mehr eindringen kann.

Für Menschen wie Bernd ist es wichtig zu erkennen, daß es ihre Ängste sind, die sie in die Isolation treiben. Sie müssen lernen, daß kein Mensch – wie einst der sagenhafte Held Siegfried – in Drachenblut baden kann, um unverwundbar zu werden. Wer das versucht, isoliert sich unweigerlich von seiner Umwelt und stirbt den sozialen Tod. Der Satz: »Nur wer Schmerzen kennt, weiß, was Glück ist«, enthält eine tiefe Weisheit. Die Flucht vor den Menschen führt nicht ins Glück, sondern in ereignislose Einsamkeit. Unser Unbewußtes wird gegen diese Entwicklung rebellieren.

In Maßen kann Bernds Lebenshaltung natürlich sehr sinnvoll sein. Wir können uns unsere Mitmenschen nicht aussuchen. Daher ist es wichtig, daß wir die Fähigkeit besitzen, uns vor Kritik oder Angriffen zu schützen. Es wäre unerträglich, würden wir gleich bei jedem Angriff zusammenbrechen und uns alles »zu Herzen nehmen«. Eine gesunde Distanz und Skepsis gegenüber unseren Mitmenschen ist ebenso wichtig wie die Fähigkeit zur Gemeinschaft. Nur wenn wir beide Verhaltensweisen beherrschen und situationsgerecht einsetzen können, werden wir in unserem Leben Glück und Zufriedenheit erfahren. Das ist nicht immer leicht, doch unsere Träume können uns dabei helfen.

Wir können in Beziehungen leben, in denen uns die Partnerin oder der Partner wie tot vorkommt. Oft berichten Frauen von ihren Ehemännern, daß sie nach der Hochzeit gleichsam versteinern, nichts mehr unternehmen, keine Initiative mehr ergreifen und nur noch die Alltagsroutine zwischen Arbeit und Fernseher leben. Diese Situationen werden uns häufig in Träumen vor Augen geführt, in denen der Partner in einem todähnlichen Zustand erscheint (wir erinnern hier an Marions Traum von der Schaufensterpuppe). Das Ich kann in diesen Träumen, in denen es zum Beispiel mit einem versteinerten Partner konfrontiert wird, die Situation mit Angst, Ekel, Verwunderung oder auch nur Gleichgültigkeit erleben. Diese Gefühle geben Aufschluß darüber, wie wir die emotionale Situation in unserer Ehe, Partnerschaft oder Freundschaft bewerten.

Solange die Beziehung sich nicht ändert, werden derartige Träume wiederkehren, denn sie drücken genau das aus, was wir Tag für Tag erleben. Sie sind eine permanente Aufforderung, die Lebenssituation zu verändern, weil es so nicht weitergeht. Das fällt nicht immer leicht. Oft meinen wir im Wachbewußtsein, daß es »eigentlich« nicht so schlimm ist, und versuchen »irgendwie« mit der unbefriedigenden Situation zurechtzukommen. Doch das ist gerade der Grund, weshalb unser Unbewußtes Druck ausübt. Wir sollen endlich Nägel mit Köpfen machen; das Problem ansprechen, auf eine Lösung drängen (was auch heißt, einen Konflikt zu riskieren) und eventuell die Konsequenzen ziehen. An der Reaktion des anderen können wir erkennen, ob unsere Träume uns lediglich vor einer Entwicklung gewarnt haben oder ob die Beziehung tatsächlich längst gestorben ist. Viele Menschen neigen dazu, dieser Erkenntnis auszuweichen. Aber wollen Sie wirklich Ihr Leben mit Tagträumen, Illusionen und sinnlosen Hoffnungen vergeuden?

5.3 Nächte der Sehnsucht

Ich sehne mich
nach vollerem Leben
nach Gesprächen
mit nahen Menschen
nach Worten die
eine neue Wirklichkeit
zaubern
nach meinem verborgenen
Ich
das hinter der Zeit
das Wesen der Welt
manchmal ahnt

Rose Ausländer

Es gibt Nächte, in denen wir uns in unserem Bett unruhig hin und her werfen, in denen wir eine nie geahnte Sehnsucht verspüren. Oft kennen wir nicht einmal das Ziel unserer Sehnsucht. Wir spüren nur, daß uns irgend etwas aufwühlt oder unzufrieden macht. Es breitet sich eine Spannung aus, die wir nicht zu fassen bekommen, eine undefinierbare Kraft, die uns in eine bestimmte Richtung treiben will. Im Wachleben können wir die Sehnsucht vielleicht noch betäuben, wir können uns ablenken oder uns eine »Hornhaut« antrainieren. Wir erfüllen uns den einen oder anderen Wunsch, kaufen ein neues Parfüm, eine CD oder den Pullover, den wir schon so lange haben wollten. Und dennoch: Unsere Sehnsucht bleibt, vor allem nachts in den Träumen.

Ich stehe am Meer und blicke in die Ferne auf eine Insel, die von einem goldgelben Licht umflutet wird. Eine Person winkt und gibt mir zu verstehen, daß ich herüberkommen soll. Ich weiß jedoch nicht , wie ich auf die Insel gelangen kann, denn der Weg ist zum Schwimmen zu weit, und ein Boot ist nirgendwo zu sehen. Unruhig, nach einer Lösung suchend, renne ich am Strand hin und her. (Claudia, 41)

Der schon mehrmals erlebte Inseltraum löst in Claudia eine ungestillte Sehnsucht aus. In jedem Traum versucht sie, die in der Ferne liegende Insel zu erreichen.

Ich umgehe die Insel und entdecke einige gefällte Baumstämme. ›Ein Floß – das ist die Lösung‹, denke ich und begebe mich auf die Suche nach dem nötigen Handwerkszeug.

Für Claudia sind die Insel und die Person, die ihr zuwinkt, Sinnbild all ihrer Sehnsucht.

Viele Menschen träumen von einem Partner, einem Menschen, der sie *endlich* versteht, der all ihre Wünsche erfüllt. Die erträumten Partner sind oft Fremde, was morgens bei den Träumern Schuldgefühle auslösen kann. Da liegt man neben dem Ehemann oder dem Freund im Bett, mit dem man eine harmonische Beziehung zu leben glaubt, und hat soeben ein erotisches Traumabenteuer mit einem anderen Mann hinter sich. Nicht bekannte Personen dienen besonders gut zur Übertragung all unserer Sehnsüchte, die man vertrauten Menschen gegenüber sich nicht traut zuzugeben.

Die Liebessehnsucht der Nacht ist wahrscheinlich die elementarste Erfahrung, die jeder von uns kennt. Schon das Hohe Lied der Liebe im Alten Testament drückt diese nächtliche Sehnsucht aus:

»Auf dem Lager, nachts,
suchte ich ihn, den meine Seele liebt.
Ich suchte ihn und fand ihn nicht.
›Aufstehen will ich,
umherstreifen in der Stadt,
in den Straßen, auf den Plätzen,
und ihn suchen, den meine Seele liebt!‹
Ich suchte ihn und fand ihn nicht.«

(AT, Hohe Lied 3.1, 3.2; nach Jörg Zink)

Wird unsere Sehnsucht jemals gestillt? Bei dem einen oder anderen Aspekt scheint dies möglich zu sein, letztendlich bleibt jedoch ein Rest an Unerfüllbarkeit. »Sehnsüchtig zu sein, ist ein unausweichlicher Aspekt des Menschseins«[1], sagt Peter Paul Kaspar. Woher entspringt unsere Sehnsucht, und was wollen uns die Träume, in denen sie immer wieder erscheint, mitteilen? Der Wortbedeutung nach ist Sehnsucht die Krankheit, sich sehnen zu müssen. Sie treibt uns an, nach etwas oder jemandem zu verlangen. Sehnsucht richtet sich auf das, was wir in unserem Leben vermissen, auf etwas, das wir suchen. Anzustreben, was wir kennen oder schon einmal erlebt haben, macht noch nicht das eigentliche Wesen der Sehnsucht aus. Erst das, was wir nur erahnen, das Geheimnisvolle, macht die Sehnsucht gleichzeitig spannend und unfaßbar.

Nach Peter Paul Kaspar liegen die Wurzeln der Sehnsüchte in den fundamentalen Kränkungen des Menschen. Wie Freud spricht Kaspar von den Enttäuschungen, denen wir im Laufe des Lebens ausgesetzt sind. Die Sehnsucht nach dem Du, nach Liebe, Gemeinsamkeit und Erotik ist ihm zufolge in der Kränkung begründet, unvollständig zu sein. Hiermit ist die Erfahrung gemeint, daß wir der anderen Menschen bedürfen. In der Liebe wollen wir wieder ganz werden, mit dem anderen zu einer Vollständigkeit verschmelzen. Dies bleibt jedoch nur eine Illusion. »Denn auch aus dem Rausch der Verschmelzung werden wir getrennt erwachen. Unvollständig und wieder allein.«[2] Vielleicht wird mit dieser Erklärung der Entstehung der Sehnsucht nach dem Du unser wiederholtes sehnsüchtiges Träumen von einem anderen Menschen verständlich. Denn auch wenn wir uns in einer noch so harmonischen Beziehung befinden, sind wir am Ende immer wieder allein. Andererseits liegt in diesem Sehnen die Chance, Zuwendung in unserem Leben zuzulassen, uns dem Du zu öffnen, denn: »Der Mensch wird am Du zum Ich« (Martin Buber).[3]

Eine zusätzliche Kränkung, die die Sehnsucht nach einem anderen verstärkt, ist die Erfahrung, allzu verletzlich zu sein. Peter Paul Kaspar ist der Meinung, daß wir in weit höherem Maß verletzlich sind, als wir das gerne hätten. Uns nahestehende Menschen, die unsere Schwachstellen besonders gut kennen, können uns verletzen und uns in eine tiefe Traurigkeit stürzen. Aus der Verletzlichkeit erwächst die Sehnsucht

Caspar David Friedrich, »Der Mönch am Meer«

nach Trost und Zärtlichkeit. Ein gefährliches Unterfangen liegt jedoch in dem Versuch, sich von einem »neuen« Menschen trösten zu lassen. Eine weitere Verletzung wird nicht lange auf sich warten lassen, denn Beziehungen ohne Leid gibt es nicht. Irgendwann werden wir wieder einmal unseren Schattenseiten und denen unseres Partners begegnen. Erinnern wir uns an den Traum von Tobias, in dem seine Freundin Nicole am Strand auf ihn zukommt und sich plötzlich in einen Vampir verwandelt. Das Bild des Vampirs kann als Schattenseite, das heißt als all dessen gedeutet werden, was wir in uns und anderen Menschen nicht wahrnehmen wollen, zum Beispiel Gefühle der Wut, Eifersucht oder der Trauer. Verdrängte Gefühle leben als Schatten in uns, der hin und wieder in unser Bewußtsein dringt. Im Traum sehen wir uns oder andere Personen als Vampire, furchterregende Wesen oder als Skelette, die uns erzittern lassen.

Das Märchen von der Skelettfrau veranschaulicht in beeindruckender Weise die Auseinandersetzung des Menschen mit seinem Schatten.[4] Märchen sprechen wie Träume in verschlüsselten Botschaften und in einer Symbolsprache zu uns. Die Skelettfrau wird von einem Inuit-Fischer aus dem Meer gezogen. Der junge Mann ist entsetzt, glaubte er doch, einen besonderen, riesigen Fisch an der Angel zu haben. Alle Versuche, die Skelettfrau wieder loszuwerden, sie erneut im Meer zu versenken, scheitern. Ihm bleibt keine andere Wahl, als sie mit zu sich nach Hause in sein Iglu zu nehmen. Nach anfänglicher Angst beginnt er, sich mit der Skelettfrau auseinanderzusetzen, sich ihr zuzuwenden. Er hat Mitleid, wird von einer tiefen Traurigkeit befallen, und durch diese Akzeptanz verwandelt sich die Skelettfrau zu einem Wesen mit Fleisch, zu einer Frau, die er von ganzem Herzen liebt.

In dieser Geschichte ist auf faszinierende Weise der Prozeß der Verleugnung und Wiederentdeckung all unserer ungeliebten Anteile beschrieben. Jeder Mensch versucht, die Aspekte seiner selbst, die er für nicht liebenswert hält, im Meer zu versenken, das heißt in das Unbewußte (vgl. C. G. Jung, Kapitel 3.3) zu verdammen. Irgendwann haben wir sie jedoch wieder an der Angel. Denken wir nur an die Zeit des Verliebtseins! Wir sehen den Partner durch eine rosarote Brille, und wie der Fischer sind wir der Meinung, einen tollen Hecht an der Angel zu haben. Im Laufe der Zeit, im Alltagstrott, entdecken wir immer mehr Facetten der Persönlichkeit des anderen, und dazu gehören auch die Macken, die uns nicht so sehr behagen. Wir haben nun zwei Möglichkeiten: Entweder wir laufen davon und angeln den nächsten, oder wir bleiben und wenden uns auch den Seiten des Partners zu, die uns zunächst erschrecken. In den meisten Fällen handelt es sich um die Anteile, die wir an uns selbst nicht mögen und die wir nun wie im Spiegel im anderen wiederentdecken.

Die Auseinandersetzung mit unserem Schatten, das lehrt uns das Märchen von der Skelettfrau, ist die Voraussetzung für eine Liebesbeziehung. Wenn wir die Sehnsucht nach dem Du durch wechselnde Beziehungen zu stillen versuchen, werden wir unserem eigentlichen Sein nicht näherkommen. »Wir alle haben irgendwann einmal gehofft, daß eines Tages einer kommt, der all unsere Wunden heilt, der uns jede Bürde abnimmt und unsere Seele vollkommen erfüllt. Es kann Jahrzehnte dauern, bevor man herausfindet, daß niemand uns die Arbeit abnimmt, schon gar nicht, wenn die eigenen Wunden nach außen projiziert werden, um der innerlichen und gefühlsmäßigen Beschäftigung mit ihnen zu entgehen.«[5] Bleibt zu hoffen, daß uns die Sehnsucht dazu antreibt, uns dem Du mit all seinen Schattenseiten zu öffnen.

Die Sehnsucht bietet uns Chancen, sie erinnert uns daran, daß wir auf dem Weg sind und nicht am Ziel. In den Nächten der Unruhe sind wir unterwegs, vielleicht auf der Suche nach unserem Selbst, unserem Mittelpunkt. »Um es in einem allerletzten Bild zu sagen: Die Sehnsucht ist der Kompaß der Seele. Die Nadel zeigt uns an, woraufhin unser Leben ausgerichtet ist, wenn wir unserer inneren Bestimmung folgen.«[6]

5.4 Träume der Schuld

So wenig wie über Träume und über den Tod sprechen wir im Alltag über Schuld. Dabei liegt es auf der Hand, daß jeder Mensch in seinem Leben Momente erlebt, da er falsch handelt, sich irrt, feige ist, versagt. Da dies wirklich jedem Menschen passiert, besteht eigentlich kein Grund, sich dieser Tatsache zu schämen oder sich übermäßig darüber zu ärgern. Im Alltag tun wir aber so, als könnte »mir« das nie passieren. Wir suggerieren uns selbst und anderen, wir hätten immer alles »im Griff« und würden perfekt funktionieren. Bei manchen hat man sogar den Eindruck, sie hätten geradezu panische Angst, einen Fehler zuzugeben. Sie versuchen sich selbst dann noch herauszureden, wenn die Wahrheit schon längst offenliegt. Wir verwenden immense Energien darauf, Fehler zu vertuschen, zu verleugnen oder anderen in die Schuhe zu schieben, und genau wie wir uns selbst kein Versagen zugestehen, akzeptieren wir auch bei anderen keine Schwäche. Wem ein Fehler nachgewiesen ist, der hat sein Gesicht verloren, er hat sich »unmöglich« gemacht, er ist gleichsam ein Geächteter. Kein Wunder, daß jeder bemüht ist, perfekt zu erscheinen oder wenigstens nicht entdeckt zu werden. In einer derartigen Atmosphäre liegt es auf der Hand, daß das Wort »Schuld« allmählich aus dem Alltagswortschatz verschwindet. Niemand will an irgend etwas »schuld« sein. Wann haben Sie von einem Erwachsenen den Satz gehört: »Tut mir leid, das war meine Schuld«? Manch einem ist er noch nie über die Lippen gekommen.

Wir kennen im Alltag eine Reihe von Mechanismen, die uns »ent-schuldigen« sollen. In der Psychologie ist es sehr beliebt, die Eltern, insbesondere die Mütter, für das Versagen im Erwachsenenalter verantwortlich zu machen. Kriminalität wird mit zuwenig Mutterliebe erklärt (»Weil mich meine Mutter nicht geliebt hat, bin ich ohne Halt«), sexuelle Hemmung ist die Folge von zuviel Mutterliebe usw. Wir wollen hier nicht die Bedeutung der Elternliebe für die Entwicklung des Kindes in Frage stellen. Doch viele erklären jedes Fehlverhalten und jede Versagenserfahrung mit angeblichen Sünden der Eltern. Man hat den Eindruck, nicht sie selbst lebten aus eigenen Entscheidungen, sondern ihr Leben sei einzig und allein eine Folge elterlicher Erziehungsfehler. Ihr eigenes Ich sei für nichts verantwortlich, die Eltern dagegen für alles.

Viel »Entschuldigungsmaterial« liefert uns auch die Soziologie. Hier wird die Gesellschaft, das soziale Milieu, für verantwortlich erklärt. Das Angenehme dieser Entschuldigungsform ist, daß nicht bestimmte Menschen – zu denen ich eine Beziehung habe – für zuständig erklärt werden, sondern eine anonyme Größe. Die »Gesellschaft« kann sich nicht gegen den Schuldvorwurf verwahren. Und so kann man Sätze hören wie: »Das macht doch jeder!« oder »Die Gesellschaft ist korrupt, also bin ich auch korrupt.«. Die Handlungen werden nicht auf das Ich und seine Absichten zurückgeführt, sondern gleichsam als Reflex der allgemeinen Umstände dargestellt. Doch kein Mensch ist ein Roboter, der nur das tut, was ihm einprogrammiert wurde, und Schuld ist kein einfacher Programmierungsfehler. Wir wollen nicht den Einfluß gesellschaftlicher Umstände auf das Handeln der Menschen bezweifeln, jedoch steht es außer

Frage, daß diese Einflüsse oft herangezogen werden, um sich nicht für die Folgen bestimmter Fehlhandlungen verantwortlich fühlen zu müssen.

Auch auf die Biologie wird gern Bezug genommen, um sich rein zu waschen. Sätze wie: »Das ist eben meine Natur« oder »Das liegt mir im Blut« sollen suggerieren, mein Handeln werde gleichsam vom Erbgut bestimmt und keine Macht der Welt könne mich ändern. Einfacher als diese »Erklärungsmodelle« ist die platte Lüge: »Das war ich nicht«, eventuell ergänzt durch den Hinweis: »Der war's!« Dieses Verhalten kann man bei Kindern beobachten. Die Handlung wird einfach verleugnet und möglichst jemand anderem zugeschrieben. Die Technik des infantilen Leugnens einer Tat wird auch in der Erwachsenenwelt immer beliebter, und zwar unabhängig von Status und Bildung. (Erinnern Sie sich nur an den schleswig-holsteinischen Ministerpräsidenten Barschel, der öffentlich log, er habe seinen Gegner Engholm nicht abhören lassen). Das Risiko dieser Technik ist natürlich, daß die Wahrheit, manchmal auf recht verschlungenen Wegen, eines Tages ans Licht kommt – mit sehr unangenehmen Folgen. Das Verleugnen kann sogar so weit gehen, daß der Betroffene selbst nicht mehr an seine Tat glaubt. Sie wird mit zunehmendem zeitlichen Abstand aus dem Bewußtsein gelöscht, man fängt an, seinen eigenen Lügen zu glauben. Dieses Phänomen kann man häufig bei Menschen beobachten, die von einem Partner verlassen wurden. »Schuld« ist der, der gegangen ist, der zurückgebliebene Teil fühlt sich fast immer als Opfer. Kaum ein Gedanke wird darauf verschwendet, was den Partner veranlaßt haben könnte, die Beziehung zu lösen.

Sehr beliebt ist es auch, eigene Fehler anderen anzulasten. Dies funktioniert besonders gut in hierarchisch strukturierten Beziehungen (zum Beispiel Vorgesetzte und Untergebene). Die Verantwortung wird möglichst »nach unten« verschoben, denn Untergebene können sich im allgemeinen nur schwer wehren. Sehr oft fällt dann der Satz: »Das hätten Sie doch wissen müssen!«

Es gibt Menschen, deren Angst vor dem Versagen so ausgeprägt ist, daß sie ihrer Umwelt ständig signalisieren: »Hilf mir, ich kann das nicht.« Vor jeder Entscheidung müssen sie unzählige Bekannte um Rat fragen, und sie versuchen ständig, fällige Handlungen hinauszuschieben oder auszusitzen, aus der Angst heraus, sie könnten etwas falsch machen. Es ist heikel, diesen Menschen Ratschläge zu geben, denn im Fall des Falles wird die Verantwortung mit Sicherheit dem Ratgeber zugeschoben (»Du hast gesagt, ich soll das so machen!«). Entscheidungsschwache Menschen stehen sich in ihrer Angst vor dem Versagen gleichsam selbst im Weg. Sie können ihre Begabungen und Talente nicht ausleben, weil sie ständig eine Katastrophe befürchten. Sie haben den Wahn, Fehler seien eine Todsünde, und erkennen nicht, daß erst Fehler klug machen. Auch Menschen, die scheinbar mühelos Entscheidungen fällen, erleben Niederlagen, und gar nicht mal wenige; doch sie bewerten sie nicht als persönliche Katastrophen, sondern als Chance, daraus zu lernen, es beim nächsten Mal besser zu machen. Es würde ihnen niemals in den Sinn kommen, sich wegen eines Fehlers unwürdig zu fühlen.

Wir haben uns zahlreiche Strategien der Schuldvermeidung und Schuldverdrängung bewußt gemacht. Was ist denn nun eigentlich »Schuld« im Sinne der Psychologie? Jeder Mensch hat mehr oder weniger konkrete Vorstellungen, wie er sein sollte. Die Summe dieser Vorstellungen nannte Freud das Über-Ich, denn es ist ein Wunschbild, dem wir nacheifern. Es ist nicht identisch mit unserem tatsächlichen Ich. Wann immer wir erleben, daß wir diesem Wunschbild nicht entsprechen, sind wir von uns selbst enttäuscht. Diese Enttäuschung verursacht ein Schuldgefühl. Das persönliche Glücksgefühl des Menschen hängt davon ab, wie die Beziehung zwischen dem Ich und dem Über-Ich gestaltet ist. Probleme ergeben sich, wenn das Wunschbild sich sehr stark vom tatsächlichen Ich unterscheidet, wobei die Art der Wunschvorstellung großen Einfluß darauf hat, ob wir uns in unserer Haut wohl fühlen oder nicht. So gibt es Menschen, die von allen gemocht werden möchten, was natürlich unmöglich ist. Andere haben die Vorstellung, sie dürften keinen Fehler machen, was ebenfalls unmöglich ist. Es gibt auch die paradoxen Fälle, bei denen ein negatives Selbstbild ins »Wunschbild« eingegangen ist, Menschen, die glauben, sie seien Versager und zu nichts zu gebrauchen. Andere sind überzeugt, häßlich zu sein, was gar nicht den »objektiven« Tatsachen entsprechen muß. Der Ausdruck »Wunschbild« ist hier natürlich irreführend.

Ganz unterschiedlich wird die Art der Verbindlichkeit der Forderungen des Über-Ich erlebt. Es gibt Menschen, die sich ihrem Über-Ich bedingungslos unterwerfen. Enthält das Über-Ich sehr strenge Gebote (du darfst nicht aggressiv sein; Sex nur in der Ehe; du mußt Autoritäten immer gehorchen usw.), entstehen schwere Schuldgefühle, denn das Leben bietet genug Gelegenheiten, diese Gebote zu übertreten. Andere Menschen gönnen sich einen größeren Spielraum und haben innerlich akzeptiert, daß sie ihrem Wunschbild nicht immer entsprechen.

Unterschiede lassen sich zudem an der Art beobachten, wie Menschen mit ihren Schuldgefühlen umgehen. Manche sind ausgesprochene »Abwehrspezialisten«, denn genau wie gegenüber unseren Träumen stehen uns in bezug auf unsere Schuldgefühle zehn Abwehrmechanismen (vgl. Kapitel 4.3) zur Verfügung. Wir werden noch einige dieser Träume kennenlernen. Anderen Menschen gelingt die Verdrängung nicht so gut. Sie leiden an ihren Schuldgefühlen. Dieses Leid drückt sich aus im Gefühl der eigenen Wertlosigkeit. Ihr Ich »zerbröselt« gleichsam unter den Vorwürfen des Über-Ich. Sie empfinden sich als Versager, Sünder und moralischen Abschaum. Diese Selbsteinschätzung muß für Außenstehende keineswegs erkennbar sein. Oft wird es von den Betroffenen als privates Geheimnis gehütet, nach dem Motto: »Wie gut, daß keiner weiß, wie schlecht ich bin.« Sie sind fest davon überzeugt, daß die Welt zusammenbräche, wenn das Geheimnis ihrer Nichtswürdigkeit bekannt würde.

Sehr häufig kommt es in solchen Fällen zu Reaktionsbildungen. Der Betroffene ist besonders freundlich, besonders leistungsstark, besonders liebenswert, besonders pflichtbewußt usw., jedoch nur, damit sein »schändliches Geheimnis«

verborgen bleibt. Wie ist dieses merkwürdige Verhalten zu verstehen? Das Über-Ich hat die Tendenz zu Unerbittlichkeit und Grausamkeit. Ein Mensch, der sich sehr stark vom Über-Ich bestimmen läßt, neigt zu heftigen Selbstvorwürfen auch bei Lappalien, denn er setzt alles daran, seinem Wunschbild zu entsprechen, selbst kleinste Abweichungen empfindet er als Katastrophe. Erinnern wir uns an die große Gruppe der Hinrichtungsträume (vgl. Kapitel 5.2), in denen diese grausame Tendenz zur Selbstbestrafung deutlich zum Ausdruck kommt. Ein ausgeprägtes Über-Ich führt zu permanenten Versagenserfahrungen im Leben. Die Folge ist Selbsthaß, der so groß werden kann, daß Selbstmord nicht auszuschließen ist.

Sigmund Freud wies darauf hin, daß diese seelische Instanz erst relativ spät entsteht.[1] Er setzte das fünfte Lebensjahr an. Das Kleinkind kennt folglich kein Wunschbild von sich selbst und hat keinerlei Schuldgefühle, nur Angst vor Strafe oder Liebesentzug. Die Entwicklung des Über-Ich ist viel stärker als etwa die Es-Entwicklung von äußeren Einflüssen bestimmt. Nach Freud ist es vor allem der Vater, der durch seine Erwartungen und seine Autorität die Gestalt des Über-Ich prägt, nach dem Muster: strenger Vater = strenges Über-Ich. Diese Meinung ist heute umstritten angesichts Millionen vaterloser Kinder, die keineswegs mit einem unterentwickelten Über-Ich leben. Nicht nur der Vater, sondern jede Autorität, die vom Kind als solche erlebt wird, trägt zur Bildung des Über-Ich bei, also auch Mutter, Geschwister, Verwandte, später die Freunde und erwachsene Vorbilder bis hin zu Schule und eventuell Kirche. All diese Menschen und Institutionen haben Einfluß auf die Inhalte des Über-Ich.

Muß das Kind erleben, daß es von seiner Umwelt nur dann geliebt und akzeptiert wird, wenn es bestimmte Erwartungen erfüllt, wird es vermutlich ein recht starkes Über-Ich entwickeln, unter dem es später leiden wird. Kinder, die keine Liebe erfahren oder immer verwöhnt werden, verwahrlosen. Ihr Über-Ich ist nur rudimentär entwickelt, und sie zeigen oft ein erschreckend geringes Maß an Schuldbewußtsein. Erziehung ist immer das Maß zwischen Zuwendung und Forderung. Hier wird deutlich, wie schwer es Eltern haben, den richtigen Weg zu finden.

Nicht nur der Grad der Verbindlichkeit des Über-Ich wird durch das erzieherische Einwirken der Umwelt bestimmt, sondern auch die Inhalte des Über-Ich. Erwartungen können ein Kind überfordern oder anspornen. Kinder, die das Gefühl bekommen, sie seien als Versager geboren (»Du kannst das sowieso nicht.«), werden entweder diese Vorstellung in ihr Über-Ich einbauen und sich selbst und ihrer Umwelt unter Umständen lebenslang »beweisen«, daß dieses Urteil stimmt – die Folge ist die Biographie eines »Pechvogels« oder »Loosers«, der immer wieder versagt –, oder sie sind lebenslang von dem Gedanken besessen, es ihrer Umwelt zu »zeigen«; in diesem Fall ist es ihnen gelungen, ihren Minderwertigkeitskomplex durch übermäßigen Ehrgeiz zu kompensieren.

Die meisten Menschen haben die sogenannten »bürgerlichen Tugenden« verinnerlicht, wie Pflichtbewußtsein, Pünktlichkeit, Sauberkeit, Ehrlichkeit, Zuverlässigkeit, sexuelle Zurückhaltung, Arbeitsfreude, Konfliktvermeidung, Gehorsam gegen Autoritäten usw. Es steht außer Zweifel, daß diese Eigenschaften nützlich und wichtig sind. Probleme entstehen dann, wenn sie zu extrem gelebt werden. So gibt es zum Beispiel Menschen, die grundsätzlich etwas zu früh kommen, aus Angst, sie könnten sich verspäten. Andere scheuen sich, südliche Länder zu besuchen, aus Angst vor Schmutz. Viele stellen aus Pflichtbewußtsein die Erfordernisse des Berufs bedingungslos über ihre privaten Bedürfnisse. All diese Werte können als Extrem gelebt werden; immer dann wendet sich das Über-Ich gegen das Ich, und der Mensch kann sich nicht frei und glücklich fühlen.

Träume der Schuld entstehen immer dann, wenn unser Über-Ich gegen bestimmte Handlungen oder Einstellungen unseres Ich rebelliert. Diese Rebellion kann bewußt sein (dann sagen wir oft: »Ich habe ein schlechtes Gewissen.«), sie kann aber auch unbewußt sein. Dies sind Fälle, in denen ich zwar sicher bin, das Richtige getan zu haben, wo ich aber trotzdem ein »schlechtes Gefühl« habe. Diese diffuse Unsicherheit kann sich in Träumen mit Motiven der Selbstbestrafung entladen. Es gibt auch Fälle, in denen der Betroffene sich zwar absolut keiner Schuld bewußt ist, wo die Träume jedoch verraten, daß trotzdem ein innerer Konflikt besteht, den der Schläfer jedoch machtvoll aus dem Wachbewußtsein verdrängt hat. Diese unbewußten Schuldgefühle werden dann zum Problem, wenn sie sich ausdrucksstark in Träumen oder sogenannten »Symptomhandlungen« (ständiges Händewaschen u.ä.) entladen, was von den Betroffenen meist als äußerst quälend erlebt wird.

Fassen wir zusammen:
Da der Alltag kaum Möglichkeiten bietet, Schuldgefühle zu verbalisieren, neigen die meisten Menschen dazu, die Erfahrung der Schuld abzuwehren. Eine Folge dieses Verhaltens ist, daß die ins Unbewußte abgedrängte Schuld sich auf dem Umweg über die Traumsprache zurückmeldet. Die Erfahrung, vor dem eigenen Selbstbild versagt zu haben, wird hierbei neu durchlebt. Die Traumzensur verhindert jedoch meist, daß wir unmittelbare Beziehungen zur konkreten Versagenserfahrung im Wachbewußtsein herstellen können.

Motive der Schuld

In Träumen, die einen Konflikt zwischen Ich und Über-Ich behandeln, steht häufig die Figur des Träumenden selbst im Mittelpunkt. Meist äußert sich das im Wachbewußtsein abgedrängte Schuldgefühl als Tendenz zur Selbstbestrafung. Die Strafe ist gemeinhin grausam und unmenschlich. Es kann eine Hinrichtung sein, eine Aufforderung zum Selbstmord; es kann ein Zwang zu einer demütigenden Sühnehandlung sein (zum Beispiel etwas reinigen, meist von Fäkalien, oft mit unzureichenden Mitteln, die Füße küssen, etwas Gefährliches tun müssen usw.). Manchmal steht die Strafe im Mittelpunkt des Traums, und der Bezug zum Vergehen wird nicht recht klar (oder der Träumende hat den Grund der Strafe »vergessen«).

Manchmal wird von geradezu lächerlichen Vergehen geträumt (schmutzige Hände, nicht zugeschnürte Schuhe oder irgendein harmloses Mißgeschick), die grausam bestraft werden. Der Traumzensor hat in diesen Fällen den realen Konflikt ersetzt, und zwar meist durch infantile Motive (unordentlich, schmutzig, ungehorsam, frech sein), die jedoch Auskunft über das Selbstbild des Ich geben. Meist wird hierbei auf zentrale Konflikte des Kindes mit seinen Eltern Bezug genommen, die uns tiefer prägen, als wir es wahrhaben wollen. So kann man manchen Erwachsenen sagen hören: »Ich war immer ein schmutziges/unordentliches/freches Kind.«

Auf dieses Selbstverständnis wird in Träumen der Schuld nicht selten zurückgegriffen. Häufig regrediert das Ich in diesen Träumen direkt zur Figur des Kindes. So, wie das Über-Ich stark von unseren Eltern geprägt wurde, erleben wir Über-Ich-Konflikte in unseren Träumen sehr häufig als Eltern-Kind-Konflikte. Die Eltern können jedoch durch andere Autoritäten ersetzt werden, durch einen Lehrer, einen Richter, einen Polizisten, Ärzte usw. Das Gefühl der Wertlosigkeit drückt sich in der Situation des Ich aus, das hilf- und schutzlos (als Kind) irgendwelchen Autoritäten ausgeliefert ist. Es zeigt sich aber auch in blamablen Situationen. Inge träumt zum Beispiel: »Ich gehe im Theater-Foyer auf und ab. Ich bewundere die Damen in ihren wunderschönen Roben, begleitet von würdigen Herren im Smoking. Da zischt mir eine Dame ins Ohr: ›Wo ist ihr Kleid?‹ Ich blicke an mir herunter und tatsächlich: Ich habe gar kein Kleid an! Ich möchte vor Scham im Boden versinken.« Harmlosere Varianten sind die bei Männern gefürchtete »offene Hose« oder schmutzige Schuhe.

In all diesen unangenehmen Situationen drückt sich unsere Angst vor der Entdeckung »peinlicher« Geheimnisse aus, die versteckte Überzeugung, eigentlich nicht zur »feinen« Gesellschaft zu gehören. Um diese Träume zu haben, muß man gar keine großen Verbrechen in seinem Leben begehen. Es reicht schon die Überzeugung, daß man »eigentlich« nicht wertvoll oder »würdig« ist – und schon stürzt man nachts in seinen Träumen von einer Peinlichkeit in die nächste.

Vielsagend ist in diesem Zusammenhang das Motiv des Schmutzes. Selbst in der Alltagssprache stellen wir eine Beziehung zwischen Schuld und Schmutz her, wenn wir zum Beispiel sagen: »Ich fühle mich schmutzig« oder »Er hat einen schmutzigen Charakter«. (Man kann sogar »schmutzige« Träume haben – doch darum soll es hier nicht gehen.) Die Erziehung zu Sauberkeit hat in jedem von uns tiefe Spuren hinterlassen. Es scheint, daß der moderne Mensch nichts mehr fürchtet, als schmutzig zu sein oder mit Schmutz in Berührung zu kommen. Schon in unseren Kindertagen haben wir gelernt, Schmutzigsein mit Strafwürdigkeit, also Schuld, gleichzusetzen. Jedes Kind in unserem Land hat hundert-, wenn nicht tausendmal gehört: »Mach dich nicht schmutzig!« Kein Wunder, daß dieser Satz sich tief in unser Bewußtsein eingegraben hat und daß das Motiv des Schmutzes in unseren Träumen fast immer auf ein Schuldgefühl verweist.

Inges Traum (die Blamage im Theater) zeigt einen weiteren unangenehmen Mechanismus des Über-Ich. Durch das Schuldgefühl stempelt sich das Ich zum Außenseiter. Die Schuld macht ein Zusammenleben in Gemeinschaft unmöglich, der Faden zur »guten Gesellschaft« ist abgerissen, ich gehöre nicht mehr »dazu«, oder ich werde ausgestoßen. Dieses Gefühl der Isolierung kann als sehr belastend erlebt werden. In nahezu allen Gesellschaften der Welt kennt man deshalb Sühnehandlungen, in denen rituell die Schuld in irgendeiner Weise abgewaschen wird, so daß der Betroffene sich wieder als vollwertiges Mitglied der Gruppe fühlen kann. Diese Riten sind bei uns schon seit langer Zeit verschwunden. (Die Beichte in der katholischen Kirche fand zuletzt im Geheimen statt und konnte daher die neue Gemeinschaft nicht erfahrbar machen.)

Das Gefühl der Trennung von der Gruppe, das sich in zahllosen Traumbildern ausdrückt, muß heute vom einzelnen »irgendwie« verarbeitet werden – ein Umstand, der manchem Therapeuten heute seinen Lebensunterhalt sichert. Motive der Isolierung sind neben der Blamage: eine gaffende oder grölende Menschenmenge, Verweigerung der Hilfe, Verweigerung des Kontaktes und der Kommunikation, abgetrennt sein (etwa durch eine Glasscheibe, eine Mauer) und herausgehoben sein (auf einer Bühne stehen u. ä.). Immer wenn die Trennung im Traum als leidvoll erlebt wird und in Zusammenhang mit einer Strafe steht, kann man von Schuldgefühlen als Ursache der Isolation ausgehen.

Doch nicht nur in Straf- und Isolierungsträumen drücken sich Schuldgefühle aus. Dominiert der Abwehrmechanismus der Reaktionsbildung, dann kommt es zu Träumen, in denen das Ich gleichsam als Unschuldslamm erscheint: Motive strahlender Sauberkeit überdecken die unliebsamen Schuldgefühle. Eine betont saubere Umgebung (zum Beispiel ein blitzblankes Badezimmer) oder betont saubere Kleidung, bei der die Farbe Weiß dominiert, fallen hier besonders auf. Oft enthalten diese Träume auch Schmutz oder Dunkelheit. Sie sind hier aber nur Kontrast, der das saubere Ich nicht anfechten kann. Derartige Träume werden durchweg als angenehm empfunden. Das untergründige Schuldgefühl wird nur selten bewußt. Wenn Sie derartige Träume kennen, dann genießen Sie sie weiterhin, seien Sie aber nicht überrascht, wenn eines nachts beunruhigendere Motive auftauchen, denn hinter der weißen Fassade lauert die Angst vor der Schuld.

In manchen Träumen gerät das Ich in völlig absurde, nichtsdestotrotz als schlimm erlebte Situationen, und es versucht, diesen Zustand zu verändern, jedoch vergeblich. Ein Beispiel: Nicole träumt, sie steht vor einem Baum ohne Äste. Im Traum erscheint es ihr absolut notwendig, daß dieser Baum wieder Äste bekommt. Und sie kratzt verzweifelt in der Rinde, »um Äste herauszuziehen«. Als sie erwacht, stellt sie fest, daß sie sich die Hände blutig gekratzt hat. Es gibt zahlreiche Berichte von ähnlichen Träumen. Ihnen allen gemeinsam ist:

1. Das Ich wird mit einer unhaltbaren Situation konfrontiert.
2. Dem Ich ist völlig klar, daß es die Aufgabe hat, diesen unbefriedigenden Zustand zu ändern.

3. Das Ich bietet alle Kräfte auf, um durch irgendwelche Aktivitäten eine Änderung herbeizuführen.
4. Das Ich versagt.

Der astlose Baum hat für Nicole offenkundig eine geradezu existentielle Bedeutung. Ihre extreme emotionale Beteiligung weist darauf hin, daß sie den verstümmelten Baum als Symbol ihres Selbst sieht, das beschädigt ist. Es ist für ihr Lebensglück wichtig, daß der Baum wieder vollständig ist. Doch all ihre Bemühungen, die Verstümmelungen rückgängig zu machen, scheitern.

Nicoles Verhalten im Traum entspricht genau dem, was Anna Freud als Technik des »Ungeschehenmachens« bezeichnet hatte (vgl. Kapitel 4.3). Eine Fehlhandlung soll durch irgendwelche Aktivitäten wieder rückgängig gemacht werden. Je größer das Schuldgefühl ist, desto verzweifelter versuchen viele Menschen, diese Schuld »abzuarbeiten«. Doch der Punkt, da die Schuld schließlich abgegolten ist, wird niemals erreicht. Dieses Verhalten erinnert an Sysiphos, eine griechische Sagengestalt. Er mußte einen schweren Stein einen Berg hinauf rollen, als Sühne für seine Fehltaten. Doch kurz vor dem Gipfel, immer dann, wenn er hoffte, es endlich geschafft zu haben, rollte der Stein wieder hinunter, und Sysiphos mußte von vorn beginnen. Genau so ergeht es Nicole in ihren Träumen. Durch keine Aktivität der Welt wird sie den versehrten Baum heilen können. Derartige Träume können über einen sehr langen Zeitraum hinweg immer wieder auftreten. Sie verschwinden erst dann, wenn es dem Betroffenen gelingt, eine neue Einstellung zur Schuld zu finden.

Eine andere Form der Schuldverdrängung im Traum ist die Projektion. Nicht ich selbst, sondern eine andere Figur ist beschmutzt und muß bestraft werden. Manchmal sind diese Träume von einem Gefühl der Erleichterung begleitet, daß »ich« nicht entdeckt wurde, manchmal empfindet das Traum-Ich auch eine Art »gerechten Zorn« und Genugtuung über die Bestrafung des Übeltäters. Es gibt sogar Träume, in denen das Ich aktiv an der Entdeckung und Bestrafung eines anderen beteiligt ist. Dieser andere, der stellvertretend für mich leiden muß (was dem Traum-Ich jedoch meist nicht bewußt ist), kann mir völlig unbekannt sein. Oftmals tragen die Ersatzfiguren jedoch Züge von Menschen, denen ich auch im Wachbewußtsein nicht besonders gewogen bin. Sie können leicht mit Aggressionsträumen verwechselt werden (vgl. Kapitel 5.2). Der Unterschied zu bloßen nächtlichen Aggressionsschüben liegt darin, daß der Übeltäter betont nach »Recht und Gesetz« bestraft wird. Die Strafe – und sei sie noch so grausam – wird im Traum immer als »gerecht« empfunden. Dies ist der entscheidende Hinweis, daß verdrängte Schuldgefühle im Spiel sind. Hinzu kommen meist auch ein Zusammenhang zu einem vorhergegangenen Fehltritt und eine Menschenmenge, vor der die Strafe vollzogen wird. Manchmal erkennt das Traum-Ich sogar eine innere Beziehung zum Täter (etwa eine Person, die »so ähnlich« aussieht wie ich). Dies wären natürlich klare Hinweise auf den Projektionscharakter des Traums.

Gelegentlich wird die Technik der Reaktionsbildung mit Projektionen verknüpft. In diesen Träumen erscheint das Ich betont sauber und anständig, während der Übeltäter in dunkelsten Farben gemalt wird. Hier wird nochmals deutlich, wie viele Register unser innerer Traumzensor zieht, um eine Konfrontation unseres Bewußtseins mit verdrängten Schuldgefühlen zu vermeiden. Ist das Gefühl der Schuld völlig aus dem Wachbewußtsein verbannt, erscheint es kaum möglich, Projektionsträume als solche zu erkennen. Allein das Motiv der Strafe als solche (unabhängig davon, wer gerade bestraft wird) ist ein Indiz, daß der Träumende aus irgendeinem Grund sein Ich verurteilt. »Hellhörig« wird der Träumende erst nach zahlreichen Wiederholungen des Traums, dessen Motive ja nicht als belastend erlebt werden.

Auch Bilder der Introjektion (Verschlucken, Essen, Ersticken usw.) können auf verdrängte Schuldgefühle verweisen, wenn sie in einem Bestrafungszusammenhang stehen. Ich selbst werde oder ein anderer wird gerechterweise gezwungen, etwas sehr Unangenehmes oder Zerstörerisches (oft Schmutz oder Fäkalien) in den Mund zu nehmen oder zu essen. Diese Bilder sind keineswegs abwegig, kennen wir doch alle die Formulierungen, daß jemand »alles in sich hineinfrißt« und daß die Schuld in oder an jemandem »nagt«. Die Abwehr der Schuld wird emotional als »verschlucken« erlebt. Das Körperinnere ist das sicherste Versteck vor neugierigen Blicken. Der Preis ist natürlich, daß die so verborgene Schuld gleichsam »in mir« ein zerstörerisches Werk beginnt. Wir können sogar sagen, daß jemand von Schuld »zerfressen« sei – die Folgen studiert die psychosomatische Medizin. In diesen Träumen kann sich die Schuldabwehr zur wahren Qual steigern. Sie sind oft von Angst, Ekel und Schmerzen begleitet und können in geradezu sadistische Bilder der Zerstörung des Körpers von innen heraus ausarten. Der Strafzusammenhang geht jedoch niemals verloren.

Sieht man von Motiven der Reaktionsbildung ab, gilt für alle Träume der Schuld: Je stärker das zugrunde liegende Schuldgefühl ist, desto grausamer und unmenschlicher gestalten sich die Traumbilder, bis sie zu einem unerträglichen Alpdruck werden. Außer im Falle der Projektion wenden sich Schuldgefühle immer gegen das eigene Ich, dessen qualvolle Pein im Traum durchweg als gerechtfertigt erscheint. Ähnlich wie bei den Todesträumen sehen wir hier eine starke Diskrepanz zwischen der seltenen Rede von der Schuld im Alltagsleben und der Häufigkeit der Schulderfahrung in der Traumwelt.

Was kann ich tun, wenn ich mich von Träumen der Schuld gequält fühle?

Verschaffen Sie sich zunächst Klarheit über die Ursache der Schuldgefühle. Es gibt gar nicht so viele Möglichkeiten.

Fall 1:

Sie haben Schuld im juristischen Sinne auf sich geladen (zum Beispiel bei überhöhter Geschwindigkeit einen anderen Verkehrsteilnehmer verletzt oder getötet). Es wird Ihnen nichts weiter übrig bleiben, als die strafrechtlichen Konsequenzen zu tragen, sonst werden Sie immer das Gefühl haben, versagt zu haben. Natürlich gibt es Menschen mit einem unzureichend entwickelten Über-Ich, die nur schwache oder gar keine Schuldgefühle empfinden. Doch diese Menschen verhalten sich immer kalt und gewissenlos. Sie sind eine Qual für ihre Mitmenschen, da sie keinerlei Unrechtsgefühl entwickeln und lediglich auf ihren persönlichen Vorteil bedacht sind. Sie selbst fühlen sich jedoch von Träumen der Schuld verfolgt, was zeigt, daß Ihnen klar ist, was Sie getan haben, und das ist gut so.

Fall 2:
Halten die Schuldgefühle auch nach den juristischen Folgen noch an, ist das ein sicheres Zeichen, daß Sie sich selbst noch nicht verziehen haben. Für Sie ist die »Sache« trotz der juristischen Konsequenzen noch nicht erledigt.

Fall 3:
Ihnen ist ein katastrophales Mißgeschick passiert, das Sie sich nicht verzeihen können. All diese Fälle gehören in die Kategorie »menschliches Versagen«. »Objektiv« ist Ihnen nichts vorzuwerfen, Sie selbst aber »können sich nicht mehr im Spiegel sehen« und sind davon überzeugt, falsch gehandelt zu haben. Krasse Fälle dieser Art können Sie in der Zeitung finden: Der Vater, der irrtümlich sein in der Garage spielendes Kind überfährt; das nur kurz unbeaufsichtigte Kind, das vom Balkon stürzt. Es sind die grausamen Zufälle des Lebens, die uns in derartige Situationen bringen. Sie stolpern auf der Rolltreppe, und die alte Dame vor Ihnen stürzt zu Tode. Sie betrügen spontan Ihren Ehepartner. Sie müssen erkennen, in der Erziehung Ihres Kindes etwas grundsätzlich falsch gemacht zu haben usw.

Fall 4:
Sie stellen, aus welchen Gründen auch immer, sehr hohe moralische Anforderungen an sich selbst und erleben immer wieder, daß Sie scheitern. Vielleicht können Sie sogar gut akzeptieren, daß andere Menschen »schwächer« sind. Sich selbst gegenüber lassen Sie jedoch niemals Milde walten. Was Sie anderen verzeihen, verzeihen Sie sich selbst

noch lange nicht. Diese hohen Anforderungen führen natürlich dazu, daß Sie gleichsam »von Natur aus« zu Schuldgefühlen neigen.

Fall 5:
Sie sind sich keiner Schuld bewußt. Sie können sich an kein Ereignis erinnern, wo Sie sich schuldig fühlten. »Schuld« ist für Sie etwas, das allenfalls andere trifft. Und selbst wenn etwas nicht »ganz okay« war, geben Sie es nur selten zu, denn: »Wer Schuld zugibt, zeigt Schwäche.« Davon sind Sie zutiefst überzeugt. Allerdings kommen diese Träume in der Nacht ...

Fall 6:
Ihr Über-Ich enthält Sätze, die eigentlich falsch sind, was Sie auch genau wissen (etwa: »Du mußt Autoritäten immer gehorchen.«). Trotzdem empfinden Sie immer wieder Schuldgefühle und haben Träume der Schuld, wenn Sie diese Sätze mißachten. So empfinden etwa mehr Menschen als man denkt Sexualität – wider besseres Wissen – als etwas Schmutziges. Sehr viele Erwachsene scheuen sich, ihren Eltern »die Meinung« zu sagen – selbst wenn ihr Standpunkt absolut richtig ist. Sie werden einfach das Gefühl nicht los, etwas Unrechtes zu tun. Viele unterschwellige Konflikte zwischen Alt und Jung haben in irrationalen Schuldgefühlen ihre Ursache. Besonders der Satz: »Du darfst deine Eltern nicht enttäuschen!« verfolgt manche ein Leben lang. Es gibt Mütter und Väter, die sich nahezu perfekt darauf verstehen, bei ihren erwachsenen Kindern Schuldgefühle zu produzieren, um sie so zu manipulieren. Es kann eine schwierige Aufgabe sein, sich von diesen Mechanismen zu lösen.

Egal aus welchem Grund Sie nun Schuldgefühle entwickelt haben – Sie müssen sich darüber klar sein, daß diese Gefühle zwei unangenehme Eigenschaften haben:

1. Sie tendieren zur Maßlosigkeit. Mit anderen Worten: Wie in unseren Träumen können Anlaß und Ausmaß der Schulderfahrung weit auseinanderklaffen. Ist es wirklich

eine Katastrophe, wenn die Mutter beleidigt ist oder weint? Geht wirklich die Welt unter, wenn ich einmal zu spät komme?

2. Schuldgefühle können irrational sein. Dies wird in Fall 6 besonders deutlich. Obwohl wir genau wissen, daß wir richtig handeln, »glaubt« uns unser Gefühl nicht, und wir empfinden trotzdem Schuld. In diesen Fällen ist es am besten zu versuchen, die aufsteigenden Schuldgefühle möglichst distanziert als persönliche Schwäche zu betrachten, etwa indem ich mir sage: »Aha, jetzt kommen sie wieder, meine Schuldgefühle, aber ich weiß, daß ich richtig gehandelt habe.« Diese Einstellung kann man trainieren, am besten, indem man mit anderen darüber spricht. Sie werden merken: Es dauert gar nicht lange, dann sind diese aufsteigenden Gefühle gar nicht mehr so bedrängend.

Sollten Sie dazu neigen, zuviel von sich selbst zu verlangen (Fall 4), brauchen Sie sich nicht über aufsteigende Schuldgefühle zu wundern. Dies kann durchaus als eine Art Gefangenschaft erlebt werden, nämlich dann, wenn ich mich in der Rolle der Wohlanständigkeit gar nicht mehr wohl fühle. Jeder Ausbruchsversuch wird sofort mit heftigen Schuldgefühlen geahndet, obwohl ich mir sicher bin, daß sie eigentlich nicht berechtigt sind. Auch hier ist es wichtig, Distanz zu den irrationalen Gefühlen zu finden (vgl. oben). Oft ist den Betroffenen jedoch gar nicht bewußt, daß sie sich bedingungslos den Forderungen ihres Über-Ich unterworfen haben und sehen ihre Schuldgefühle als absolut angebracht an. Sie halten nicht viel von sich selbst und ihren Fähigkeiten, weil sie tagtäglich erleben, wie sie ihren eigenen Ansprüchen vergeblich hinterherlaufen. Es würde ihnen buchstäblich nicht einmal im Traum einfallen, ihre Forderungen an sich selbst in Frage zu stellen. Statt dessen erleben sie immer wieder, daß ihr Ich, ihre Persönlichkeit, schwach und unzulänglich ist. Diese Menschen neigen dazu, sich selbst »jeden Schuh anzuziehen« und ihr Ich als Quelle aller Versagenserfahrungen zu begreifen. Dieses zerstörerische Selbstbild ist mit Sicherheit schon in frühen Kindertagen entstanden. Kein vernünftiges Argument kann diese Menschen von ihrer Überzeugung abbringen. Wir können in diesen Fällen nur therapeutische Hilfe empfehlen.

Menschen, die im Wachbewußtsein keinerlei Schuld empfinden, in den Nächten aber Träume der Schuld erleben (Fall 5), bleibt nichts anderes übrig, als ihr Leben genau auf eventuelle Ursachen für Schuldgefühle abzuklopfen. Gelingt dies nicht und werden die Träume quälend, bleibt nur der Schluß, daß sie ihr Wachbewußtsein so gut gegen das Gefühl der Schuld verbarrikadiert haben, daß sie zum Opfer ihrer Abwehrmechanismen geworden sind. Sie können sich nicht am eigenen Schopf aus dem Sumpf ziehen. Wir raten zu professioneller Hilfe.

Menschen, die ihre Träume der Schuld auf ein konkretes Ereignis zurückführen können (Fälle 1 bis 3), haben es in gewissem Sinne leichter. Sie wissen genau, womit sie sich auseinanderzusetzen haben. Verwirrend ist die Unverhältnismäßigkeit des Schuldgefühls (besonders bei den Fällen 2 und 3). Sie wissen zum Teil klar und deutlich, daß kein Grund besteht, sich schuldig zu fühlen – das Gefühl ist dennoch da! In anderen Fällen liegen wirklich traumatisierende Ereignisse zugrunde, die einfach passiert sind und nicht mehr rückgängig gemacht werden können. Sind die Gefühle offenkundig irrational oder übersteigert, kann ein Training der Distanzierung helfen: mit vertrauten Freunden darüber sprechen (sprechen schafft Distanz!), die Gefühle gleichsam von außen betrachten (hilfreich ist ein Gedanke wie: »Aha, da kommen sie wieder, meine Schuldgefühle.«). Völlig sinnlos ist es, die Gefühle irgendwie verdrängen oder vergessen zu wollen; es wird Ihnen nicht gelingen, und Sie riskieren nur eine verstärkte Rückkehr der Schuld.

Schuldgefühle wollen uns immer dazu bringen, daß wir uns selbst als Person ablehnen, verachten oder sogar hassen. Für Menschen, die zu Schuldgefühlen neigen, ist es sehr wichtig, zu sich selbst gut zu sein. Tun Sie alles, was Ihr Selbstwertgefühl heben kann! Schreiben Sie auf, worin Ihre

Stärken liegen (Ihre Schwächen kennen Sie sowieso), lassen Sie keine Freude und keinen Genuß in Ihrem Leben aus, denn niemand hat Sie dazu verdammt, unglücklich zu sein – außer Sie selbst, indem Sie Ihrem irrationalen Wunsch, sich selbst zu bestrafen, nachgeben. Wenn es Ihnen gelingt, Ihr Lebensgefühl auf diese Weise zu steigern, werden die beklemmenden Träume nachlassen. Wenn nicht, brauchen Sie Hilfe.

Sollten die Schuldgefühle eine reale und angemessene Ursache haben, dann haben Sie gute Gründe, Ihres Lebens nicht mehr froh zu sein. Ob mit oder ohne Absicht, jeder Mensch ist zu furchtbaren Taten fähig. Der Schock über das eigene Fehlverhalten geht sehr tief, und es ist einfach unmöglich, weiterzuleben wie bisher. Verschärfend wirkt es, wenn die Schuld geheimgehalten wird. Eine Hilfe kann sein, wenn man vom Opfer oder Angehörigen des Opfers Verzeihung erlangt. Erleichterung schafft immer auch die Aussprache mit guten Freunden. Letztlich müssen Sie sich jedoch selbst verzeihen. Kein Mensch ist perfekt, und niemand hat eine blütenreine Weste. Versagen und Schuld gehören zum Leben wie das Atmen. Das ist eine Tatsache und kein billiger Entschuldigungsversuch. Entscheidend ist, wie wir mit unserer Schuld umgehen, welche Lehren wir daraus ziehen, und wie wir danach weiterleben. Wir meinen, daß hierin der entscheidende Schritt zu suchen ist. Natürlich werden Sie sich immer und immer wieder an das katastrophale Ereignis erinnern – oft genug gegen Ihren Willen. Blicken Sie aber auch nach vorn, und überlegen Sie, wie Sie Ihr weiteres Leben gestalten wollen. Was soll sich ändern? Worauf wollen Sie (mehr) achten? Was »war Ihnen eine Lehre«? Niemand kann Ihnen die Schuld einfach abnehmen, doch Ihr weiteres Leben entscheidet, ob Sie zerbrechen oder ob es Ihnen gelingt, die Liebe zu sich selbst wiederzufinden.

Aufgabe aller Schuldgefühle ist es letztlich, daß sie uns drängen, unseren Lebensstil zu ändern, Wertungen zu revidieren und uns selbst in Frage zu stellen. Das fällt oft schwer, denn unsere Wertungen von richtig und falsch, moralisch und unmoralisch, wichtig und unwichtig sind tief in unserer Persönlichkeit verankert. Schuldgefühle führen zu einem allmählich wachsenden Unbehagen mit uns selbst und unseren Lebensentscheidungen. Sie sind Signale, die zur Veränderung antreiben, und je mehr wir uns dagegen sperren, je stärker die Angst ist, zu neuen Ufern aufzubrechen, desto heftiger werden wir vom Gefühl der Schuld und Unzulänglichkeit gequält, so lange, bis wir endlich bereit sind, uns der Wirklichkeit zu stellen.

5.5 Träume der Sexualität

Jeder kennt sie: Träume der Liebe und Leidenschaft, der Wollust und auch der Aggression. Die meisten Menschen sprechen ungern darüber. Doch die Träume kommen immer wieder. In manchen Lebensphasen geballt, dann wieder seltener. Manche Träume sind wunderschön, andere wirken erschreckend, und wir fragen uns: »Was lauert da in mir?« Um die Bedeutung sexueller Träume zu verstehen, müssen wir uns klarmachen, in welcher Weise wir der Sexualität im Alltag begegnen und welche Einstellung wir selbst zu dieser Lebenskraft haben.

Kaum ein Tag vergeht, an dem nicht an unsere Sexualität appelliert würde. Dem kann sich wohl kaum ein Mensch entziehen. Plakate, Fernsehen, Mode senden zahllose sexuelle Impulse aus. Selbst Produktdesigner wollen durch die Form des Gegenstandes an unsere Sexualität appellieren. Sie unterscheiden zwischen direkten und indirekten Impulsen (zum Beispiel die weichen Rundungen eines Autos). In Illustrierten und Talkshows wird permanent über Sexualität geschrieben und gesprochen. Nach der Analyse Peter Sloterdijks geschieht dies oft im Gewand der Aufklärung, als gäbe es noch irgendwelche Tabus zu brechen. »Der pornographische Schock ist zwar ein für allemal vorüber, aber das pornographische Geschäft bleibt und blüht. Längst ist in der spätbürgerlichen Pornographie kein Funke mehr von einer persönlichen Abrechnung mit Hemmungen, erotischen Idealismen und sexuellen Tabus. Vielmehr produziert sie bewußt zurückgebliebenes Bewußtsein, indem sie Tabus-als-ob augenzwinkernd zitiert, um sie mit falscher Aufklärergeste zu durchbrechen.«[1]

Alles, was es an sexuellen Arten und Abartigkeiten gibt, wird präsentiert nach dem Motto: »Wer das nicht kennt, der hat die Welt verpennt.« Das Seltene wird als »normal und natürlich« ausgegeben, das »Normale« als langweilig. Ständig werden pseudowissenschaftliche Statistiken veröffentlicht über »Wie oft ...« und »Wie lang ...«; von Mann und Frau werden ständige Bereitschaft und Experimentierfreude erwartet. Die schlimmste »Sünde« ist die Wiederholung des Gleichen. Es scheint, als sei nahezu jeder bemüht, »aufgeklärt« und erfahren zu sein – oder doch wenigstens so zu wirken. Niemand will irgendwelche Probleme mit der Sexualität haben oder zugeben. Jeder will »normal« erscheinen. Doch wenn alle so aufgeklärt sind, wie sind dann die hohen Auflagen der Illustrierten und die Einschaltquoten der entsprechenden Sendungen zu erklären? Häufig genug kaschiert eine äußerliche Souveränität und Coolness eine tiefe innere Unsicherheit. Das Wissen über Sexualität führt noch lange nicht zu einer beglückenden Praxis. Zeigt nicht das enorme Bedürfnis nach sexuellen Themen und Impulsen, daß wir mit diesem Aspekt unseres Lebens alles andere als souverän umgehen? Denn dann müßten wir doch über unsere eigene Sexualität sprechen können, und zwar nicht über unsere Leistungen und Abenteuer, sondern über unsere Ängste und Sehnsüchte. Doch hierüber schweigen wir.

Weiterhin fällt auf, daß Sexualität immer wieder schlicht mit dem Koitus gleichgesetzt wird. Dieses Mißverständnis scheint unausrottbar. Jedes körperliche Wohlbefinden, wie zum Beispiel Wärme, Schaukelbewegungen, Berührungen, hat sexuellen Charakter. Vielen Menschen ist überhaupt nicht bewußt, daß zum Beispiel Zärtlichkeiten für sich wertvoll und lustvoll sind und daß es ein Irrtum ist, sie nur als »Vorspiel« für das »Eigentliche« zu begreifen. Der Koitus ist lediglich *eine* Form der Sexualität neben anderen möglichen

Formen. Daher die Enttäuschung vieler Frauen, wenn sich der Herr nach vollbrachter Tat zurückzieht oder auf die Seite legt. Daher das Unverständnis gegenüber Sigmund Freud, wenn er der Mutter-Kind-Beziehung sexuellen Charakter zuspricht. Es ist eigentlich erstaunlich, daß wir – trotz aller Aufgeklärtheit – doch immer wieder so tun, als gäbe es in der Welt der Sexualität nichts anderes als den Koitus.

Erschreckend ist weiterhin die verbreitete Unfähigkeit, Themen der Sexualität überhaupt in Worte zu fassen. Dies ist eine Folge jahrhundertelanger Sexualverdrängung. Wir kennen lediglich den Gassenjargon, dessen Vokabular oftmals abwertend und entwürdigend ist und sich meist lediglich auf den Kopulationsakt bezieht, oder Ausdrücke der Medizinsprache, die in ihrer Sterilität und Fremdartigkeit (»Kopulationsakt«!) eher an gefährliche Krankheiten denken lassen denn an beglückende Erfahrungen. In unserer gesamten westlichen Kultur fehlt eine Sprache der Liebe, in der Sexualität und geistige Erfahrung gleichermaßen zum Ausdruck gebracht werden.

Die »Aufklärung« beschränkt sich meist auf Äußerlichkeiten. Es wird suggeriert, körperliche Attraktivität, akrobatische Stellungen und ausgefallene Techniken führten zu intensiven Lusterlebnissen. Die Folge ist, daß der Sex mancher Paare eher an angestrengte gymnastische Übungen erinnert denn an eine lustvolle körperliche Beziehung. Vertrauen, Sicherheit, Zärtlichkeit und Unbefangenheit sind Grundvoraussetzungen für eine erfüllte Sexualität. Doch davon spricht kaum jemand. Ein ausgesprochenes Ammenmärchen ist die Vorstellung, daß ein muskulöser Mann mehr Potenz habe als ein untrainierter. Muskeln haben keinerlei Einfluß auf die Libido des Mannes. Die Lust entsteht im Kopf, nicht durch Körpermerkmale und Techniken. Natürlich gibt es Menschen, die auf mich sexuell attraktiver wirken als andere. Hier spielen Äußerlichkeiten eine ganz entscheidende Rolle. Im Bett hingegen ist die Art der Beziehung, sind die Gefühle, die ich für den anderen entwickelt habe, entscheidend für den Grad der Lust, und nicht die Muskulatur des Oberkörpers oder der Umfang des Busens.

George Grosz, »Akt mit schwarzen Strümpfen«

Überlegen wir kurz, welche Aufgabe die Sexualität in unserem Leben hat. Ihre erste Funktion ist nach Meinung der Biologen die Reproduktion der Art (= Zeugung). In seltenen Fällen hat sie im Tierreich die Aufgabe, die Beteiligten über einen längeren Zeitraum aneinander zu binden, um die Aufzucht des Nachwuchses zu sichern. Bei uns Menschen ist es umgekehrt. Viel wichtiger als die bloße Zeugung ist die emotionale Bindung: Sexualität ist zugleich Ausdruck, Folge und Bestärkung einer immer enger werdenden Verbindung zwischen zwei Menschen. Es hängt vom jeweiligen Typ ab, ob Sexualität am Anfang einer Beziehung steht, die danach auch emotional vertieft wird, oder ob sie Ausdruck der Steigerung einer schon länger bestehenden Verbindung ist.

Die Erfahrung der gemeinsamen körperlichen Lust vermittelt ein intensives Gefühl von Gemeinschaft und Nähe. Dies wird als intensives Glück erlebt, das sich bis zur Ekstase steigern kann. Zeit und Raum werden bedeutungslos, die Grenzen des Ich scheinen gesprengt, und wir versinken in grenzenloser Lust. Solch intensive Gefühle sind jedoch immer die Ausnahme, nie die Regel! Gemeinhin wird gelungene Sexualität als angenehme Entspannung erlebt, in der wir für kurze Augenblicke den alltäglichen Streß und Ärger vergessen können. Und das ist schon eine ganze Menge. Sexualität führt aber niemals zur Lösung irgendwelcher Konflikte (auch dieser Irrglaube scheint unausrottbar). Für manche Menschen sind Sexualität und Liebe eng verknüpft, doch das gilt keineswegs für alle. Viele können körperlich lieben, ohne eine emotionale Bindung zu verspüren. Dies ist Quelle zahlreicher leidvoller Konflikte. Diesen Menschen kommt es weniger auf intensive Gemeinschaftsgefühle an, als vielmehr auf die Ableitung ihrer inneren Spannung. Es ist für sie ein Abschalten vom Alltagstrott ohne größere Bedeutung.

Besonders wenn nur bei einem Partner viel Gefühl im Spiel ist, kann Sexualität negativ erlebt werden. Nirgends sind wir verletzlicher als in unserer Sexualität. Vielfältig sind die Enttäuschungen. Das erhoffte Hochgefühl stellt sich nicht ein, und die »Liebe« wird als rein mechanischer Akt erlebt. Die emotionale Bindung entwickelt sich zu einer Abhängigkeit, die vom anderen bedenkenlos ausgenutzt wird. Gefühle der Angst vor Verletzung oder Unterwerfung können auftreten. Sexualität kann zu einer Art Leistungssport pervertieren, in dem es nicht mehr um ein Glücksgefühl geht, sondern nur noch Anzahl und Dauer der Orgasmen zählen. In engeren Beziehungen kann die Sexualität als Machtinstrument oder Waffe mißbraucht werden, nach dem Motto: »Ich zeig' dir, wer der Stärkere ist!« Plötzliche Ekelgefühle können aufsteigen und uns die Lust verderben. Sexualität kann sogar zu einer Sucht entarten. Dann geht es nicht mehr um Gefühle, sondern um die vergebliche »Liebesmüh'«, eine innere Leere zu füllen.

Sehr viele Menschen neigen dazu, Sexualität und Liebe zu trennen. Sie erleben die körperliche Vereinigung, oft gegen ihren Willen, als mechanischen Akt ohne Gefühl. »Es ist, als würde ich mir beim Sex zugucken.« In diesem Satz drückt sich das Erleben aus. Ursache kann eine grundsätzliche Angst vor Gefühlen sein oder ein heimlicher Ekel, hinter dem sich meist ein Schuldgefühl verbirgt oder auch mangelnde Vertrautheit mit dem Partner. Es gibt Menschen, die sexuelle Beziehungen grundsätzlich nur zu Partnern aufnehmen, die sie nicht lieben. Sie scheuen die große Nähe und das intensive Erleben, wonach sich andere so sehr sehnen. Es gibt nicht nur eine Sehnsucht nach Liebe, sondern auch eine Angst vor Liebe.

Sehr oft sind sexuelle Bedürfnisse mit Schuldgefühlen belastet. Den wenigsten Betroffenen ist dies bewußt. Diese untergründigen Gefühle können sich äußern als Überdruß oder Ekel, auch werden die Lustgefühle dieser Menschen erheblich gedämpft oder treten erst gar nicht auf. Oder es kommt zu einer Reaktionsbildung nach dem Motto: »Jetzt erst recht!« Das Schuldgefühl wird betäubt durch eine Unzahl sexueller Begegnungen. Diese Menschen müssen sich immer wieder beweisen, daß sie »es« trotzdem tun. Es ist jedoch nicht die Lust, die sie antreibt, sondern das verdrängte Schuldgefühl, das sie immer und immer wieder vor sich selbst verleugnen müssen.

Nicht selten kann man eine Tendenz zur Regression in sexuellen Beziehungen beobachten. Diese Menschen lassen sich von ihrer Sexualität treiben und sind nicht in der Lage, sie zu gestalten. Es fällt ihnen schwer, auf sexuelle Anregung nicht zu reagieren und sich aus sexuellen Beziehungen zu lösen. Sie haben das Gefühl, für ihr Verhalten nicht verantwortlich zu sein und erleben sich gleichsam überschwemmt von ihren Trieben und Wünschen. Es ist erschütternd, was einige Menschen sich bieten lassen und was sie alles in einer

Beziehung erleiden, nur um nicht auf den sexuellen Kontakt verzichten zu müssen. Bei der Liebe setzt der Verstand aus – das scheint auf diese Menschen in besonderer Weise zuzutreffen.

Nicht wenige Menschen fürchten sich vor sexuellen Bedürfnissen, die sie für »schmutzig« halten. Da sind Schuldgefühle natürlich nicht weit. Es ist erstaunlich, wie konservativ unser Denken in bezug auf Sexualität immer noch ist. In unserer Gesellschaft möchte jeder gern als Individualist, also als einmalig gelten, in seiner Sexualität will jedoch jeder am liebsten »normal« (also so wie »alle«) sein. Jede Normabweichung – und sei sie noch so unwichtig – führt zu Verunsicherung und wird als »Makel« gesehen. Der Begriff »Perversion« ist schon lange aus den medizinischen Lehrbüchern verschwunden, nur der »Mann auf der Straße« glaubt sehr genau zu wissen, was alles pervers ist. Sinn der Sexualität ist es, Entspannung und Glück zu erfahren. Und wenn der Partner zu nichts gezwungen wird und sich frei entscheiden kann, ist es gut. Unter dieser Bedingung gibt es kein sexuelles Bedürfnis auf der Welt, das in sich »schlecht« wäre.

So verschieden die Menschen sind, so unterschiedlich ist ihre Sexualität. Die einen betonen Sicherheit in ihrem Leben, die anderen Freiheit, wieder andere Nähe oder Distanz (vgl. Kapitel 5.8). Die jeweilige Lebenshaltung hat Einfluß darauf, wie Sexualität gelebt und erlebt wird.

Der auf *Sicherheit* bedachte Mensch hat gelernt, seine Triebe zu kontrollieren. Sex mit Menschen, die er nicht kennt, ist ihm eher unangenehm. Für ihn ist es selbstverständlich, daß einer sexuellen Begegnung eine längere Zeit des Kennen- und Liebenlernens vorausgeht. Erst dann kann er die körperliche Vereinigung wirklich genießen. Er neigt kaum zu Seitensprüngen und Experimenten. Treue und Beständigkeit liegen ihm im Blut. Sex ist für ihn niemals die Hauptsache.

Der seine *Freiheit* liebende Mensch neigt zu wechselnden Beziehungen. Er hat eine instinktive Scheu vor Bindungen; Meist bricht er Beziehungen gerade dann ab, wenn es ernst wird, was für die jeweiligen Partner oft ganz unverständlich ist. Wenn er verheiratet ist, braucht er den gelegentlichen Seitensprung, um sich selbst seine Freiheit zu beweisen. Am wohlsten fühlt er sich in offenen Beziehungen, in denen keiner dem anderen etwas schuldig ist. Sexualität mit wechselnden Partnern ist für ihn Beweis seiner Freiheit. Intensive emotionale Bindungen fallen ihm schwer, da er sie immer als Verlust an Freiheit erlebt.

Für einen Menschen, der zuallererst die *Nähe* zu einem Partner sucht, spielt Sexualität naturgemäß eine herausragende Rolle. Bei Sex kann er wenigstens für kurze Augenblicke die totale Vereinigung mit einem anderen Ich erleben, die Verschmelzung zu einem »Wir«. Diese Menschen können in der Sexualität sehr intensive Gefühle entwickeln und gehen besonders einfühlsam auf den Partner ein. Treue ist für sie eine Selbstverständlichkeit. Sexualität bildet für sie jedoch oft auch eine Quelle des Leids, nämlich dann, wenn der Partner die intensiven Gefühle nicht nachvollziehen kann oder sich aus Angst zurückzieht. Diese Erfahrung kann zutiefst schockierend wirken und schwer verletzen. Der die Nähe betonende Mensch neigt dazu, sich abhängig zu machen oder sogar eine sexuelle Sucht zu entwickeln. Selten ist er bereit, eine gescheiterte Beziehung aus eigenem Antrieb aufzugeben.

Ganz anders lebt der Mensch, der auf *Distanz* zu seinen Mitmenschen geht. Für ihn bedeutet Sexualität zuallererst die Gefahr, daß er sich an einen anderen Menschen verlieren könnte. Deshalb ist er nicht – wie der Freiheitsmensch – auf irgendwelche Abenteuer aus. Seine sexuellen Bedürfnisse sind ihm zutiefst suspekt, da sie ihn in die Nähe eines anderen zwingen. Große Lustgefühle sind ihm fremd. Sicher fühlt er sich allein bei Onanie oder anonymem Sex – es sei denn, er findet jemanden, der seinen Drang nach Distanz akzeptieren kann, ohne ihn der Untreue zu verdächtigen, die ihm gar nicht in den Sinn käme, denn dann müßte er sich ja wieder der Nähe eines Menschen aussetzen.

Es wird deutlich: Längst nicht für jeden Menschen ist Sexualität von überragender Bedeutung. Manch einer zieht Sicherheit oder Distanz einem sexuellen Abenteuer vor. Auch kann Sexualität im Leben von Menschen ganz unterschiedliche Funktionen haben. Für den einen ist sie Beweis der Freiheit und Ungebundenheit, für den anderen Quelle der Gefahr. Der »Nähe-Mensch« sehnt sich nach Selbstaufgabe, der »Freiheit-Mensch« nach Bestätigung seiner selbst. Treffen unterschiedliche Typen aufeinander, können sie sich wunderbar ergänzen, es können sich aber auch dauerhafte, quälende Konflikte entwickeln. Das hängt davon ab, wie stark die jeweilige Veranlagung ausgeprägt ist und wieviel Verständnis die Partner für die Bedürfnisse und Ängste des anderen entwickeln.

Die sexuellen Bilder in unseren Träumen geben nicht nur Aufschluß über unsere Persönlichkeit, sondern auch über den Zustand der Beziehung, in der wir leben. Darüber hinaus ist die Lebenssituation entscheidend für das Verständnis sexueller Bilder. Bedeutsam ist naturgemäß die Zeit der Pubertät, in der wir uns zum ersten Mal bewußt mit unserer Sexualität auseinandersetzen müssen, ob wir wollen oder nicht. In dieser Phase kommt es oft zu einer wahren Flut sexueller Träume, die nicht immer als angenehm erlebt werden. Verschließt sich das Ich – bewußt oder unbewußt – vor dieser neuen Lebensdimension, dann können diese Träume einen zunehmend bedrohlichen oder aggressiven Charakter annehmen – bis hin zu Inzest und sadomasochistischen Tendenzen, die das Wachbewußtsein des Jugendlichen zutiefst verunsichern können.

Funktion dieser Träume ist es, den Jugendlichen zu zwingen, die Aufmerksamkeit auf sich selbst zu richten, um allmählich eine sexuelle Identität als Mann oder Frau zu entwickeln. Das ist keine leichte Aufgabe, und wer Kontakt zu Pubertierenden hat, wird wissen, wie überdreht und aggressiv, aber auch wie still und verschlossen sie sein können. Das von der Umwelt oft als extrem empfundene Verhalten wundert nicht, wenn man sich klarmacht, mit welchen Ängsten und Sorgen sie sich herumplagen. Da sie noch keine feste sexuelle Identität entwickelt haben und konkrete Erfahrungen meist noch fehlen, spiegeln ihre Träume oftmals sexuelle Ängste und Phantasien wieder. Mit anderen Worten: Das ganze Panoptikum sexueller Möglichkeiten wird in den Träumen durchgespielt, begleitet von Gefühlen der Lust, Aggression, Angst und Schuld. Die Träume lassen in dem Maße nach, wie es zu konkreten sexuellen Erlebnissen und Erfahrungen kommt. Die zunehmende innere Sicherheit darüber, was ich will und nicht will, machen diese Träume gleichsam überflüssig. Je länger der Jugendliche jedoch aus Angst sexuelle Erfahrungen vermeidet, desto intensiver und länger werden ihn seine Träume beschäftigen. Kommt es in dieser labilen Phase der sexuellen Orientierung zu ängstigenden oder gar traumatisierenden Erfahrungen mit der Sexualität, dann ist die weitere Entwicklung der Persönlichkeit nachdrücklich behindert.

Im weiteren Leben treten sexuelle Träume vermehrt immer dann auf, wenn das reale Sexualleben durch Konflikte belastet ist, oder wenn es mangels Partner nicht stattfindet. In diesen Zeiten der Sehnsucht nach beglückender Sexualität sind es die Träume, die uns entlasten und uns antreiben, die Suche nach dem Glück nicht aufzugeben. Oft enthalten sie Tagesreste, Bilder aus Filmen oder Begegnungen, die uns sexuell stimuliert haben. Sie machen uns innerlich bereit für einen neuen Menschen, der in unser Leben treten wird. Vielen Partnerschaften, aber auch kurzfristigen sexuellen Begegnungen ist ein solcher Traum oder eine solche Traumserie vorausgegangen. Typische Lebensphasen sexueller Träume sind also – neben der Pubertät – Phasen des Alleinseins, der Partnerschaftskonflikte, der Anfang und das Ende einer Partnerschaft und das Alter.

In der Art, wie wir sexuelle Bilder erleben, wird unsere grundsätzliche Einstellung zur Sexualität deutlich. Was der eine als angenehm und anregend erlebt, ist für den anderen ein Schrecknis. Dies gilt vor allem für Träume, die ungewohnte Sexualhandlungen enthalten. Der eine ist schuldbewußt bemüht, sie zu vergessen, dem anderen bieten sie vielleicht eine Anregung. Werden diese Handlungen auch im Traum als negativ erlebt, dann sind sie Ausdruck einer Angst oder eines Schuldgefühls (wenn die Handlung als Strafe erlebt wird). Es kann eine grundsätzliche Angst vor dem anderen Geschlecht (etwa Vergewaltigungsträume) oder vor den eigenen sexuellen Trieben sein, denen ich mich hilflos ausgeliefert fühle. Auch Selbsthaß kann sich in Bildern demütigender Sexualität äußern.

In vielen konfliktreichen Beziehungen entstehen sexuelle Träume sadistischen oder masochistischen Charakters, in denen die Aggression und die Wut auf den Partner oder auf mich selbst ausgelebt werden, wobei der Partner durch eine andere Traumfigur ersetzt werden kann. Jeder heftige Konflikt (auch mit Freunden oder Nachbarn) kann sich in intensiven Bildern sexueller Gewalt äußern. An diesen Träumen ist auch gut zu erkennen, wie der Träumende mit Konflikten umgeht. Es gibt Menschen, die Aggressionen eher nach außen richten, diese neigen zu sadistischen Gewaltszenen; andere geben vorwiegend sich selbst die Schuld an irgendwelchen Konflikten, diese neigen zu masochistischen Traumbildern. Der Grund für die Sexualisierung eines Konflikts im Traum liegt wohl darin, daß wir diese Bilder meist als viel grausamer und demütigender empfinden als irgendwelche Gewalt- oder Mordszenen. Je heftiger ein Konflikt uns emotional bewegt, desto grausamer sind unsere Traumbilder. Allerdings haben diese Bilder nicht selten einen – meist unterdrückten – Lustaspekt. Sehr heftige Konflikte treten häufig bei Menschen auf, die sich einmal geliebt haben. Und manchmal hat man den Eindruck, daß der Konflikt das letzte Mittel ist, um aneinander festzuhalten. Diese paradoxe Verschränkung von Liebe und Haß wird von aggressiven Sexualträumen begleitet und ausgedrückt. Sie sind für den Träumenden ein Schlüssel, um zu erkennen, wie er sich verrannt hat.

Menschen, die ihrer Sexualität eher skeptisch oder ängstlich gegenüberstehen, neigen zu Träumen sexueller Gewalt. Hierin drückt sich ihre Angst vor Überforderung und Verletzung aus. Oft ist die Sprache dieser Träume mehr oder weniger verschlüsselt, je nachdem, wie stark die Sexualität abgewehrt wird. Lebenslang begleitet Tanja folgender Traum: »Ich liege nachts in meinem Bett. Da kommt ein

Mann aus der Wand. Ich bin sicher, er ist ein Einbrecher. Er sieht aus wie Humphrey Bogart. Ich weiß, daß er mich vergewaltigen will. Danach werde ich immer wach.« Bogart vertritt Tanjas Bild vom Mann überhaupt. Jeder andere Mann, der Tanja in ihrem Leben irgendwie beeindruckt hat, hätte seine Rolle übernehmen können. Tanja verhält sich angesichts seines Erscheinens völlig passiv und verängstigt. Ihr ist völlig klar, was »Männer« wollen. Eine andere Möglichkeit kommt ihr überhaupt nicht in den Sinn. Unbewußt setzt sie männliche Sexualität mit Bedrohung, Gewalt und Ausgeliefertsein gleich. Möglicherweise projiziert sie jedoch auch eigene sexuelle Wünsche in die Figur des Einbrechers, Wünsche, die sie »eigentlich« vor sich selbst ablehnt. Dann drückt diese Szenerie ihre Angst aus vor dem, was passieren könnte, wenn sie ihren gefährlichen Trieben nachgäbe. Meist sind beide Aspekte – Angst vor dem anderen und Angst vor sich selbst – in einem derartigen Traum enthalten.

Schon Kinder haben Angst zu tun, was verboten ist. Oft zeigen sexuelle Träume, wovor ich Angst habe und zugleich den Ursprung dieser Angst: Ich möchte etwas tun, das ich für verboten halte. Der Angsttraum sichert mich davor ab, etwas zu tun, was mein Über-Ich nicht zuläßt, indem er den Wunsch als ekelhaft und gefährlich darstellt.

Noch verschlüsselter ist der Traum von Melanie: »Ich bin in einem kleinen runden Turmzimmer. Plötzlich merke ich, wie sich das Zimmer zusammenzieht. Ich laufe zum Fenster. Der Turm ist entsetzlich hoch. Draußen ist auch noch ein Sturm. Ich merke, daß ich nur mein Nachthemd anhabe. Ich muß springen, oder ich werde erdrückt.« Der Alptraum hat kaum sexuellen Charakter. Doch aufschlußreich ist Melanies Lebenssituation. Sie ist gerade dabei, sich von ihrem Freund zu lösen. Seine Liebe würde sie »erdrücken«. Gleichzeitig hat sie starke Gewissensbisse, »weil er so leidet«. Das enger werdende Zimmer ist ein schönes Bild für die Beziehung, wie Melanie sie erlebt. Der Sturm und das Nichts jenseits des Fensters zeigen ihre Unsicherheit, was kommen mag, wenn sie den Schutzraum der Beziehung verläßt. Die Tatsache, daß sie nur mit einem Nachthemd bekleidet ist, symbolisiert vielleicht ihre Gefühle der Schutz- und Wehrlosigkeit angesichts einer rauhen Außenwelt jenseits der Beziehung. Doch rätselhaft bleibt die Funktion des Turmes. Erinnern wir uns an Sigmund Freud. Er wies darauf hin, daß alle Gegenstände in einem Traum, die nur entfernt an einen Phallus erinnern, diesen auch symbolisieren (vgl. Kapitel 4.3). Für Melanies Traum scheint diese Deutung gar nicht so abwegig. Melanie fühlt sich durch die Sexualität ihres Freundes erdrückt und übermannt. Sie fürchtet vielleicht, in eine Abhängigkeit zu geraten. Melanie gab zu, daß das Gefühl, erdrückt zu werden, sie schon mehrmals veranlaßt habe, eine Beziehung abzubrechen – und immer sei in diesen Lebensphasen derselbe Traum aufgetaucht!

Was kann ich tun, wenn ich mich von unangenehmen Sexualträumen verfolgt fühle?

Träume haben die lästige Eigenschaft, daß man sie nicht, wie etwa das Licht, einfach ausknipsen kann. Gerade wenn wir bestimmte Träume nicht wieder erleben möchten, können wir ziemlich sicher sein, daß sie wieder auftauchen werden. Die einzige Möglichkeit ist, sich mit ihrer Botschaft auseinanderzusetzen. So treten unangenehme Sexualträume mit Vorliebe dann auf, wenn ich – aus welchen Gründen auch immer – auf Sexualität verzichte. Sie sind zugleich Ersatz und Antrieb zu einer gelebten Sexualität.

Sind die Motive ekelhaft und abstoßend, werden Sie von einem Angsttraum gequält. Er drückt aus, was Sie mit Sexualität verbinden, sei es Schmutz, Gewalt oder Schmerz. Diese Vorstellungen sind Resultat negativer Erfahrungen – die als solche vielleicht komplett verdrängt sind – oder einer sehr sexualfeindlichen Erziehung (was selbst heute noch vorkommt).

Es ist unser Über-Ich, das entscheidet, ob wir Träume als »schmutzig« ansehen oder nicht. Manche Menschen sind diesbezüglich sehr streng mit sich selbst. Schnell taucht die Angst auf, nicht »normal« zu sein (was immer darunter zu verstehen ist). Überlegen Sie, ob wirklich die Welt zusammenbräche, wenn Sie sich in Ihrer Sexualität mehr Spielräume zugestünden. Vielleicht hat Ihr Partner oder Ihre Partnerin ähnliche Wünsche und traut sich nur nicht, sich Ihnen anzuvertrauen. Denken Sie daran: Alles, was auch der Partner will, ist möglich.

Sadistische oder masochistische Träume sind in vielen Fällen Ausdruck von Aggression. Mit anderen Worten: Ein Konflikt in mir selbst oder mit anderen Menschen wird in diesen Träumen drastisch illustriert. Es wäre falsch, aus diesen Träumen eine sexuelle Veranlagung ableiten zu wollen. Prüfen Sie vielmehr, ob Sie mit sich selbst und Ihrer Umwelt im Einklang leben. Äußere Konflikte sind im Prinzip leicht zu lösen, dann verschwinden auch die Träume. Innere Konflikte sind hartnäckiger. Es kann sein, daß Sie ein zu starkes Über-Ich entwickelt haben; es kann sein, daß Sie Ihre Triebe fürchten. Sollten die Träume Sie sehr belasten, müssen Sie sich von einem Therapeuten helfen lassen.

Selbst wenn ich in einer glücklichen Ehe oder Partnerschaft lebe, können mich geträumte Seitensprünge mit bekannten oder fremden Figuren überraschen. Ein einzelner Traum ist nicht der Rede wert. Wiederholen sich die Träume, ist das ein Anlaß zu prüfen, ob etwas nicht stimmt. Es muß gar kein großer Streit vorausgegangen sein. Meist weckt schon das tägliche Einerlei den Wunsch nach Veränderung. Achten Sie auf Ihre Träume. Oft signalisieren sie, bevor es Ihnen bewußt wird, daß eine Beziehung zu versanden droht.

Sexuelle Träume treten wie erwähnt geballt in der Phase der Pubertät auf, da noch keine feste sexuelle Identität entwickelt ist. Leider ist die Beziehung zu den Eltern in dieser Phase nicht selten so angespannt, daß der Jugendliche allein mit seinen nächtlichen Erlebnissen fertig werden muß. Die Träume verschwinden gewöhnlich nach den ersten sexuellen Erfahrungen.

Häufig wird die Anzahl sexueller Träume überschätzt. Sie werden nur dominant, wenn das Wachbewußtsein mit diesem Thema beschäftigt ist. Insgesamt treten sie nicht häufiger auf als andere Traummotive. Und nicht jeder Traum, der sexuelle Motive enthält, ist allein schon deswegen ein Sexualtraum. Recht häufig dominieren ganz andere Inhalte und spielt die Sexualität gleichsam nur eine Nebenrolle.

C. G. Jung hat der Deutung sexueller Träume eine weitere Dimension hinzugefügt. In der Seele jedes Mannes und jeder Frau wirkt eine Idealvorstellung vom jeweils anderen Geschlecht. Diesen Archetyp nennt Jung beim Mann »Anima«, bei der Frau »Animus«. Aus dieser Perspektive weisen sexuelle Motive auf unsere innere Einstellung gegenüber den komplementären Persönlichkeitsanteilen hin. Psychische Entwicklungsschübe können von Traumserien begleitet sein, in denen eine veränderte Einstellung zum inneren Gegenpart deutlich wird. Diese Entwicklung ist notwendig, um zu einer angemessenen Haltung gegenüber dem anderen Geschlecht zu kommen, frei von Angst und Bedrohungsphantasien.

Zunächst hat jeder die Tendenz, das Bild der Anima oder des Animus jedem Menschen des anderen Geschlechts überzustülpen, was zu zahlreichen Konflikten und Verwicklungen führen kann. So kann ein Mann seine Anima als bedrohliche Hexe erleben, die ihm schaden will. Unbewußt überträgt er nun diese Vorstellung auf alle Frauen, die ihm begegnen, mit entsprechenden Folgen für sein Verhalten. Junge Frauen erleben ihren Animus oft als Vaterfigur und sind daher – nach Meinung C. G. Jungs – schnell bereit, sich einem Mann wie dem Vater unterzuordnen.

Jung sieht es als Lebensaufgabe an, die Macht des jeweiligen Archetyps für die eigene Persönlichkeit nutzbar zu machen, damit unsere Wahrnehmung nicht mehr durch unbewußte Bilder verzerrt wird.[2] In unseren Träumen manifestieren sich Animus und Anima in Personen, die immer wiederkehren, unabhängig von unserer jeweiligen Lebenssituation. Sie können sich auch verändern und in anderen Gestalten erscheinen, so kann zum Beispiel aus einer Hexe in einer anderen Nacht eine verführerische Femme fatale werden, wobei der Träumende jedoch immer das Gefühl hat, daß die eine irgendwie in Verbindung zur anderen steht. In derartigen Träumen ist die Sexualität immer Indiz dafür, inwieweit uns die Integration männlicher oder weiblicher Persönlichkeitsanteile gelungen ist. Dabei zeigen Bilder der innigen Vereinigung an, daß die Lebensaufgabe bewältigt ist.

In diesen Erfahrungen geht es um viel mehr als bloße lustvolle Entspannung. Und auch im Traum haben wir das Gefühl, daß die Begegnung eine tiefe innere Bedeutung hat.

Beispielhaft soll hier die Entwicklung von Claudia gezeigt werden. Vom dreizehnten bis zum sechzehnten Lebensjahr wurde sie oft von Vergewaltigungsträumen gequält. Der Aggressor erschien immer dunkel, mit einem großen Hut und massiger Gestalt. Die Situationen variierten, doch die Figur des Mannes war immer gleich, und immer fühlte sich Claudia von ihm sexuell bedroht. Deutlich kommen in diesen Träumen Claudias Ängste vor der Sexualität zum Ausdruck. Sie fühlte sich macht- und wehrlos einer ungeheuren Kraft ausgeliefert, die jedoch anonym und unerkennbar blieb. Der angstvoll verdrängte Animus erscheint als übermächtige Bedrohung. In den folgenden Jahren verschwanden diese Motive allmählich. Statt dessen träumte Claudia von einem häßlichen jungen Mann, der »frech und unverschämt« war. Orte und Handlungen der Träume waren unterschiedlich. Doch immer wieder tauchte diese Figur auf und störte das Traumgeschehen, indem sie Konflikte mit sich brachte. Deutlich wird hier die veränderte Einstellung zur Animus-Gestalt. Angst und Passivität sind gewichen. Aus der bedrohlichen und undurchsichtigen Gestalt ist ein frecher Junge geworden, der zwar lästig und peinlich ist, aber keine echte Bedrohung mehr darstellt. Es dominiert die Atmosphäre des Kampfes mit wechselhaftem Ausgang, aber ohne wirkliche Gefahr.

Nach Claudias Heirat im fünfundzwanzigsten Lebensjahr hat sich die Situation wieder grundlegend geändert. Seitdem ist der Ort immer eine exotische Insel. Claudia geht in Badekleidung in einer Bucht, verlängert durch eine Landzunge, spazieren. Von weitem kommt lachend ein junger Matrose auf sie zugelaufen. Sie umarmen und lieben sich. Isoliert betrachtet, kann der Traum nur als Ausdruck des Eheglücks oder als Sehnsucht nach sexueller Vereinigung und Flucht aus dem Alltagstrott gedeutet werden. Sieht man diese Motive jedoch im Zusammenhang mit den Traumbildern aus vergangenen Lebensphasen, so eröffnet sich eine ganz neue Dimension. Claudia ist es gelungen, ein entspanntes und harmonisches Verhältnis zu ihren männlichen Persönlichkeitsanteilen zu entwickeln. Sie muß nicht mehr eine Seite ihres Ich angstvoll verstecken oder aggressiv ausleben. Der Feind ist zum liebenden Freund geworden, das Ich hat sich um eine komplett neue Dimension erweitert, was sehr schön in der Einheit von Bucht und Landzunge zum Ausdruck kommt. In diesen letzten Träumen geht es nicht in erster Linie um Claudias Triebleben oder um die Beziehung zu ihrem Mann, sie symbolisieren vielmehr die neu erreichte Lebensstufe einer Persönlichkeit, die sich nicht mehr von Projektionen und Ängsten in bezug auf das andere Geschlecht bestimmen läßt.

5.6 Träume der Veränderung oder Entscheidung

In den vorangehenden Kapiteln sind uns zahlreiche Träume begegnet, in denen sich eine notwendige Veränderung oder Entscheidung im Leben der Träumer ankündigt. Denken wir zum Beispiel an den Reisetraum von Manfred (Kapitel 3.2), in dem er sein Flugzeug verpaßt. Viele Menschen kennen Reiseträume: der eine wartet jede Nacht am Bahnhof auf seinen »richtigen« Zug, der andere hat immer wieder eine Reifenpanne, und wieder ein anderer fliegt in ferne Länder. Diese Träume symbolisieren unsere innere Reise, eine Weiterentwicklung, den notwendigen Reifeprozeß. Die Blockaden, die sich uns in den Weg stellen, sind uns auch im Wachleben nicht fremd. Wir wissen alle, wie schwer es ist, einen neuen Weg einzuschlagen, das Vertraute hinter sich zu lassen. Allzuoft sind wir in unseren alten Gewohnheiten, Mustern und Bequemlichkeiten gefangen. Gleichzeitig verspüren wir den Wunsch nach Veränderungen, nicht selten ausgelöst durch Unzufriedenheit oder sogar innere Leere.

Wie sich im Traum Veränderungsprozesse ankündigen, veranschaulicht die Traumserie, die Anne berichtete (Kapitel 5.1.). Erinnern wir uns an Annes Träume, verlassen zu werden, und ihre Angstanfälle. Anne begab sich in therapeutische Behandlung und träumte nach der ersten Sitzung:

Ich sitze in meinem Pavillon, den ich mir selbst eingerichtet habe und in dem ich mich wohl fühle, am Strand in Holland. Genüßlich trinke ich eine Tasse Tee und blicke auf das Meer, das ruhig und ohne Wellenbewegungen vor mir liegt. Plötzlich sind nach wenigen Sekunden tosende Wellen entstanden, die mein Haus umfluten. Mein Gedanke: »Ein Fenster ist geöffnet – ich werde ertrinken.«

Der Traum zeigt die momentane psychische Verfassung, in der sich Anne befindet. Das Meer ist ein Bild für das Unbewußte und das Gefühlsleben. Zunächst ist es ruhig, und Anne kann furchtlos auf ihr Innerstes hinunterblicken und einen Tee trinken. Der Pavillon ist der Teil ihres Selbst, in dem sie sich geborgen fühlt; ein Platz, den sie selbst erschaffen hat. Die Gefühle sind »gebändigt«, was sich jedoch von einer Minute zur anderen ändert. Das Steigen der Wellen, das heißt das Auftauchen intensiver Gefühle, vor allem der Angst, hat Anne nicht unter Kontrolle. Sie fühlt sich ihnen ausgeliefert. Die Gezeiten des Meeres kann sie nicht bestimmen. Ihre Gefühle sind wie eine abgespaltene Seite, nur angenehm, solange sie »ruhig« und bewegungslos sind.

Es ist uns allen lieber, wenn sich unsere Gefühle in einem Mittelmaß bewegen und uns nicht zu sehr verwirren. Angst, Leidenschaft oder Wut rütteln zu stark an uns und reißen uns aus der Bequemlichkeit des Alltags. Sie fordern Aufmerksamkeit und werfen uns erbarmungslos auf uns selbst zurück. Wir schämen uns ihrer und wollen sie so schnell wie möglich wieder loswerden. Angenehmer sind uns die sachten Gefühle, wie ein bißchen Zufriedenheit und ein wenig Liebe. Nur an der Oberfläche bestehende Gefühle lassen wir zu und denken, daß sie Harmonie bedeuten. »Das, was wir oft unter Harmonie verstehen, hat nichts mit dem zu tun, was zum Beispiel in der Musik damit gemeint ist. In ihr hören wir gerade durch das Ausspielen aller Möglichkeiten und die Verbindung und Beziehung und Ausgewogenheit von Höhen und Tiefen und Dissonanzen das volle Leben. Würde Musik ständig nur Mittellage bringen, würde sie fade, langweilig, unlebendig – nicht wert, daß man sie lange anhört oder sich mit ihr auseinandersetzt.«[1] Und wird nicht auch unser Leben fad, eintönig und langweilig, wenn wir uns nur auf die Gefühle der Mittellage einlassen?

Anne sieht, wie ihre Hütte plötzlich umflutet wird. Welche Gefühle steigen in Anne hoch, was will in ihr Bewußtsein dringen? Wir wissen, daß sie unter Angstanfällen leidet, die in den Wiederholungsträumen durch das Auftauchen einer fremden Frau ausgelöst wurden. Die Angst, verlassen zu werden, läßt ihr Herz »rasen«, sie will davonrennen.

In der Therapie wird sie mit ihren Gefühlen, auch den ungeliebten, konfrontiert. Sie spürt das Eindringen dieser Gefühle durch das »geöffnete Fenster«. Die Wellen kann sie nicht mehr aufhalten, sie hat Angst zu ertrinken, im übertragenen Sinn: von ihren Gefühlen überschwemmt zu werden.

Wer von uns hat nicht schon einmal erfahren, wie es ist, von einem Gefühl überfallen zu werden? Wir bleiben zehnmal ruhig, wenn wir uns über jemanden ärgern, doch beim elften Mal brüllen wir los, können uns nicht mehr beherrschen. Anschließend haben wir ein schlechtes Gewissen, schämen uns und fragen, wie es zu diesem Wutanfall kommen konnte. Es ist jedoch kein Wunder, daß Gefühle, die wir immer wieder in unser Inneres verbannen, wie ein Vulkan vor sich hin brodeln – bis es zum Ausbruch kommt. Wir sind diesen Gefühlen nicht hilflos ausgeliefert, wie wir meinen, sondern können sie reflektieren, bearbeiten und »korrigieren«. Man muß sich nicht umfluten lassen, man kann lernen, mit Gefühlen bewußt umzugehen, sie zu bedenken, mit unserem Verstand zu »begreifen«, um sie dann in unser Ich zu integrieren. Oft erleben wir Gefühl und Verstand als getrennt. Diese Diskrepanz drückt sich in Sätzen aus wie: »Mein Gefühl sagt mir das, aber mein Verstand hält mich ab.« »Nach meinem Gefühl würde ich mich so entscheiden, aber mein Kopf ist anderer Meinung als mein Bauch.«

Letztendlich können wir jedoch nur mit *Herz und Verstand* zu unserer Identität finden, zu dem Gefühl, im eigenen Körper zu Hause zu sein (Erikson, Kapitel 3.2).

Der Prozeß des Reflektierens der Gefühle wird im zweiten Traum von Anne, den sie einige Monate später erlebt, deutlich. Bis auf das Ende ist dieser Traum mit dem ersten identisch.

Der Pavillon liegt unter Wasser und ich überlege, was ich unternehmen kann. Mir fällt ein, daß ich mein Haus wie einen Fahrstuhl bewegen kann. Ich drücke den notwendigen Knopf, und schon wird es im Raum hell, und ich steige höher und höher.

Anne gelangt in diesem Traum aus ihrer Opferrolle, aus der Passivität heraus und wird zur Handelnden. Sie kann sich bewegen, indem sie den »richtigen Knopf« drückt, das heißt, sie fängt an, ihre Situation zu bedenken und sucht nach Lösungsmöglichkeiten. Es wird hell, ein Licht geht an, und sie kann alles überblicken. Die Redewendung »mir ist ein Licht aufgegangen« benutzen wir, um auszudrücken, daß wir etwas verstanden und erkannt haben. Das Ausgeliefertsein wird in Aktivität verwandelt, in die notwendige Reflexion über sich selbst. Die Gefühle ebben hierdurch nicht ab, aber sie verlieren ihre Gefährlichkeit. Noch kennt Anne ihr Ziel nicht, aber sie fühlt sich nicht mehr tödlich bedroht. Die Angstanfälle stellen sich während dieser Zeit langsam ein, und Anne kann sich mit den Gefühlen auseinandersetzen, die ihre Angst verursachen.

Das Reflektieren kann uns nach und nach zu veränderten Verhaltensweisen und Wegen führen. Wir lernen zu erkennen, wie wir immer wieder in feste, sich wiederholende Muster verfallen. Dies geschieht nicht von heute auf morgen, sondern in einem langwierigen, manchmal auch schmerzvollen Prozeß. In dem folgenden Gedicht aus dem »Tibetischen Buch vom Leben und Sterben«[2] werden wir uns wahrscheinlich alle wiederfinden:

Autobiographie in fünf Kapiteln:

»1.
Ich gehe die Straße entlang.
Da ist ein tiefes Loch im Gehsteig.
Ich falle hinein.
Ich bin verloren … Ich bin ohne Hoffnung.
Es ist nicht meine Schuld.
Es dauert endlos, wieder herauszukommen.

2.
Ich gehe dieselbe Straße entlang.
Da ist ein tiefes Loch im Gehsteig.
Ich tue so, als sähe ich es nicht.
Ich falle wieder hinein.
Ich kann nicht glauben, schon wieder
  am gleichen Ort zu sein.
Aber es nicht meine Schuld.
Immer noch dauert es sehr lange,
  herauszukommen.

3.
Ich gehe dieselbe Straße entlang.
Da ist ein tiefes Loch im Gehsteig.
Ich sehe es.
Ich falle immer noch hinein … aus Gewohnheit.
Meine Augen sind offen.
Ich weiß, wo ich bin.
Es ist meine eigene Schuld.
Ich komme sofort heraus.

4.
Ich gehe dieselbe Straße entlang.
Da ist ein tiefes Loch im Gehsteig.
Ich gehe darum herum.

5.
Ich gehe eine andere Straße.«

Da sitzen wir also in so manchen Löchern und wundern uns. Wie konnte es geschehen? Die Schuld haben zunächst einmal die anderen, die uns in diese Situation gebracht haben. Man ist der Meinung, daß einen zum Beispiel der Partner oder die Eltern »traurig gemacht« haben. Die Kollegen sind für die schlechte Atmosphäre am Arbeitsplatz verantwortlich und die Familie für den Streß. Hoffnungslos sitzen wir in dem Loch und machen den Mitmenschen Vorwürfe. Wir sind die Opfer, genau wie Anne in ihrem ersten Traum. Wir warten auf Rettung durch Angehörige oder Freunde, doch da müssen wir lange warten. Irgendwann krabbeln wir hoch und laufen weiter bis zum nächsten Loch. Was ist passiert, daß wir schon wieder hier sind? Können die anderen nicht einmal Rücksicht nehmen? Manchmal dauert es Jahre, bis wir die Verantwortung für unser Tun erkennen. Niemand kann uns den Streß oder die Traurigkeit abnehmen, wenn wir nicht anfangen, nach Ursachen und Möglichkeiten der Veränderung zu suchen. Das »Abstürzen« in alte, ungewünschte Gewohnheiten und Muster wird uns wahrscheinlich noch oft passieren, aber wir können lernen, uns langsam von ihnen zu lösen und eine »andere Straße« zu gehen.

Mit Hilfe der Therapie konnte Anne ihre Gefühle kennenlernen, ihr Verhalten ändern und ihr Selbstbewußtsein wiederfinden. Annes Identitätsgefühl drückt der dritte Traum aus:

Mein Pavillon ist inzwischen auf festem Boden gelandet. Ich trete heraus und beobachte die hohen Wellen um mich herum. Ein Gefühl des Wohlbehagens breitet sich in mir aus, und ich fühle mich eins mit dem Meer, dem Land und meinem Haus.

Anne fühlt »festen Boden« unter ihren Füßen, sie spürt Sicherheit und Halt. Die Gefühle liegen nicht mehr bewegungslos vor ihr und überschwemmen sie auch nicht in bedrohlicher Weise. Sie erkennt deren Auf und Ab, deren Höhen und Tiefen und erlebt sie als einen Teil ihres Selbst. Ein Wohlbehagen breitet sich aus: Sie fühlt sich eins mit ihrem Herzen, ihrem Verstand und dem Körper.

Anne hatte den Mut, sich auf den Weg zu machen, sich selbst kennenzulernen, und sie nahm hierfür die für sie notwendige Hilfe eines Therapeuten an. Wir müssen uns jedoch nicht alle jedesmal in Therapie begeben, wenn wir in unserem Leben etwas verändern wollen. Wichtig ist nur, damit anzufangen! Allzuoft verschieben wir unsere guten Vorsätze auf morgen:

»Morgen ärgere ich mich nicht mehr.«
»Morgen sitze ich nicht genervt im Büro.«
»Nächstes Jahr werde ich einen Italienisch-Kurs belegen.«
»Nach dem Wochenende führe ich das Gespräch mit meinen Kollegen über das schlechte Arbeitsklima.«
»Morgen …«

Leider belassen wir es gern dabei und leben weiter wie bisher, unzufrieden und gestreßt oder in öder Langeweile und in einem grauen Alltag. Aus diesem Dilemma werden wir nur herauskommen, wenn wir uns inspirieren lassen, zum Beispiel durch unsere Wiederholungsträume, und *jetzt* beginnen.

»Komm fang immer wieder neu an!

Wer anfängt, möge einfach weiter anfangen.
Das ist die Lösung.
Wer Spaß am Wachsen hat, ist mit seiner Erfahrung nicht abgesättigt.
Er will weiterkommen.
Immer neue Anfänge ergeben Wachstum.
Im Alltag wachsen ist der Weg.
Durchs Wachsen über-holen wir uns.
Die meisten Gelegenheiten zum inneren Wachstum liegen im Ungewöhnlichen,
das sich im gewöhnlich Alltäglichen verbirgt.«[3]

5.7 Wutausbrüche im Traum

Wut kennen wir alle!

Wir werden wütend, wenn uns der Chef die schon längst fällige Gehaltserhöhung nicht zahlt, unser Freund anstatt um sieben erst um neun Uhr zur Verabredung kommt, unsere Tochter den Wohnzimmerteppich mit Lippenstift verschönert, uns jemand den Parkplatz vor der Nase wegschnappt oder uns unsere Mutter mit täglichen Anrufen nervt.

Wut macht sich bemerkbar, wenn wir uns ungerecht behandelt fühlen und andere Menschen unsere Interessen und Wünsche nicht beachten. Bei jedem von uns wird sich die Wut auf die eine oder andere Weise ausdrücken. Herzrasen, rote Flecke im Gesicht, Atemnot, zittrige Hände oder Knie sind nur einige Beispiele für die körperlichen Begleiterscheinungen. Wir spüren eine Unruhe und kämpfen gegen die aufsteigende Wut an, indem wir sie unterdrücken. Entweder wir behalten die Fassung, beruhigen uns, fühlen uns aber schlecht und reagieren mit Kopf- oder Magenschmerzen und einer miesen Laune, oder die Wut kommt zum Ausbruch: Wir schreien jemanden an, schimpfen und toben. Das Ergebnis ist ein schlechtes Gewissen! Wer kennt nicht dieses Dilemma? So oder so ist der Umgang mit Wut nicht zufriedenstellend.

Warum haben wir so große Schwierigkeiten, unsere Wut in angemessener Weise zu äußern? John Lee, Psychologe und Schüler von C. G. Jung, weist in seinem Buch »Richtig wütend«[1] auf die Tatsache hin, daß wir als Kinder gelernt haben, Wut mit Schmerz zu assoziieren. Wenn wir als Kinder Wut erlebten, dann oft in Zusammenhang mit verletzenden Formen, das heißt, wir erlebten eine gefährliche Wut. Wütende Erwachsene brüllten uns an, schlugen, machten uns lächerlich oder wiesen uns ab. Wenn wir als Kinder selbst wütend waren, wurden wir bestraft.

Mein Vater steht groß und mächtig vor mir. Ich bin erwachsen, und doch sehe ich mich als kleinen fünfjährigen Jungen. Die Hand meines Vaters fliegt losgelöst von ihm im

Raum herum und versucht, mich zu treffen. Ich werfe mit einem Messer, bis sie zerstochen und mit Blut verschmiert am Boden liegt.

Jan (65) erlebt in seinen Träumen immer noch die verletzende Wut seines Vaters aus der Kindheit. Er sagt, er zucke heute noch zusammen, wenn jemand mit der Hand in die Nähe seines Gesichtes komme. So tief ist die Erfahrung der vielen Ohrfeigen in ihm festgeschrieben.

Der Traum verdeutlicht seine sich auch im Erwachsenenalter fortsetzende Angst vor seinem Vater. Er sieht ihn als »groß und mächtig« und traut sich nicht einmal im Traum, seine Wut direkt gegen ihn zu richten, so daß er die Hand vom Vater löst und seine Aggressionen auf diese lenkt. Die Wut, die von Jan ausgeht, ist in dem Traum genauso verletzend wie die seines Vaters.

Die Erfahrung verletzender Wut, die wir als Kinder erlebten, kann in unseren Träumen immer wieder aktuell werden. Den Grund dafür, daß wir heute als Erwachsene unsere Wut gegenüber anderen nicht äußern können, sieht John Lee in der Angst, verlassen zu werden. »Solange wir Angst vor dem Verlassenwerden haben, werden wir auch Angst vor uns selbst haben, Angst davor, uns durchzusetzen, auf unseren Rechten zu bestehen, unsere Grenzen zu verteidigen und wütend zu werden.«[2] Wir werden Angst vor dem Urteil der Leute haben und aus diesem Grund nicht sagen, was wir wirklich fühlen und wollen.

In unserer Gesellschaft werden wütende Frauen schnell als »hysterische Zicken« und wütende Männer als »Streitbolzen« abgestempelt. Frauen wird es besonders schwer gemacht, sich ihrer Wut bewußt zu werden, sie werden eher darauf trainiert zu schlichten, Verständnis zu haben und »lieb zu sein«. Viele Mädchen wachsen noch heute in dem Irrtum auf, der Froschkönig müsse geküßt werden, um Prinz zu werden. Jahrelang küssen wir als erwachsene Frauen Frösche, geben ihnen Zuwendung, sind immer freundlich und nett. Und das Resultat: Der Frosch bleibt Frosch! Das Märchen vom Froschkönig endet jedoch ganz anders: Die Prinzessin wirft den Frosch gegen die Wand. Sie läßt ihre

Wut auf ihn zu, zeigt ihm deutlich seine Grenzen, und dadurch verwandelt er sich.

Eine Grundvoraussetzung für menschliche Beziehungen, in denen wir uns wohl fühlen, ist das gegenseitige Akzeptieren von Grenzen. Wenn jemand immer wieder unsere Wünsche und Interessen mißachtet, hilft Verständnis wenig. Ein klares Nein hat mehr Wirkung als unser Bestreben, brav, hübsch, klug und unentbehrlich zu sein.

Selbst in den Träumen sind Frauen in dem Ausdruck ihrer Wut verhaltener als Männer. Das Traum-Ich handelt nicht völlig anders als das Wach-Ich (vgl. Calvin Hall, Kapitel 3.4).

»Ich habe in meinen Träumen noch nie Wut erlebt« ist eine Äußerung, die die Autoren von Frauen hörten. Frauen sind in vielen Wutträumen nicht die Agierenden, sondern eher die Ertragenden, sie lassen sich verletzen, ohne zu handeln. Genau wie im Wachleben schweigen wir in Situationen, in denen Protest angebracht wäre, und wir sind traurig, deprimiert und »verletzt«. Wenn sich die aufgestaute Wut dann irgendwann entlädt, reagieren wir mit Schuldgefühlen, die sich in unsere Träume hineinschleichen (vgl. Kapitel 5.4) Eine Möglichkeit, die Wut nicht direkt ausdrücken zu müssen ist, sie von anderen Menschen im Traum stellvertretend ausleben zu lassen. Im Traum sagt zum Beispiel die Kollegin dem Chef die Meinung.

Ich verlasse in der Pause mein Büro im Sozialamt und gehe dort durch die Flure. Die Tür des Zimmers von meinem Chef ist geöffnet. Ich blicke hinein und sehe Herrn K. mit meiner Kollegin. Sie streiten sich, und Sabine brüllt ihm zu, er sei inkompetent, unmenschlich, ungerecht, und wirft mit einem Buch nach ihm. Herr K. schmeißt sie aus dem Zimmer, und ich bin sicher, daß sie die Kündigung erhalten wird.

Martina (26) arbeitet und leidet seit zwei Jahren unter Herrn K., dem Gruppenleiter. Er hat sie bereits mehrfach mit Sätzen wie »Darf ich Sie in Ihrem Schlaf stören und Ihnen diese Arbeit zumuten?« verletzt. Martina spürte jedesmal eine tiefe Wut, hat aber geschwiegen. Im Traum läßt sie ihre Kollegin Sabine immer wieder für sich handeln. Der Umgang mit Wut, der hier deutlich wird, ist uns allen bekannt: entweder schweigen und Gefühle unterdrücken oder brüllen und verletzen. Zwei Verhaltensextreme, die wir in unserer Lebensgeschichte kennengelernt haben und denen wir folgen. Es ist so, als existierten dazwischen keine Nuancen, als gäbe es nur dieses Entweder-Oder: Wut verleugnen oder Wut austoben. Martina unterdrückt ihre Wut aus Angst vor einer Kündigung, die in dem Traum die Kollegin als Konsequenz für den Wutausbruch erhält. Wir können uns an dieser Stelle fragen, warum Martina ihrem Chef nicht in angemessener Weise mitteilen kann, was sie verletzt und was sie von ihm erwartet. Diese Frage richtet sich an uns alle, an Männer und Frauen: Wie können wir einen angemessenen Umgang mit unserer Wut finden?

Beschreiben wir zunächst noch einmal die zwei verschiedenen Formen der Wut, die bereits deutlich wurden.

1. Die gefährliche, verletzende Wut
Sie explodiert unkontrolliert nach außen in die Welt hinein und trifft eine oder mehrere Personen. Beispiele aus diesem Kapitel sind der schlagende Vater, der noch heute in den Träumen von Jan erscheint, und die im Traum brüllende Sabine, die mit dem Buch nach ihrem Chef wirft.

2. Die nach innen gerichtete Wut
Sie kehrt sich gegen einen selbst. Sie wird zurückgehalten und kann zu Migräne, Rückenschmerzen und Depressionen führen. Unterdrückte Wut ist Gift für unseren Körper.

Nach John Lee und Harriet Goldhor Lerner, Autorin des Buches »Wohin mit meiner Wut«[3], gibt es noch eine dritte Möglichkeit, mit Wut umzugehen, ohne andere Menschen zu verletzen und ohne sich selbst zu schädigen. Beide betonen zunächst, daß Wut ein Gefühl ist, das unsere Achtung und Aufmerksamkeit verdient. Wut ist nichts Schlimmes und kein negatives Gefühl. Es gibt kein negatives Gefühl, obwohl uns manche Gefühle motivieren, gemeine und unangebrachte Dinge zu tun. Wut ist, so John Lee, eine gottgegebene Gnade, die unsere Vitalität und unser Selbstwertgefühl steigert.

Wie können wir mit unserer Wut angemessen umgehen? Harriet G. Lerner beschreibt einen kognitiven Weg, das heißt, wir können lernen, mit unserer Wut umzugehen, indem wir lernen, sie zu verstehen. Wut ist demnach ein Signal, das Botschaften enthält, die wir hören sollten. Unsere Wut kann uns sagen, daß wir gekränkt sind, daß unsere Bedürfnisse nicht befriedigt werden oder daß wir in einer Beziehung unsere Interessen zuwenig beachten und zu sehr auf die Wünsche des Partners eingehen. Lerner schlägt vor, Fragen in Hinblick auf unsere Wut zu stellen. Wutträume können hierbei nach Meinung der Autoren eine wichtige Hilfsquelle sein, wenn wir sie unter den folgenden Fragen beleuchten:

- Worüber bin ich wirklich wütend?
- Wo liegt das Problem, und wessen Problem ist es überhaupt?
- Wie kann ich meinen Standpunkt klarmachen?
- Was möchte ich verändern?

Sehen wir uns unter diesen Fragestellungen noch einmal Martinas Traum an.

Sie ist wütend über Äußerungen des Chefs, die sie kränken. Dies ist ihr Problem und nicht das ihrer Kollegin Sabine. Martina kann ihren Standpunkt klarmachen, indem sie Herrn K. zu verstehen gibt, daß sie Sätze wie »Ich will Sie ja nicht im Schlaf stören, aber …« nicht länger duldet. Sie könnte ihn auffordern, derartige Bemerkungen zu unterlassen. Martina möchte das für sie belastende Arbeitsklima ändern, und so wird ihr keine andere Wahl bleiben als ein klärendes Gespräch.

Manchmal wundern wir uns, wenn die klare Formulierung unserer Standpunkte dann tatsächlich zum Erfolg führt. Wir haben es einfach zuwenig ausprobiert! In unserer Phantasie befürchten wir, dann erst recht verletzt, verlassen oder gekündigt zu werden. Für den Fall, daß Herr K. sein

Verhalten nicht ändert, müßte sich Martina weitere Schritte überlegen, etwa die Hilfe anderer Kollegen in Anspruch zu nehmen, ein Gespräch mit dem Vorgesetzten von Herrn K. zu veranlassen usw. Vielleicht wird Martinas Wut zum Ausgangspunkt einer Veränderung der Arbeitsatmosphäre. Voraussetzung hierfür ist, daß Martina auf die Botschaften ihrer Wut hört.

Zusammenfassend können wir feststellen: Wir verarbeiten unsere Wut, indem wir sie *verstehen*.

John Lee vertritt hingegen die Meinung, daß Wut nicht vom Intellekt her verarbeitet werden kann. Er schreibt, daß ein Gefühl nicht im Kopf abläuft, sondern im Körper. Da Wut ein Gefühl im Körper ist, verschwände sie nicht, wenn sie vom Intellekt her verstanden würde. Wut vergehe nur, wenn der Körper sie ausgedrückt habe. Mit der Vernunft, so Lee, und damit kritisiert er den Ansatz von Lerner, wird Wut nur noch weiter in den Körper verdrängt. Er fordert uns auf, wütende kleine Kinder zu beobachten. Sie werfen sich auf den Boden und brüllen, bearbeiten den Boden mit ihren Fäusten und treten mit den Füßen dagegen. Zumindest tun sie das, bis wir sie dafür bestrafen. Nach Lee ist diese Reaktion natürlich, weil der Körper versucht, seine Wut loszuwerden. Ähnlich wie Kinder sollten nach Lee auch Erwachsene die Wut aus ihrem Körper herausbekommen. Er meint jedoch *nicht*, daß wir jemanden anbrüllen, beschimpfen, schlagen, ankeifen, herabsetzen, verletzen, demütigen oder beleidigen sollen. Er ist absolut dagegen, Wut körperlich in einer Weise zu äußern, die einen anderen einschüchtert oder verletzt. John Lee beschreibt Wege, Wut körperlich auszudrücken:

- Sich allein in das Auto setzen, Fenster hochkurbeln und laut brüllen, schimpfen, bis es einem besser geht.
- In ein Kissen schreien; Kissenboxen.
- Bewußt auf den Atem achten und tief in den Bauch einatmen.
- Einen zuckenden, stampfenden, primitiven Tanz aufführen oder trommeln.

- Nägel in die Wand hauen, Holz hacken oder Telefonbücher zerreißen.
- In die freie Natur gehen, Steine auf den Boden schleudern, mit Zweigen auf die Erde schlagen, wie Tarzan oder ein Maulesel schreien.

Dies sind nur einige Beispiele der Übungen, die John Lee in seinem Buch anführt.

Ziel ist, auf sichere Weise außer Kontrolle zu geraten, so daß die Wutenergie ganz und gar herausgelassen, verbraucht, ausgedrückt, freigesetzt, entladen und erschöpft ist.

Den Autoren erscheinen die beiden Ansätze, der kognitive und der körperliche Ausdruck von Wut, nicht als entgegengesetzt, sondern als zusammengehörig. Für das Verstehen unserer Wutträume hilft uns vor allem der kognitive Weg, was jedoch nicht besagt, daß wir nicht die eine oder andere Übung, die Lee vorschlägt, einmal ausprobieren sollten. Versuchen Sie es, Sie werden sich wundern!

5.8 Handlungsmöglichkeiten bei Alpträumen

Viele Aspekte dieses Themas wurden schon in den vorherigen Kapiteln behandelt (zum Inhalt von Alpträumen vgl. Kapitel 5.1, 5.2, 5.4). Der Schwerpunkt unserer Ausführungen hier soll sein, wie der Betroffene sich selbst helfen kann.

Alpträume sind immer Träume, in denen wir sehr große Ängste um uns selbst oder um andere ausstehen. Meist geht es um Leben und Tod. Normalerweise erwachen wir kurz vor der Katastrophe und sind »fix und fertig«. Ein einzelner Alptraum ist schon unangenehm genug, da viele Menschen nach dem Erwachen große Einschlafschwierigkeiten haben, weil sie noch von den Traumbildern aufgewühlt sind. Um so belastender sind ganze Alptraumserien, die uns Nacht für Nacht quälen. Auch kann es sein, daß uns derselbe Traum in einer Nacht mehrmals verfolgt. Nach solchen Erfahrungen liegen die Nerven schnell blank, zumal unser Alltagsleben durch Schlafentzug und immer wiederkehrende Gedanken an die Nachterlebnisse zunehmend beeinträchtigt wird. Wir fühlen uns als Opfer unserer Traumgespinste und wissen nicht, wie wir ihrer Herr werden sollen. Was ist also zu tun?

Zunächst ist es wichtig, die richtige Einstellung zu Alpträumen zu finden. Unser Unbewußtes will uns nicht quälen und stören, sondern unser Wachbewußtsein auf Fehlentwicklungen in unserem Leben aufmerksam machen. Alpträume kommen niemals aus heiterem Himmel; immer gehen ihnen weniger drastische Traumbilder zu demselben Thema voraus, die wir aber nicht ernst genug nehmen. Die meisten Menschen neigen dazu, unangenehme Träume, die nicht besonders eindrucksvoll waren, einfach zu vergessen. Seit Freud wissen wir jedoch, daß wir nur das »vergessen«, was wir vergessen *wollen*. Mit anderen Worten: Vergessen ist eine Form der Abwehr. So sind zum Beispiel viele Eltern stolz darauf, ihre Kinder »niemals« geschlagen zu haben. Fragt man die Kinder, bekommt man unter Umständen eine ganz andere Antwort. Die Eltern lügen nicht, sie haben einfach »vergessen«, daß die Hand schon mal »ausgerutscht« ist. Daraus können wir schließen: Die Bilder der Alpträume sind genau deshalb so schreckenerregend, damit sie nicht vergessen werden. Menschen, die ihre Träume nur wenig beachten, also meist »vergessen«, werden von einem Alptraum häufig völlig überrascht. Dieses unangenehme Erlebnis zwingt sie dazu, ihrem Innenleben mehr Aufmerksamkeit zuzuwenden.

Daraus ist zu folgern: Man sollte Alpträume nicht als Feinde oder Störenfriede betrachten. Sie sind wichtige Alarmrufe der Seele, die uns drastisch klarmachen, daß etwas nicht stimmt. Aufgrund unserer zahlreichen Abwehrmechanismen (vgl. Kapitel 4.3) sind die Traumbilder jedoch oft so verzerrt, daß es gar nicht immer leicht ist herauszufinden, durch welches Problem denn unsere Seele so aufgewühlt ist, daß sie zum Mittel des Alptraums greift. Zudem wenden wir im Wachbewußtsein so viele Kräfte auf, um das Problem zu ignorieren, daß erst Alpträume kommen müssen, um uns dazu zu bewegen, uns selbst in den Blick zu nehmen. Im Grunde gibt es nur zwei Möglichkeiten: Entweder stimmt mit uns selbst etwas nicht, oder eine uns wichtige Beziehung ist aus dem Lot geraten. Die Folge sind Alpträume.

Alpträume als Ausdruck innerer Konflikte

Seit Erikson wissen wir, daß jeder Mensch verschiedene Stufen der Entwicklung durchläuft (vgl. Kapitel 3.2). Die Übergänge zwischen den Stufen werden mehr oder weniger krisenhaft erlebt. Die schwierigsten Stufen sind wohl der Eintritt in die Pubertät und die Erfahrung des Altseins. Jeder Eintritt in eine neue Lebensphase ist von Ängsten begleitet. Wir spüren, daß alte, wohlvertraute Lebensformen nicht mehr passen, das Neue ist jedoch noch fremd, wenn es überhaupt schon in Sicht ist. Bei Jugendlichen kann man diese von den Betroffenen in aller Regel als unangenehm erlebten Übergänge sehr schön beobachten. Ein Fünfzehnjähriger kann seine erste Freundin besuchen und anschließend mit Matchbox-Autos spielen. Eine Vierzehnjährige kommt aus der Teenie-Disco und kleidet erst einmal ihre Barbie-Puppe um. Dieses Schwanken zwischen zwei Lebensstufen kann zu Alpträumen führen, in denen sich die Angst vor dem Neuen entlädt. Diese gleichsam natürlichen Lebensphasen, in denen wir anfällig für Alpträume sind, werden ergänzt durch Zeiten, in denen wir vor einer wichtigen Entscheidung oder Prüfung stehen (Examen, Heirat, Schwangerschaft, Scheidung usw.). Es ist klar, daß die innere Anspannung, die Angst vor dem Versagen, sich in Alpträumen ausdrücken kann. Es sind Zeiten, in denen wir einfach besonders dünnhäutig sind, anfällig für alle möglichen Ängste und Sorgen. Doch wir können sicher sein: Ist diese Krisenzeit vorüber, hören die Alpträume auf. Dies ist – zugegeben – für die Betroffenen ein schwacher Trost. Weiter unten werden wir jedoch konkrete Vorschläge machen, wie man die Situation erleichtern kann.

Nicht nur Übergangsphasen und äußere Umstände können zu inneren Konflikten führen. Auch die Entwicklung der gesamten Persönlichkeit kann krisenhaft sein, was zu Alpträumen führt. Nach Fritz Riemann[1] lebt jeder Mensch in einem persönlichen Gleichgewicht aus Sicherheit, Freiheit, Nähe zu anderen Menschen und Distanz. Diese Aspekte sind bei jedem Menschen unterschiedlich gewichtet. Dem einen ist die Freiheit am wichtigsten, dem anderen vielleicht die Nähe. Nun gibt es Menschen, die dazu neigen, einen Aspekt auf Kosten der anderen zu stark zu betonen (meist aufgrund bestimmter Lebenserfahrungen). Ein Beispiel: Menschen mit einem sehr starken Sicherheitsbedürfnis. Sie scheuen jedes Risiko, lieben das Unbekannte überhaupt nicht, neigen dazu, sich gegen jede Unbill des Lebens zu versichern (zur Freude der Versicherungsvertreter), fühlen sich in fremder Gesellschaft unbehaglich und kritisieren alles Neue, nur weil es neu ist. Plötzlich werden sie von Alpträumen überrascht mit Motiven der Gefangenschaft, Bewegungslosigkeit, des Erdrückt-Werdens u. ä. Es ist klar: Die Alpträume signalisieren: »Halt! Wenn du so weitermachst, lebst du in einem Gefängnis.«

Derartige Erlebnisse machen uns schmerzhaft auf ein Defizit in unserer Persönlichkeit aufmerksam. Die Träume lassen nach, wenn wir unseren Lebensstil verändern (was leichter gesagt als getan ist). Der Zusammenhang mit unserer Persönlichkeit kann jedoch auch komplizierter sein. So träumt unser »Sicherheitsmensch« zum Beispiel von schrecklichen Orgien oder von furchtbaren Ereignissen in Afrika. Mit anderen Worten: Seine Angst vor der Freiheit und Unwägbarkeit des Lebens, die ihn antreibt, sein Leben gegen jede Überraschung abzusichern, manifestiert sich im Traum. Derartige Alpträume machen ihm deutlich, wie übertrieben groß seine Angst ist. Mit dieser Gruppe von Alpträumen ist schwer umzugehen, da sie eine Angst ausdrücken, die real existiert. Sie illustrieren das, wovor ich

Johann Heinrich Füssli, »Der Nachtmahr«

auch im wirklichen Leben Angst habe, und – leider – verstärken sie diese Ängste nur noch.

Nicht jeder Mensch hat Sicherheit zum Lebensprinzip erklärt. Andere betonen sehr stark die Freiheit in ihrem Leben. Erst wenn sie mit Neuem konfrontiert werden, blühen sie auf. Nichts ist ihnen verhaßter als Routine und Plan. Sie lieben das Abenteuer, das Unvorhersehbare. Diese Menschen sind immer für eine Überraschung gut, und sie lassen sich gern überraschen. Verläßlichkeit und Treue sind nicht unbedingt ihre Sache. Kommt es zur Überbetonung dieses Lebensstils, können Alpträume als Warnung auftreten, in denen das Bewußtsein mit Zerrbildern der Freiheit konfrontiert wird (Haltlosigkeit, Fallen, Stürzen usw.). Die destruktive Variante ist, wenn der »Freiheitsmensch« von Gefangenschaft und Fesselung träumt (vielleicht kurz vor einer Heirat).

Deutlich wird hier, daß je nach Menschentyp die Trauminhalte ganz unterschiedliche Funktion haben können. So bedeutet für den Sicherheitsmenschen das Motiv des Erstickens eine wichtige Warnung, seinen Lebensstil zu korrigieren; bei dem Freiheitsmenschen verstärkt es lediglich den vielleicht schon übertriebenen Freiheitsdrang.

Jeder kennt Menschen, denen die Nähe zu anderen am wichtigsten zu sein scheint. Sie lieben es, »ganz« für einen Menschen da zu sein, und sind ohne weiteres bereit, große Teile ihrer eigenen Person zu opfern. Zeiten des Alleinseins sind für sie nur schwer zu ertragen, und sie setzen alles daran, bald wieder einen Menschen zu »haben«. In ihren Alpträumen können sie Zerrbilder der Nähe erleben, sie werden zum Beispiel gefressen, erdrückt, geschlagen, oder sie versinken. Alles Bilder, in denen die Gefahren einer distanzlosen Nähe aufgezeigt werden. Sie können aber auch von Zerrbildern der Distanz verfolgt werden (Alleinsein in einer gefahrvollen oder lebensfeindlichen Umwelt, Tod oder Verlust naher Menschen usw.); diese Angstbilder treiben sie weiter voran, die Nähe anderer Menschen zu suchen.

Einen Vertreter der distanzbetonten Menschen haben wir schon kennengelernt: Bernd, der träumte, hinter einer Plexiglasscheibe zu stehen (vgl. Kapitel 5.2). Menschen, die in ihrem Leben die Distanz zu anderen Menschen schätzen, lieben das Alleinsein, sie reden nicht gern über ihre Gefühle, sie meiden die Masse und sind nicht selten ausgeprägte Individualisten. Sie leben betont selbständig und unabhängig und bleiben nicht gern jemandem etwas schuldig. In ihren Alpträumen werden sie von Zerrbildern der Distanz verfolgt, die sie darauf aufmerksam machen, daß sie sich vielleicht zu stark von anderen Menschen isolieren. Die Bilder entsprechen den destruktiven Alpträumen der »Nähe-Menschen«. Er kann aber auch von Bildern zu großer Nähe verfolgt werden (Gefressen-Werden usw.), die ihn letztlich in den sozialen Tod treiben.

Es hängt also entscheidend von der Lebensweise des Träumenden ab, wie die Bedeutung des jeweiligen Alptraums entschlüsselt werden muß. Die wenigsten Menschen leben die erwähnten Daseinsweisen in extremer Form, doch wenn wir uns selbst beobachten, werden wir feststellen, daß wir mehr zu der einen oder zu der anderen tendieren. Unsere Angst vor dem anderen Extrem oder die Gefahren einer zu einseitigen Ausrichtung unseres Lebens sind wichtige Themen der Alpträume.

Im folgenden haben wir eine Tabelle mit Alptraummotiven und ihrer möglichen Funktion für die Persönlichkeitsentwicklung zusammengestellt. Wir unterscheiden jeweils zwei Gruppen: zum einen Alpträume, die vor Fehlentwicklungen warnen (*produktive Funktion*) und die durch eine Veränderung der Lebensgestaltung überwunden werden können; zum anderen Alpträume, die bestehende Ängste verstärken und dadurch eine verfehlte Entwicklung vorantreiben (*destruktive Funktion*). Bei letzteren ist es schwer, sich selbst zu helfen.

Alpträume und Persönlichkeitsentwicklung		
Dominierender Aspekt in der Lebensführung	Motive mit produktiver Funktion	Motive mit destruktiver Funktion
Sicherheit	*Zerrbilder der Sicherheit:* gefangen sein, erstarrt sein, gefesselt sein, beengt sein, erdrückt werden u. ä.	*Zerrbilder der Freiheit:* Orgien, schreckliche Begegnungen in der Fremde, haltloses Fallen, tiefe Löcher u. ä.
Freiheit	*Zerrbilder der Freiheit:* Orgien, schreckliche Begegnungen in der Fremde, haltloses Fallen, tiefe Löcher u. ä.	*Zerrbilder der Sicherheit:* gefangen sein, erstarrt sein, gefesselt sein, beengt sein, erdrückt werden u. ä.

Dominierender Aspekt in der Lebensführung	Motive mit produktiver Funktion	Motive mit destruktiver Funktion
Nähe	*Zerrbilder der Nähe:* gefressen werden, erdrückt werden, ersticken, versinken, ertrinken u. ä.	*Zerrbilder der Distanz:* Einsamkeit, Tod eines nahen Menschen, Isolation, das Ich allein in unheimlicher Umgebung, allein gegenüber Gefahren u. ä.
Distanz	*Zerrbilder der Nähe:* gefressen werden, erdrückt werden, ersticken, versinken, ertrinken u. ä.	*Zerrbilder der Distanz:* Einsamkeit, Tod eines nahen Menschen, Isolation, das Ich allein in unheimlicher Umgebung, allein gegenüber Gefahren u. ä.

Leichter zu erkennen – doch sehr quälend – sind Alpträume, die mit einem schrecklichen Ereignis in unserem Leben zusammenhängen. Niemand kann sich letztlich vor Unfällen, Unglücken und Verbrechen schützen. Jeder kann in seinem Leben mit einem sogenannten traumatischen Ereignis konfrontiert werden. Gemeint sind Erfahrungen und Erlebnisse, die wir als so schrecklich empfinden, daß wir sie emotional nicht verarbeiten können. Es sind Erfahrungen extremer Angst und Hilflosigkeit.

Vergewaltigte Frauen, Überlebende von schweren Autounfällen, Opfer von Verbrechen berichten immer wieder von nächtlichen Alpträumen, in denen sie gerade die schrecklichsten Szenen immer und immer wieder aufs Neue erleben müssen. Die seelische Belastung ist für Außenstehende unvorstellbar. Die Betroffenen bieten alle Kräfte auf, um das unermeßliche Leid wenigstens von Zeit zu Zeit zu vergessen und zu verdrängen. Doch in den Nächten holt sie die Erinnerung immer wieder ein – manchmal bis an das Lebensende. Stellen Sie sich vor, Sie müßten hilflos mit ansehen, wie der Mensch, den Sie am meisten lieben, von einem Lastwagen überrollt wird und stirbt. Und genau diese Szene steht Ihnen Nacht für Nacht vor Augen! Das kann an den Rand des Wahnsinns treiben. Von diesen Alpträumen können Sie sich nicht selbst befreien, Sie müssen sich die Hilfe eines Therapeuten suchen.

Warum gibt es diesen grauenhaften Mechanismus in unserer Seele, schreckliche Erfahrungen scheinbar unendlich zu wiederholen – und zwar in völlig unverschlüsselten und unmaskierten Bildern, die in ihrem Realismus gnadenlos sind? Offensichtlich haben sich die Angst und das Entsetzen so tief in unser Unbewußtes eingebrannt, daß es sich gleichsam mit nichts anderem mehr beschäftigen kann. Alle anderen Aktivitäten werden von der Heftigkeit dieses Eindrucks zermalmt. In dieser Situation fällt der Mechanismus der Traumzensur aus. Alle Energien sind durch den tiefen Eindruck des Schrecklichen gebunden, und es gibt keine Kraft mehr für irgendwelche Abwehrmechanismen, die die Traumbilder erträglicher machen könnten.

Bei manchen Menschen kann sich dieser Zustand mit der Zeit bessern, und die Alpträume werden seltener und hören allmählich ganz auf. Bei anderen wird jedoch eine Verfestigung des unfaßbaren Schreckens beobachtet – die Seele kommt gleichsam zum Stillstand, weil das traumatische Ereignis alle seelischen Energien aufsaugt. Das Opfer bekommt keinen Kontakt mehr zur »Lebenswelt«, es kreist in seinen Gedanken permanent um die vergangenen Schrecken und ist unfähig, sie zu verarbeiten. In der Öffentlichkeit wird viel über Unglücksfälle, Verbrechen und Täter diskutiert. Das Schicksal der Überlebenden gerät selten in den Blick. Manch einer mag denken, sie hätten Glück gehabt. Das ist unter Umständen ein Trugschluß.

Eine letzte Gruppe von Alpträumen, die mit der Persönlichkeitsentwicklung zusammenhängen, resultiert aus einem Gefühl der Schuld (vgl. Kapitel 5.4).

Alpträume als Reaktion auf Konflikte mit anderen

Wir leben nicht allein auf der Welt, sondern stehen immer in Beziehung zu anderen Menschen. Manche Beziehungen haben wir frei gewählt (Freunde, Partner), andere sind uns auferlegt (Verwandte, Berufskollegen, Nachbarn). Es ist eine Binsenweisheit, daß – aus ganz unterschiedlichen Gründen – Beziehungen sich sehr konfliktreich entwickeln können. Ich selbst kann mich verändern, was andere nicht verstehen oder akzeptieren können, oder der andere verändert sich, was ich nicht gutheißen kann oder will. Ich kann enttäuscht werden von anderen Menschen. Ich muß erkennen, daß sie anders sind, als ich dachte. Ich kann umgekehrt den anderen enttäuschen. Es können Rivalitäten entstehen (Wer ist der bessere?), Streit, wem was zusteht. Ich kann mich bedrängt fühlen oder andere bedrängen. Mir können Menschen auf Anhieb unsympathisch sein, und so geht es auch anderen mit mir (aus unterschiedlichen Gründen). Ich kann andere belästigen, und ich kann mich durch andere belästigt fühlen. Je wichtiger ich einen Konflikt nehme und je stärker ich mich durch ihn bedroht fühle, desto größer wird die Chance, daß er mich in meinen Träumen verfolgen wird. Konflikte, die sich buchstäblich zu einem Alptraum entwickeln, sind entweder besonders heftig oder besonders untergründig.

Manche Menschen neigen dazu, im Streit jegliches Maß zu verlieren; so werden in Deutschland Prozesse um Gartenzwerge geführt. Dahinter steht immer die Unfähigkeit nachzugeben. Ein oft nichtiger Anlaß wird zur Nagelprobe der eigenen Macht und Durchsetzungskraft. So gibt es Menschen, die ausgesprochen »konfliktfreudig« erscheinen, da sie keine Gelegenheit auslassen (können), sich selbst und anderen zu beweisen, daß sie sich nichts gefallen lassen. Ursache ist natürlich immer die Angst, die eigene Schwäche könne entdeckt werden, und oftmals träumen sie nachts, daß sie Opfer anderer Menschen werden.

Nach unserem Eindruck scheinen die meisten Menschen Konflikten aus dem Weg zu gehen oder sie verdeckt auszutragen. Es gibt zahlreiche Strategien, Konflikte zu vermeiden. Wir weichen aus, halten die eigene Meinung zurück, verhalten uns möglichst unauffällig, schweigen, wo etwas zu sagen wäre und gucken weg, wenn ein Ereignis unsere Reaktion herausfordert. Wir ärgern uns dann im stillen. Manch einer hält seinem Chef vor dem Einschlafen machtvolle Reden oder ohrfeigt seinen Nachbarn in der Phantasie. Die meisten Menschen haben einfach nicht gelernt, mit Konflikten umzugehen. Ein deutscher Abiturient ist dreizehn Jahre zur Schule gegangen – doch hat ihm jemand beigebracht, welche Verhaltensweisen ihm in Konfliktfällen zur Verfügung stehen? Manchmal hat man den Eindruck, daß viele nur latente Brutalität oder Duckmäusertum kennen. Im Alltag und im Berufsleben werden viele Konflikte nicht offen ausgetragen. Man behält die Maske der Freundlichkeit bei und schießt aus der Deckung. Eine direkte Konfrontation wird tunlichst vermieden. Ein junger Journalist teilte uns mit: »Wir können unsere alten Redakteure nicht entlassen. Aber wir sorgen dafür, daß sie weinend am Schreibtisch sitzen. Dann gehen sie freiwillig.« Hier übertrifft die Realität manchen Alptraum.

Es wundert nicht, daß Menschen, die in einer latenten Konfliktatmosphäre leben müssen (sei es in der Familie oder im Beruf) zu Alpträumen neigen, besonders wenn sie das Gefühl haben, sich nicht wehren zu können. Die dauerhaften Sticheleien, Anspielungen, versteckten Aggressionen, das Gefühl, belauert zu werden, lösen Unsicherheit und

Angst aus. Diese Erfahrungen können sich in der Traumsprache ausdrücken als Verfolgt-Werden, Erdrückt-Werden und Bedroht-Sein (zum Beispiel durch Menschen oder Tiere). Diese Alpträume hören erst auf, wenn sich die Lebenssituation verändert hat.

Als sehr bedrückend werden offene oder versteckte Konflikte mit nahestehenden Menschen erlebt, die sich meist in Bildern des Todes äußern (vgl. Kapitel 5.2). Auch diese Träume lassen naturgemäß erst dann nach, wenn der Konflikt bereinigt ist. Nahestehende Menschen sind mir wichtiger als irgendwelche Nachbarn oder Bekannte. Deshalb werden Konflikte in diesem Bereich viel öfter als echte Bedrohung erlebt, da sie meist von der Angst begleitet sind, den geliebten Menschen zu verlieren. Diese Furcht kann Konflikte verschärfen (etwa wenn noch Eifersucht ins Spiel kommt), sie kann aber auch dazu führen, daß wir sie vermeiden und viel mehr »hinunterschlucken«, als uns eigentlich guttut. Wenn vieles unausgesprochen bleibt, entwickelt sich ein ideales Klima für Alpträume, in denen entweder die uneingestandenen Aggressionen ausgelebt werden oder sich diese sogar gegen mich selbst richten, weil ich mich allmählich selbst dafür hasse, nie den Mut zu haben, zu sagen, was ich denke.

Fassen wir zusammen:
Hinter jedem Alptraum steckt eine Angst. Alpträume sind Signale für natürliche Entwicklungskrisen (zum Beispiel Pubertät), persönliche Lebenskrisen (etwa eine wichtige Prüfung etc.) und Warnung vor oder Ausdruck von Fehlentwicklungen der Persönlichkeit. Als bedrohlich erlebte Konflikte mit anderen Menschen können zu Alpträumen führen, wie auch traumatische Ereignisse in unserem Leben.

Was ist zu tun, wenn Alpträume quälen?

Zunächst muß ich mir klarmachen, mit welchen Lebensproblemen der Alptraum zusammenhängen könnte. Wer in einer kriselnden Ehe lebt, wird nicht lange überlegen müssen. Demgegenüber sind Fehlentwicklungen der Persönlichkeit von den Betroffenen nur mit großer Ehrlichkeit und einem gesunden Schuß Skepsis gegenüber sich selbst zu erkennen.

Wenn ich die Ursache der nächtlichen Angstbilder aus eigener Kraft beseitigen kann (einen Konflikt lösen, den Arbeitsplatz wechseln u.ä.), habe ich leichtes Spiel. Doch das ist nicht allen Menschen möglich. Es hängt alles davon ab, wie wichtig mir die Nachtruhe ist und wie sehr ich unter den Träumen leide.

Ist der Druck nicht allzu groß, kann ich trainieren, in meine Träume einzugreifen. Das kann tatsächlich funktionieren. Vor dem Einschlafen nehme ich mir ganz fest vor, zum Beispiel den Verfolger anzusprechen. Gestehen Sie sich dabei ruhig ein paar Fehlversuche zu. Doch nach einiger Übung wird es gelingen, den Traum zu verändern. Sie können sich auch fest vornehmen, sofort aufzuwachen, wenn der Traum beginnt. Auch diese Technik führt zu Erfolgen.

Wenn der Leidensdruck sehr groß ist, werden Sie keinen Mut für derartige Experimente haben. Dann müssen Sie sich eingestehen, daß Sie die Hilfe von Fachleuten brauchen. Denken Sie nicht: »Ich bin doch nicht verrückt.« Wollen Sie wieder ruhig schlafen oder nicht? Dann nutzen Sie die Hilfe, die allerorten angeboten wird (Sie brauchen nur das Branchenbuch aufzuschlagen!). Greifen Sie auf keinen Fall zu Schlaftabletten. Die Kombination Alpträume und Schlaftabletten führt todsicher in die Tablettensucht. Es ist Ihre Lebenssituation, die Alpträume verursacht, und solange Sie diese nicht ändern (oder ihre Einstellung dazu), werden die Alpträume wiederkommen, Nacht für Nacht.

6 Übergreifende Analyse der vorgestellten Träume

Alle in diesem Buch präsentierten Träume sind nicht losgelöst von der Lebensgeschichte der jeweiligen Träumer, sondern nur im Kontext der Biographie und gesellschaftlicher Erwartungen zu verstehen. Das Alter, das Geschlecht und die Lebensstufe, in der sich ein Mensch befindet, haben einen maßgeblichen Einfluß auf das Traummaterial.

Die Autoren konnten einhundert Träume von dreißig Personen, zwei Drittel Frauen und ein Drittel Männer, auswerten und unter den Fragestellungen der vorangehenden Kapitel bearbeiten. Die Überzahl an Frauenträumen basiert auf der Tatsache, daß von fünfzig interviewten Männern jeder zweite den Autoren mitteilte: »Ich träume nicht« oder »Ich kann mich an meine Träume nicht erinnern.«

Von den fünfzig befragten Frauen waren sich hingegen nur zwei ihrer Träume nicht bewußt. Schon hier wird der Zusammenhang von Traum und Geschlecht deutlich, der in dem folgenden Kapitel 6.1 eingehend beleuchtet wird.

Die Autoren beschränkten sich in der Auswahl der Träume auf das Erwachsenenalter, das sich in der Altersstruktur wie folgt zusammensetzt:

15 – 20 Jahre	→	1 Person
20 – 30 Jahre	→	9 Personen
30 – 40 Jahre	→	5 Personen
40 – 50 Jahre	→	4 Personen
50 – 60 Jahre	→	5 Personen
60 – 70 Jahre	→	4 Personen
70 – 80 Jahre	→	0 Personen
80 – 90 Jahre	→	2 Personen

Mit den Themen und Krisen der jeweiligen Altersstufe wird sich das Kapitel 6.2 beschäftigen.

6.1 Traum und Geschlecht

Noch in den fünfziger Jahren herrschte bei uns weitgehend Klarheit darüber, wie ein Mann und eine Frau zu sein hatten. Eltern waren peinlich darauf bedacht, daß ihr Mädchen oder ihr Junge den gesellschaftlichen Erwartungen in bezug auf ihr oder sein Geschlecht entsprach. Hintergrund war die alte Vorstellung von den sich gegenseitig anziehenden Gegensätzen. Der Mann ist alles das, was die Frau nicht ist und umgekehrt. Deshalb, so wurde gefolgert, sind beide aufeinander angewiesen, um wahres Glück zu erleben. Sowohl Mann als auch Frau müssen unglücklich sein, wenn sie allein leben. Die französische Philosophin Elisabeth Badinter hat die jeweiligen Rollenerwartungen zusammengestellt, die wir in etwas erweiterter Form übernehmen[1]:

Merkmale des maskulinen Stereotyps	Merkmale des femininen Stereotyps
Emotionale Stabilität:	
entschlossen, fest, beharrlich, gelassen	launenhaft, hysterisch, heikel, ängstlich, überempfindlich, kindisch, leichtsinnig
Kontrollmechanismen:	
diszipliniert, methodisch, organisiert, streng, Hang zur Ordnung, unaufdringlich, freimütig	schwatzhaft, inkonsequent, affektiert, verschwiegen, unbesonnen, listig
Autonomie, Abhängigkeit:	
patriotisch, risikobereit, unabhängig	gefallsüchtig, kokett, unterwürfig

Dominanz, Selbstbehauptung:

Machtbedürfnis, Ruhmsucht, ehrgeizig, Hang zum Kommandieren, dominant, selbstgefällig, selbstsicher, um Ansehen bemüht, Streber, will sich behaupten

schwach, passiv*, ängstlich*

Aggressivität:

streitbar, zynisch, liebt den Kampf

verschlagen, hinterhältig*, intrigant*, streitsüchtig*

Aktivitätsniveau:

schwungvoll

schlaff

Erwerbsverhalten:

egoistisch, materialistisch

neugierig, mildtätig*, verschwenderisch

Intellektuelle Qualitäten, Kreativität:

schöpferisch, hellsichtig, objektiv, Vorliebe für theoretische Ideen, Eignung für Naturwissenschaften, für die Mathematik, skeptisch, argumentierfreudig

intuitiv, musisch, gestalterisch*, unkritisch*

Affektive Orientierung, Sexualität:

obszön, aggressiv-fordernd*, penisorientiert

zärtlich, mitfühlend, sanft, schamhaft oder zuchtlos, schaut aufs Äußere, will Kinder haben, ist liebesbedürftig, verklemmt* oder verführerisch

Mit * gekennzeichnete Eigenschaften sind Ergänzungen von uns.

Während beim Mann die Rollenerwartungen recht klar formuliert sind, fallen bei der Frau innere Widersprüche auf. Sie kann sparsam und verschwenderisch sein, schamhaft und schamlos usw. Dies entspricht der traditionell ambivalenten Wertung der Frau; sie schwankt zwischen Eva und Maria, Verdorbenheit und Tugend. Die züchtige Hausfrau ist mit der todbringenden Loreley nicht zu vereinbaren. Friedrich Schiller hat in seinem bekannten »Lied von der Glocke« die stereotype Frau-Mann-Beziehung in geradezu karikaturhafter Einfachheit literarisch gestaltet, worüber sich schon die Zeitgenossen amüsiert haben. In dem Lied heißt es:

»(...)
Der Mann muß hinaus
Ins feindliche Leben,
Muß wirken und streben
und pflanzen und schaffen,
Erlisten, erraffen
(...)
Und drinnen (im Haus) waltet
Die züchtige Hausfrau,
Die Mutter der Kinder,
Und herrscht weise,
Im häuslichen Kreise,
Und lehret die Mädchen
Und wehret den Knaben,
Und reget ohn Ende
Die fleißigen Hände
(...)«[2]

Schiller wie Badinter betonen die produktive Aktivität des traditionellen Männerbildes. Der stereotype Charakter ist auf systematischen Gelderwerb, Rivalität und Selbstbehauptung ausgerichtet. Seine Beziehungen sind durch Konkurrenz und Wettbewerb gekennzeichnet. Sein Lebenskonzept orientiert sich an Darwins »survival of the fittest« (nur der bessere überlebt). Deshalb ist seine Aufmerksamkeit allein an die Außenwelt gebunden, die ihm als riesiger Kampfplatz erscheint. Leistungswille und Machtstreben bestimmen sein Handeln. Die Natur erscheint nur interessant als Erwerbsquelle oder sportliche Herausforderung. Kollegen sind potentielle Gegner. Ziel ist die Erfahrung von Dominanz über Mensch und Natur, was er mit Unabhängigkeit und Freiheit gleichsetzt.

Doch oftmals wird der Kampf zum Selbstzweck. Warum schuften so viele Unternehmer sechzehn Stunden am Tag? Häufig ist ihr Vermögen so groß, daß gar kein »objektiver« Grund für den Arbeitseinsatz besteht. Diesen Männern geht es gar nicht mehr ums Geld. Ein Vorstandsvorsitzender in einem Großkonzern arbeitet nicht, um Geld zu verdienen, davon hat er genug. Es geht ihm um die permanente Erweiterung des Machtkonglomerats, das vielleicht schon milliardenschwer ist. Die globalen Aktivitäten der Großkonzerne zielen allein auf Machterweiterung, nicht auf Broterwerb. Auch der »kleine Mann« fühlt sich nur wohl in seiner Haut, wenn er Möglichkeiten hat sich zu bewähren, Leistung zu zeigen. Die größte Katastrophe ist Arbeitslosigkeit. Hier leidet der Mann nicht so sehr unter den finanziellen Einbußen, als vielmehr unter dem Gefühl der Sinn- und Bedeutungslosigkeit seines Lebens. Viele Männer glauben, ohne Arbeit absolut wertlos zu sein. In dieser Situation versinken nicht wenige in Depression und Alkohol. Diese durchgängige Leistungsorientierung bestimmt Handeln und Fühlen des Mannes in vielfältiger Weise. Bestimmte Konsumgüter, besonders das Auto, dienen als Symbole des Erfolgs. Es ist erstaunlich, wie bedenkenlos sich viele über Jahre verschulden, um ein bestimmtes Auto zu besitzen.

Auch die Sexualität wird oft als Leistung erlebt und gelebt. Die Ehefrau oder Geliebte wird stolz wie ein Statussymbol präsentiert. Die größte Angst des stereotypen Mannes ist die Erschlaffung des Penis. Vierzigjährige versinken in Depressionen, weil ihr Penis nicht mehr so »gehorcht« wie mit siebzehn. Eine Erschlaffung der Libido – biologisch eine völlig normale Entwicklung – wird als extreme Bedrohung des Selbstwertgefühls erlebt. Andere Formen der Zärtlichkeit werden als schaler Ersatz für das »Eigentliche« empfunden – als würde Sexualität nur aus Penetration bestehen!

Der tiefere Grund für all die Aktivitäten des Mannes ist die Tatsache, daß der Titel »Mann« nur auf Zeit verliehen wird. Der amerikanische Verhaltenstherapeut Bernie Zilbergeld führt aus: »Die Notwendigkeit, unsere Männlichkeit zu beweisen, motivierte unser Lernen und nährte unsere Angst ganz besonders. In unserer wie in fast jeder früheren Gesellschaft ist Männlichkeit eine Eigenschaft, an die Bedingungen geknüpft sind. Es ist notwendig, aber nicht ausreichend, einen Penis vorweisen zu können; man mußte sich dennoch immer wieder von neuem der Bezeichnung Mann als würdig erweisen. Norman Mailer formulierte dies so: ›Niemand wird als Mann geboren. Man erwirbt diesen Status, vorausgesetzt, man ist gut genug, dreist genug.‹ Wir haben aus unzähligen Quellen erfahren, daß unsere Männlichkeit und daher unsere Selbstachtung ständig auf dem Spiel steht: Western und Krimis repräsentieren uns Männer, die nie einem Kampf ausweichen, auch wenn das den fast sicheren Tod bedeutet (...) Der Titel ›MANN‹ wird nur auf Zeit verliehen. Er kann jeden Moment angezweifelt oder aberkannt werden. Eine Aufgabe schlecht ausgeführt zu haben, ein Versagen, ein Anzeichen von Schwäche – und schon ist man kein Mitglied dieses erlauchten Kreises mehr.«[3]

Mit diesem »Wissen« wird die unermüdliche Aktivität vieler Männer verständlich. Wer ständig gewinnen muß, hat Angst zu verlieren. Wer ständig kämpft, hat Angst zu versagen. So wundert es nicht, daß viele Männer sich selbst niemals richtig in den Blick nehmen. Ihre Fixierung auf die angeblich »harte« Realität ist letztlich eine Flucht vor der eigenen Innenwelt. Hier sitzen die Ängste, daß man vielleicht kein »richtiger« Mann sein könnte. So werden Gefühle und Träume meist zuallererst als »Störung« und Verunsicherung erlebt. Sie werden als »Schwäche« interpretiert, die eine Gefahr für die eigene Identität bedeutet.

Männer spüren, daß sie ihre Innenwelt nicht so beherrschen und kontrollieren können wie die feindliche Welt draußen. Deshalb versuchen sie sie nach Kräften zu ignorieren und zu verdrängen. Träume sind Schäume – ein Lieblingsspruch des Mannes.

Leistung und Konkurrenzkampf werden von der stereotypen Frau nicht erwartet. Sie steht nicht unter dem Druck, ihr Frausein beweisen zu müssen. Sie ist, was sie ist. Ihre Beziehungen zu anderen Frauen sind weitaus offener und stabiler als die Freundschaften des Mannes. Frauen müssen sich nicht untereinander beweisen, wer die bessere ist. Langjährige Freundinnen haben selten irgendwelche Geheimnisse voreinander: Die Kommunikation ist viel intensiver und wenig sachbezogen. Die Sprache hat für die Frau in erster Linie die Aufgabe, zwischenmenschliche Beziehungen herzustellen. Sogenannte »Sachthemen« haben weniger Bedeutung. Frauen reden miteinander, Männer über etwas. Die Außenwelt erleben Frauen nicht als Kampfplatz, sondern als Quelle des Genusses. Niemals würde eine stereotype Frau den Holzpreis eines Waldes taxieren, sie würde ihn einfach in seiner Schönheit genießen. Da sie am Kampf ums Dasein nicht teilnimmt, kann sie auch viel unbefangener ihrer Innenwelt gegenüberstehen. Gefühle und Träume spielen im Leben vieler Frauen eine große Rolle. Daher auch ihre Vorliebe für alle musischen Fächer, in denen es nicht darauf ankommt, irgend etwas zu erklären oder zu gebrauchen.

Frauen wird weit eher als Männern zugestanden, Gefühle auszuleben. Frauen »dürfen« weinen, schreien, Angst haben und »launenhaft« sein, wohingegen vom Mann permanente Selbstkontrolle erwartet wird. Der Preis für diesen »Luxus der Gefühle« ist jedoch die emotionale und finanzielle Abhängigkeit vom Mann. So wie der Mann ohne die Möglichkeit des Leistungsbeweises zusammenbricht, ist die stereotype Frau total auf den Mann angewiesen, um sich glücklich zu fühlen. Hier werden Freundinnen zu Rivalinnen, und die Frau setzt alles daran, dem Mann zu gefallen. Zum »Sieg« führen nicht Kraft und Intelligenz, sondern

Schönheit und Einfühlungsvermögen. Die größte Angst der Frau ist es, häßlich zu sein, weil sie dann nicht mehr begehrt wird. So kann es passieren, daß Busengröße oder Übergewicht in tiefe Depressionen stürzen. Meist wird der eigene Körper mit großer Skepsis und Mißtrauen betrachtet. Der Mann ist stolz auf seinen Bierbauch, die Frau beginnt zu hungern – so das Stereotyp. In der traditionellen weiblichen Sexualität spielen Zärtlichkeit und Gefühl eine viel größere Rolle als beim Mann. Die Liebe ist weitaus weniger von Versagensängsten und Leistungsdruck belastet. Entspannung und Genuß stehen im Vordergrund, oftmals aber leider auch die Angst vor der Sexualität des Mannes, die als aggressiv und gefühllos erlebt wird.

Problematisch ist die Beziehung zur Aggression. Während der Mann seine Aggressionstriebe relativ ungehemmt in seinen Konkurrenz- und Machtkämpfen ausleben kann, sind sie bei Frauen verpönt. Das ist der Grund, weshalb sie meist verdeckt auftreten als Intrige oder Selbsthaß. Die stereotype Frau scheut den offenen Konflikt und kämpft aus der Deckung. Dies kann sich als dauerhafte Nörgelei über Kleinigkeiten äußern, ohne daß der eigentliche Konfliktstoff benannt wird. Wut und Zorn kann die Frau nicht ausleben, und erst recht keine körperlichen Attacken. Dies kann zu einer dauerhaften Lebenshaltung des »stummen Leidens« und der Opferbereitschaft führen. Oftmals wurden und werden die Eigenschaften der stereotypen Frau mit den Kriterien der Männerwelt bewertet. Personale Kommunikation mit wenig Sachbezug wird als »Schwatzhaftigkeit« abgetan, Emotionalität als Gefühlsduselei oder Launenhaftigkeit, Körperpflege als Eitelkeit, Aggressionshemmung als Schwäche oder Hinterhältigkeit, Abhängigkeit als Lebensuntüchtigkeit und musische Kreativität als Dilettantismus. Hierin wird deutlich, daß das Konzept der gegenseitigen Ergänzung oftmals eine heimliche Feindschaft zwischen den Geschlechtern verbirgt. Deutlich wird auch die entscheidende Schwäche des Modells: Der Mann wird zur Stärke verdammt, die Frau zur Schwäche.

Zum Glück glaubt niemand mehr ernsthaft an derartige Klischees. Entscheidend ist der Mensch und nicht das Geschlecht. Wir haben heute die Möglichkeit, selbst zu bestimmen, in welcher Weise wir leben. Männer brauchen nicht mehr »männlich« zu sein und Frauen nicht mehr »weiblich« – es sei denn, sie wollen es. Elisabeth Badinter schreibt: »Die stereotypen Vorstellungen vom männlichen Mann und der weiblichen Frau sind völlig haltlos geworden. Es gibt kein obligatorisches Leitbild mehr, sondern eine unendliche Zahl von möglichen Modellen. Jeder legt Wert auf seine Besonderheit, auf sein eigenes Maß an Weiblichkeit und Männlichkeit.«[4]

Doch leider wirken die oben dargestellten Stereotypien durchaus weiter, und zwar keineswegs nur untergründig. In zahllosen Actionfilmen wird weiterhin ungebrochene Maneskraft verherrlicht, und die sorgende Mutter wie auch der gefährliche Vamp sind unserem Bewußtsein durchaus präsent. Jeder muß sich noch – ob er will oder nicht – mit den überkommenen Rollenbildern auseinandersetzen. Wer anders lebt, hat auch das Bewußtsein, »anders« zu sein. Die starke Frau, die nicht ins überlieferte Bild paßt, muß vor sich und anderen stets begründen, warum sie stark ist; der schwache Mann kann seine Schwäche nicht als selbstverständlich ansehen. Jedes Abweichen führt zu inneren Konflikten, die in Träumen thematisiert werden. Andererseits sind Frauen und Männer, die ihre Geschlechterrolle eher traditionell leben, nicht mehr frei von Unsicherheiten. Auch sie geraten immer wieder in Situationen, in denen sie ihren Lebensstil (weshalb sie etwa »nur« Hausfrau und Mutter sind) vor sich selbst und anderen rechtfertigen müssen. Mit dem Zerfall der stereotypen Rollenvorschriften ist folglich eine große Unsicherheit entstanden, die besonders Heranwachsende leidvoll erleben. Niemand kann ihnen sagen, wie ein »richtiger« Mann und eine »richtige« Frau zu sein haben. Mit der Befreiung der Frau sind die Begriffe »richtig« und »falsch« obsolet geworden. Es gibt keine verbindlichen Vorbilder mehr. Jedem wird zugemutet, seinen eigenen Lebensstil zu entwickeln. Elisabeth Badinter meint: »Die Vermengung der Rollen und Empfindungen macht uns die Unterscheidungen nach dem Geschlecht immer schwerer. Sie ist nicht länger das Ursprüngliche und Grundlegende, und oft genug erscheint sie uns nebensächlich. Die Differenzierungen zwischen Individuen und Gruppen erfolgt nach subtileren Merkmalen als dem des Geschlechts, zum Beispiel nach dem Alter, dem Bildungsgrad oder der Sensibilität. Die letztere hat übrigens etwas damit zu tun, wie wir das Männliche und das Weibliche in uns selbst wahrnehmen.«[5]

Heute kann ich nicht mehr all das, was in mir selbst nicht zum Leben gekommen ist, einfach vom anderen Geschlecht erwarten. Die Lebensweisen von Männern und Frauen haben sich so weit angeglichen, daß eine Unterscheidung nach Geschlechtsmerkmalen praktisch nicht mehr möglich ist. Wir müssen immer damit rechnen, daß der konkrete Mann oder die konkrete Frau ganz anders ist, als das traditionelle Stereotyp vermuten läßt. Dadurch bekommt der einzelne Mensch eine enorme Freiheit zur Selbstentfaltung, denn es existieren faktisch keine verbindlichen Regeln mehr, wie Mann oder Frau zu sein hat. Andererseits wird diese Freiheit nur allzuoft als Überforderung und Orientierungslosigkeit erlebt. Selbst die Flucht ins Stereotyp bietet keine Rettung mehr, denn diese Lebensform ist ebenfalls nicht mehr selbstverständlich. Der Macho und die »Nur-Hausfrau« wissen, daß es andere Lebensmöglichkeiten gibt, und daß sie ihre Lebensform mehr oder weniger freiwillig gewählt haben. Wo alles möglich ist, gibt es keine unbefragte Normalität mehr.

Dies führt bei vielen Menschen zu erheblicher Verunsicherung. Der Mann soll stark bleiben, aber zugleich seine Gefühle zeigen. Die Frau möchte eine Karriere starten, doch zugleich hingebungsvolle Mutter sein. Mit diesen Widersprüchen muß sich jeder moderne Mensch herumschlagen. Kein Wunder, daß unsere geschlechtliche Identität ein wichtiges Thema unserer Träume ist. Sie verraten, wie tief zahlreiche Klischees in unserem Unbewußten verankert sind. Wenn Männer von Frauen träumen, dann sind es meist Hexen, Mütter oder allzeit bereite Vamps. Auch in vielen Frauenträumen feiern die alten Klischees fröhliche Urständ: Der Mann ist der Beschützer, Aggressor, Vater oder Liebhaber.

Wichtig sind die Motive der Angst vor dem anderen Geschlecht. Männer wie Frauen träumen von gefährlichen und bedrohlichen Figuren des anderen Geschlechts. Oft werden in diesen Träumen Probleme der eigenen sexuellen Identität thematisiert und bearbeitet. Häufig kommt es in diesen Träumen zu Verwandlungen. Die Hexe wird vielleicht zum Vamp, der Aggressor zum Freund. Hierin kann eine grundsätzliche Einstellungsänderung deutlich werden (wie etwa in Claudias Traum, vgl. Kapitel 4.3); diese Träume zeigen jedoch auch unsere unsichere und schwankende Einstellung gegenüber dem anderen Geschlecht. Die Wirkung männlicher Figuren in Frauenträumen ist oft seltsam ambivalent. Sie erscheinen zugleich bedrohlich und anziehend. Der Charakter der Bedrohung ergibt sich aus dem Eindruck der Stärke, Aggression und Autorität. Alles Eigenschaften, die die Träumende sich nicht zutraut oder wonach sie sich sehnt. Damit zusammen hängt die Empfindung der Faszination. Männliche Persönlichkeitsanteile erscheinen im Traum nicht selten interessant und verführerisch – bei aller Gefährlichkeit. Natürlich sind diese Bilder auch Ausdruck sexueller Sehnsüchte.

Wenn wir uns klarmachen, daß alle Traumfiguren Teile von uns selbst sind, dann dürfen wir annehmen, daß die Aspekte, die wir im Wachbewußtsein in anderen Menschen suchen, versteckte, ungelebte Teile unseres Selbst sind. Ein altes indianisches Sprichwort sagt: »Werde, was du träumst!« Dies ist der Schlüssel zu derartigen Nachterlebnissen. In den Träumen wird uns bewußt, was alles in uns steckt. Sie zeigen, daß unser tatsächliches Leben keineswegs selbstverständlich ist, sondern auch anders sein könnte, wenn wir uns nur trauten. Jeder Traum ist ein großes Rollenspiel unserer Persönlichkeit. Manches erscheint uns furchtbar, anderes anziehend; manches scheint realistisch, anderes völlig irreal. Doch es sind immer unsere Eigenschaften, die sich hier bemerkbar machen. Eigenschaften, die wir lieben oder hassen, die uns bewußt sind oder die wir am liebsten vergessen möchten. Auf dieser Basis läßt sich die klassische Traumsituation – vor jemandem Angst haben – neu verstehen. Das angstauslösende Gegenüber ist ein Teil von mir, das mir angst macht. Durch den Traum wird mir dieser Konflikt bewußt, und ich fühle mich – bestenfalls – aufgerufen, diese Angst zu integrieren.

Ein Beispiel: Erinnern wir uns an Kai, der träumte, seinen Vater zu töten. Eine naheliegende Deutungsdimension dieses Traums haben wir schon ausgeführt: Der Traum ist Spiegel eines realen Konflikts mit dem Vater. Nun fragen wir: Welche Eigenschaft Kais wird im Traum durch die Figur des Vaters repräsentiert? Kai verbindet mit der Rolle des Vaters Autorität, Kontrolle und Gewalt – Persönlichkeitsmerkmale, die er selbst hat und überhaupt nicht schätzt. Hier wird eine zweite Dimension des Traums deutlich. Die Aggression im Traum richtet sich nicht nur gegen den realen Vater, sondern auch gegen Kai selbst, der mit dem Vater viel mehr gemeinsam hat, als er wahrhaben will. Der Haß gegen den Vater wird vom Haß gegen das eigene Selbst begleitet. Dies ist der Grund, weshalb Kais Gefühle so heftig sind. Auch im Wachbewußtsein können wir ähnliche Zusammenhänge feststellen. Menschen, die sich sehr heftig befehden und sich für Erzfeinde halten, erscheinen Außenstehenden häufig seltsam ähnlich. Als würde eine untergründige Verbindung die sich Befehdenden immer wieder aufeinander zutreiben und sie unfähig machen, sich dem Konflikt zu entziehen. Am bekanntesten ist das Beispiel der sogenannten Streitehen. Menschen können ihr Leben damit zubringen, den anderen zu hassen und doch mit ihm zusammenzuleben.

Menschen, die in ihren Träumen Aggressoren begegnen, sollten sich fragen, wie sie in ihrem Wachbewußtsein mit ihren Aggressionen umgehen. Sehr häufig zielen Träume auf Fehlentwicklungen unseres Selbst. Wer von Angstbildern des anderen Geschlechts gequält wird, sollte sich fragen, wie er zu seinen eigenen männlichen und weiblichen Anteilen steht. Bilder aggressiver Männlichkeit können auf eine einseitig weibliche Fixierung des Charakters hinweisen, Bilder abstoßender Weiblichkeit auf eine einseitig männliche Entwicklung – unabhängig vom biologischen Geschlecht des Träumenden. Auch hier gilt: Je größer die Angst, desto heftiger sind die Traumbilder. Es ist ein unbewußtes Ausweichen vor der eigentlichen Botschaft des Traums, wenn wir alle Bilder vorschnell auf die Außenwelt, auf tatsächlich existierende Bezugspersonen beziehen.

Fehldeutungen kommen vor und sind völlig normal. Wer ist schon abgrundtief ehrlich mit sich selbst! Wenn die Botschaften wichtig sind, werden wir sie so oft wieder erleben, bis wir endlich verstanden und entsprechend reagiert haben. Diese Korrekturen im Lebensstil sind meist schwer zu verwirklichen. Eine Frau zum Beispiel, die immer sehr »weiblich« gelebt und vielleicht nie gelernt hat, Aggressionen zu zeigen, wird dieses Verhalten nicht von einem Tag auf den anderen ändern können. Ein Mann, der nie Gefühle gezeigt hat, wird sie nicht plötzlich ausleben. Die Widerstände und Ängste sind groß. Dies zeigt, wie wichtig sich wiederholende Träume sind, obwohl sie von den Betroffenen oft als sehr unangenehm empfunden werden. Hartnäckig und unerbittlich verhindern sie, daß unser Bewußtsein sich des Problems durch kunstvolle und bequeme Abwehrmechanismen entledigt. Sie machen uns unermüdlich bewußt, daß etwas nicht stimmt und daß echter »Handlungsbedarf« besteht – so unbequem dies sein mag. Die Träume werden erst dann nachlassen, wenn Schritte in die richtige Richtung getan werden.

Hierin liegt eine wichtige Gemeinsamkeit von Träumen und psychosomatischen Krankheiten. Letztere sind ebenfalls Signale für Defizite in der seelischen Entwicklung. Kopfschmerzen, Reizdarm, Ausschläge, Herzbeschwerden, Rückenschmerzen – unser Körper reagiert mit vielfältigen Symptomen auf seelische Belastungen und Fehlentwicklungen. Kein Arzt der Welt kann diese Beschwerden heilen, und wenn es ihm gelingt, treten neue auf. Genau wie die Träume gibt uns unser Körper vielfältige Informationen über unsere seelische Befindlichkeit – und er ist genauso hartnäckig. Die Beschwerden steigern sich, solange keine Einstellungs- oder Verhaltensänderung eintritt. Je größer der Handlungsbedarf, desto heftiger sind die Beschwerden. Je angestrengter wir sie zu ignorieren versuchen, desto unerbittlicher drängen sie in unser Bewußtsein. Doch leider verhalten wir uns in aller Regel wie die Raucher: Trotz aller Einsicht und wider besseres Wissen, verharren wir lieber in bekannten, aber ungesunden Verhaltensmustern, anstatt Neues, Unbekanntes auszuprobieren – bis der Leidensdruck unerträglich wird.

Was ist es, das es uns so schwer macht, fällige Entscheidungen zu treffen, verfehlte Lebenseinstellungen zu korrigieren, Neues auszuprobieren? Warum muß der Leidensdruck derart hoch werden, ehe wir reagieren? Offenkundig hängen wir viel mehr an Vertrautem, als uns guttut. Der Schritt in »unbekanntes Land« (= neue Verhaltensmuster, neue Erfahrungen, neue Ausdrucksformen) erscheint uns so unheimlich und ängstigend, daß wir viel lieber bereit sind, uns mit den gegebenen Unannehmlichkeiten zu arrangieren. Schließlich kennen wir ja unsere Träume und körperlichen Malaisen, die unser falsches Verhalten verursacht. Was aber auf uns zukommt, wenn wir uns verändern, wissen wir nicht. Also halten wir uns lieber an das, was wir kennen. Es sind nun mal nicht immer der Verstand und die Einsicht, die unser Handeln bestimmen. Die Erkenntnis ist nur eines unter vielen Handlungsmotiven, und sie allein veranlaßt noch keine Korrektur. Hinzu kommen müssen immer der Glaube an die eigene Kraft und der Mut, unbekannte Risiken einzugehen.

Häufig wird der Verstand eingesetzt, um bestehende Fehlhaltungen zu zementieren. Wir ersinnen dann Unmengen mehr oder weniger rationale Argumente, weshalb es gerade »jetzt« unmöglich ist, sich zu verändern. Hierbei dient der Verstand der Abwehr unbequemer Einsichten. Notwendige Konsequenzen, die glasklar erkannt werden, können somit auf die sehr lange Bank geschoben werden. Es gibt Menschen, die sich selbst und ihre Fehlhaltungen mit scharfem Verstand besser als jeder Psychologe erkennen, doch fehlt ihnen die Kraft, die notwendigen Änderungen zu verwirklichen, weil sie die begleitenden Gefühle aus ihrem Bewußtsein getilgt haben. Sie sehen das Problem, aber den Schmerz verdrängen sie. In diesen Fällen wirkt die bessere Einsicht geradezu kontraproduktiv, denn die Betroffenen erleben tagtäglich ihre Unfähigkeit (zum Beispiel sich Konflikten auszusetzen, sich einem Menschen zu öffnen usw.), ohne die Kraft zu finden, eine Änderung einzuleiten. Die Enttäuschung richtet sich gegen das eigene Ich, das als schwach und unfähig erlebt wird. Erkenntnis und Wunsch nach Veränderung münden so in Selbsthaß und Selbstverachtung.

Zahlreiche Lebensprobleme resultieren nicht aus mangelndem Wissen, sondern aus dem fehlenden Selbstvertrauen, auch anders handeln zu können. Eine einseitige Verstandesorientierung, die der Abwehr unliebsamer Emotionen dient, findet ihr Korrektiv oftmals in sehr intensiven Träumen, in denen sich alle Gefühle ausdrücken, die im Alltag verdrängt und verleugnet werden. Das wird von den Betroffenen meist als sehr unangenehm und erschreckend erlebt. Doch sind diese Träume wichtig, um die seelische Spannung wenigstens nachts abzubauen. Zugleich sind diese Träume ein Anruf an das Ich, sich der eigenen Gefühlswelt bewußt zu stellen. Vielen Intellektuellen ist diese Problematik vertraut. Hinter der Vorliebe für abstrakte, unpersönliche Inhalte steckt nicht selten eine Angst vor der unklaren, ungeordneten und unberechenbaren Gefühlswelt, die dann zum Problem wird, wenn sie sich als Belastung zwischenmenschlicher Beziehungen erweist. Wir alle kennen Menschen, die alles verstehen und durchschauen, jedoch seltsam unpersönlich und kalt wirken. Sie können sich glänzend über ein bestimmtes Thema unterhalten, doch sie geben nichts von ihrer Innenwelt preis. Sobald es nicht mehr um »die Sache« geht, wirken sie unbeholfen und abweisend. Sie können Sachbezüge, aber keine menschlichen Beziehungen herstellen. Oft fühlen sie sich selbst gefangen in ihrer Sachwelt.

Es scheinen vor allem Männer zu sein, die auf diese Weise versuchen, ihre Gefühlswelt zu verbannen. Für sie haben Träume – wenn sie sie denn nicht systematisch vergessen – einen geradezu therapeutischen Wert. Durch Träume können Ängste, Bedürfnisse, Sehnsüchte bewußt werden, die sich so mancher Mann im Wachbewußtsein niemals zugestehen würde. Sie zeigen eine andere Welt, die nicht durch Vernunft, sondern vom Gefühl beherrscht wird – freilich in manchmal erschreckender und abstoßender Weise. Das kann dazu führen, daß das Ich sich noch stärker gegen die Zumutungen der Emotionen abschottet, es kann jedoch auch den Wunsch verstärken, sich zu verändern. Häufig treten derartige Träume dann auf, wenn der ruhige See der Gefühle schon in Bewegung geraten ist, etwa durch unvermeidbare äußere Konflikte oder die Erfahrung von Nähe.

In vielen Träumen spielen Tiere eine wichtige Rolle. Schon die antiken Traumdeuter wußten, daß Pferde, Wölfe und Raubtiere eine maskuline Bedeutung haben, Vögel, Schlangen, Katzen, Fische eine feminine. Träume mit derartigen Motiven geben Aufschluß über Probleme der Geschlechterrollen. Viele Frauen träumen zum Beispiel, daß sie von einem Raubtier bedroht werden und es schließlich zähmen. Sehr verbreitet ist auch das Motiv der Schlange (vgl. Kapitel 3.3). Sie erscheint keineswegs immer bedrohlich, trotz ihres negativen Images im Wachbewußtsein. Die Art unserer Beziehung zu den Tieren (ängstlich, zähmend, freundschaftlich) zeigt, welche Einstellung wir zu unserem eigenen oder zum anderen Geschlecht entwickelt haben.

Einen beispielhaften Verwandlungstraum berichtete uns Kai (15): »Ich gehe eine Straße in der Stadt entlang. Da sehe ich eine alte, etwas ungepflegt wirkende Frau. Sie ist allein und geht auch noch gebückt. Ihr Stock interessiert mich. Er sieht aus, wie ein feiner, silberner Stab und paßt überhaupt nicht zu ihr. Als ich den Stab berühre, verwandelt sich die Alte in eine aggressive Katze. Fauchend springt sie mir an die Kehle.« Deutlich illustriert der Traum Kais Angst und Faszination vor dem anderen Geschlecht und seine Unsicherheit vor der eigenen Männlichkeit. Die Frau erscheint zugleich abstoßend und faszinierend. Sie kann auch Kais eigene unterdrückte Weiblichkeit repräsentieren, die er haßt. Auffallend ist der silberne Stab, Symbol männlicher Sexualität. Nicht er selbst, die Frau hält ihn. Kai traut sich eine gelebte Sexualität noch nicht zu. Er erlebt sie nicht als Teil seines Ich, sondern in den Händen einer fremden, weiblichen Macht. Dies könnte zum Beispiel eine tiefe Mutterbindung sein, die ihn noch von einer selbstbestimmten Sexualität abhält. Für die meisten Männer ist die Beziehung zur Mutter ein Modell für die Beziehung zur Frau überhaupt. Je intensiver die Bindung an andere Frauen wird, desto lockerer wird die Bindung an die Mutter, was viele Mütter schmerzlich erleben.

Kai ist offenkundig noch nicht soweit, sich von der Mutter zu entfernen. Doch im Traum macht er einen ersten Schritt zur Selbstbestimmung: Er berührt den Stab, der – in seiner Phantasie – eigentlich der Frau (= Mutter) gehört. In diesem Bild wird sehr schön deutlich, daß Kai in Kontakt zu seiner eigenen, männlichen Sexualität tritt, die ihn freilich von der Mutter trennt. Daher folgt dieser Aktion sofort eine Bestrafungsphantasie. Die alte Frau verwandelt sich in eine aggressive Katze, die ihm an die Kehle springt, also sein Leben bedroht. Um es in den Begriffen Jungs auszudrücken: Kai ist noch zu sehr von der Gestalt der Anima gefangen, als daß er sie produktiv in seine Persönlichkeit integrieren könnte. Das Weibliche wendet sich gegen ihn, damit der Status quo erhalten bleibt. Auch in dieser Hinsicht ist dieser Traum typisch für zahlreiche ähnliche Träume. Im Grunde ist unser Unbewußtes zutiefst konservativ. Jeder neue Schritt, jede neue Entwicklung wird mit Angstgefühlen und Strafphantasien geahndet. In diesem Traum bleibt Kais unterdrückte weibliche Seite letztlich unangetastet. Seine Angst, kein »richtiger« Mann zu sein, ist noch zu stark, als daß er die Zumutung ertragen könnte, auch weibliche Anteile in sich zu haben. Diese bleiben weiter als drohende Zerrbilder in seinem Unbewußten. Die Bilder des Traums geben Auskunft über verschiedene Aspekte von Kais Persönlichkeit: seine Einstellung zu Frauen, seine Sexualität, seine Beziehung zur Mutter, seine Haltung gegenüber den weiblichen Anteilen in seiner Persönlichkeit. Dies ist typisch für derartige Träume. Es kommt eher selten vor, daß nur eine Dimension des Menschseins im Traum thematisiert wird, meist sind es viele Aspekte einer Persönlichkeit, die in nur einem Traum interpretiert werden.

Viele Männer erleben, wie Kai, in ihren Träumen das Weibliche als Bedrohung. Typische Motive sind Verzaubert-Werden, Gefangenschaft, Verschluckt- und Gefressen-Werden, Erdrückt- und Gefesselt-Werden. Diese Träume sind Ausdruck der Angst, die Freiheit und die Identität als Mann zu verlieren. Sie stehen nicht unbedingt in Beziehung zu irgendwelchen Beziehungsproblemen. Sie sind das Resultat einer unbewußten Furcht vor den eigenen weiblichen Anteilen, nämlich all den Persönlichkeitsmerkmalen, die der »Rolle Mann« zu widersprechen scheinen.

Je größer die Bereitschaft des Ich ist, sich Rollenerwartungen anzupassen und sich irgendwelchen Klischees zu unterwerfen, desto intensiver werden der innere Konflikt und die Angst oder sogar die Gewißheit, »eigentlich« ganz anders zu sein, was man sich aber nicht zu zeigen traut. Ähnliches erleben Frauen, die sich gesellschaftlichen Vorstellungen von »echter« Weiblichkeit unterwerfen. Ihnen fällt es schwer, Aggressionen zu zeigen, sich selbst zu behaupten, ihren Körper anzunehmen (denn wer entspricht schon dem Schönheitsideal, das gerade aktuell ist?) und unabhängig zu leben. Die verdrängte Aggression äußert sich in den Träumen in vielfältigen Formen, in Bildern der Gewalt gegen sich selbst und gegen andere (vgl. Kapitel 5.2). Die Kluft zwischen Erwartungen und Realität wird als dauerhafter Druck erlebt, der enorme Energien verschlingen kann. Ständig sitzt die Angst im Nacken, daß die eigene Unvollkommenheit entdeckt werden könnte. Dies drückt sich in Traumbildern des Ertappt-Werdens, der Blamage und im Motiv einer unlösbaren Aufgabe aus.

In einer besonderen Zwickmühle sitzen Frauen, die im

Beruf »ihren Mann stehen« und zugleich Hausfrau und Mutter sind. Die Gesellschaft (sprich: Ehemann, Verwandte, Freunde) erwartet, daß sie ihre Mutterrolle so leben, als wäre die Mutterschaft ihre einzige Aufgabe im Leben, vor der die Anforderungen des Berufs zurückzustehen haben. In der Berufswelt wird jedoch derselbe Einsatz erwartet, als würden keinerlei andere Aufgaben existieren. Resultat ist ein Gefühl permanenter Überforderung und des Versagens, denn was hier erwartet wird, kann kein Mensch leisten. So wundert es nicht, daß Träume existentieller Hilflosigkeit (Verfolgt-Werden, Bedroht-Werden) gerade bei Frauen sehr verbreitet sind.

In zahlreichen Träumen wird die Beziehung zum Kind thematisiert. Viele Angst- und Warnträume sind Ausdruck der Furcht zu versagen, der Mutterrolle nicht gerecht werden zu können. Die Träumerin sieht, wie ihr Kind verunglückt, in Not gerät – und sie kann nicht helfen. Das sind wahre Alpträume, die oft genug dazu veranlassen, das Kind dauerhaft »beschützen« und kontrollieren zu wollen – mit entsprechenden unheilvollen Folgen für die Entwicklung des Kindes. Viele Mütter träumen, daß sie ihr Kind vergessen, wegschicken oder auf irgendeine Weise im Stich lassen, und sie erwachen mit furchtbar schlechtem Gewissen. Auch diese Träume signalisieren eine Überforderung. Alle Welt glaubt, daß ein Kind immer geliebt werden müsse, doch die Wirklichkeit sieht anders aus. Kinder geben immer wieder Anlaß zu Wut und Enttäuschung. Sie können echte Nervensägen sein. Viele Mütter sind nicht in der Lage, diese Gefühle sich selbst gegenüber einzugestehen und auszudrücken. Lieber »schlucken« sie und lassen sich nichts anmerken. Gelegentlich kommt es dann zur Explosion, die, aufgrund der vielen kleinen unterdrückten Aggressionen, viel heftiger ausfällt, als es die Situation rechtfertigt. Darauf folgen wieder Schuldgefühle, die eine Zeit der Verdrängung einleiten, bis es wieder »knallt«. Derartige Mechanismen sind für ein Kind undurchschaubar und stören nachdrücklich das Verhältnis zur Mutter. Viele Frauen sind wahre »Verdrängungskünstler«. Sie spielen perfekt vor sich und anderen die Rolle der hingebungsvollen Mutter. Nur in ihren Träumen wird deutlich, daß sie auch negative Gefühle kennen.

Die Psychologie hat diese Entwicklung mit verursacht, indem sie viel zu stark die Bedeutung der Mutter für die seelische Entwicklung des Kindes herausgestellt hat. An der Wurzel nahezu aller Neurosen und Psychosen dieser Welt hat man mütterliches Fehlverhalten diagnostiziert. Alle Schwierigkeiten und Probleme eines Menschen werden auf die Mutterbeziehung zurückgeführt. Manchmal bekommt man den Eindruck: Mütter sind an allem schuld. Andere Bezugspersonen (etwa der Vater) und andere Einflüsse treten hinter der alles bestimmenden Bedeutung der Mutter zurück. Kein Wunder, daß viele Mütter sich vom Gefühl der Verantwortung erdrückt fühlen und nachts träumen, wie sie in ihrer Rolle versagen. Wir meinen, es ist völlig normal, daß Mütter und Väter Fehler machen, und es besteht absolut kein Grund, davor Angst zu haben. Deswegen bricht kein Kind zusammen. Entscheidend ist, daß die Basis der Beziehung stimmt.

Schlimm wird es, wenn das elterliche Verhalten von Ängsten und Schuldgefühlen bestimmt wird, von Motiven, die das Kind nicht nachvollziehen kann. Schlimm ist es auch, wenn die Basis rissig ist, das Kind also eigentlich nicht geliebt wird, sondern zuallererst als Last empfunden wird. In diesen Fällen tun Sie sich und Ihrem Kind einen Gefallen, wenn Sie Hilfe suchen (zum Beispiel bei einer Erziehungsberatungsstelle). Uneingestandene Konflikte mit Kindern können sich in drastischen Traumbildern ausdrücken. Falsch wäre es, diese Träume schnell vergessen zu wollen. Nehmen Sie sie als deutlichen Hinweis, daß etwas in Ihrer Beziehung zum Kind nicht stimmt. Gestehen Sie sich eventuell unterdrückte Gefühle ein, überprüfen Sie, ob Ihre Erwartungen an sich selbst nicht vielleicht viel zu hoch sind, versuchen Sie, Ihren negativen Gefühlen Ausdruck zu geben – Sie müssen nicht immer nur nett und liebevoll sein.

Typisch erscheint uns der Fall von Susanne (22). Sie wurde während des Studiums ungewollt schwanger. Nach der Entbindung verläßt sie der Freund. Auf keinen Fall möchte sie das Studium aufgeben. Das Kind ist morgens bei ihren Eltern. Die Mutter läßt durchblicken, daß sich Susanne nach ihrer Meinung nicht »richtig« um das Kind kümmert. In dieser Situation träumt sie immer wieder: »Ich gehe mit dem Kinderwagen durch ein Einkaufszentrum. Da spricht mich ein junger Mann an. Ich ärgere mich, weil er in den Kinderwagen blickt und versucht, das Kind mit dummen Spielchen zu unterhalten, wie es die Leute nun mal gerne machen. Wütend laufe ich weg. Danach sitze ich in einem Zug Richtung Süden und denke panisch: ›Du hast dein Kind im Einkaufszentrum gelassen!‹ Darüber werde ich wach.« Sehr schön wird Susannes ambivalente Beziehung zum Kind in der ersten Szene deutlich. Einerseits tritt sie im Traum als Mutter auf, andererseits ist sie eifersüchtig auf das Kind. Der junge Mann soll sie nicht als Mutter, sondern als junge Frau sehen. Dieser Zwiespalt macht sie wütend. Sie lebt diese Wut jedoch nicht aus, sondern ergreift die Flucht. Es kommt ihr nicht in den Sinn, daß der junge Mann sie auch mit dem Kind mögen könnte. In der zweiten Szene ist sie nunmehr die junge Frau, die sie so gern sein möchte. Doch im Traum bietet sich keine zweite Chance. Sie ist über sich selbst entsetzt, daß sie ihr Kind zurückgelassen hat. Sie will wieder Mutter sein. Zurück bleibt ein schweres Schuldgefühl. Der Traum spiegelt genau Susannes Lebenssituation. Morgens an der Universität ist sie die junge Frau, nachmittags die Mutter. Der Traum zeigt ihre Unfähigkeit, eine Verbindung zwischen beiden Rollen herzustellen. Für Susanne existiert nur ein Entweder-Oder. Genau diese falsche Lebenseinstellung wird ihr Nacht für Nacht vor Augen geführt. Lange glaubte Susanne, das Kind sei »an allem schuld«, was zu Gewissensbissen führte. Erst durch die Träume wurde sie allmählich darauf aufmerksam, daß sie sich durch genau diese Überzeugung Lebenschancen verbaute.

Auch die widersprüchlichen Erwartungen der Gesellschaft an das Mannsein und das Frausein werden in Träumen verarbeitet. Sowohl Mann wie Frau sollen stark und schwach, rational und gefühlsbetont, selbständig und hingebungsvoll, durchsetzungsfähig und kooperativ sein. Die Liste der erwarteten Eigenschaften ließe sich beliebig fortsetzen. Es ist klar, daß niemand all diese Eigenschaften verwirklichen kann. Doch ist der Erwartungsdruck groß. Das hat Einfluß auf unsere Träume, in denen unsere Schwächen und Unzulänglichkeiten gnadenlos offenbar werden, was Schuld- und Angstgefühle erzeugt, ohne daß uns bewußt wird, daß nicht wir selbst die Ursache des Scheiterns sind, sondern die widersprüchlichen Erwartungen, die die Umwelt an uns stellt. Die Träume machen darauf aufmerksam, daß wir diese Erwartungen zu unserem Schaden unkritisch übernommen haben.

Träumen Männer anders als Frauen?

Zunächst fallen Gemeinsamkeiten auf. Männer wie Frauen kennen innere Konflikte, Beziehungsprobleme und Erwartungsdruck von außen. Es scheint jedoch, daß Frauen tendenziell andere Abwehrmechanismen bevorzugen als Männer. In unserer Zeit, da rollentypisches Verhalten allmählich abgebaut wird und der einzelne Mensch viel mehr Möglichkeiten hat, nach seinem Ich zu leben, unabhängig von den Erwartungen anderer, ist die Variationsbreite von Mensch zu Mensch viel höher als früher. Eine Frau kann sich sehr »männlich« verhalten und ein Mann sehr »weiblich«. Trotzdem kann man von Tendenzen unterschiedlichen Verhaltens zwischen den Geschlechtern sprechen.

Frauen bevorzugen eher die Abwehrmechanismen der Introjektion (»hinunterschlucken«), der Wendung gegen die eigene Person (Selbsthaß) und der Regression (Rückfall in vergangene Entwicklungsstufen). Diese Tendenz ist auch beim bewußten Verhalten zu beobachten. Viele Frauen haben nicht gelernt, ihre Aggression offen zu zeigen. Sie wird geschluckt oder gegen die eigene Person gewendet (»Eigentlich bin ich ja schuld.«). Noch heute empfinden viele Frauen die Sehnsucht nach einem starken Beschützer, ohne den sie glauben nicht leben zu können. Derartige Impulse sind immer regressiv, denn »objektiv« betrachtet wären die meisten von ihnen durchaus in der Lage, unabhängig und selbständig zu leben. Der Wunsch paßt also nicht zur tatsächlichen Lebenssituation. Er ist lediglich Produkt einer Erziehung zur Unselbständigkeit und eines klischeehaften Frauenbildes. Dem entspricht die Tendenz zahlreicher (nicht aller!) Frauen, die Nähe zu anderen Menschen anzustreben, mit entsprechenden Folgen für die Traumwelt. Sehr vielen Frauen sind Angstträume des Alleingelassen-Werdens, der Einsamkeit und des Verlusts enger Beziehungen sehr vertraut. In ihren sexuellen Träumen neigen sie zu mehr Romantik und Zärtlichkeit. Oft wird die Sexualität nur in Symbolen thematisiert. Darüber hinaus träumen Frauen weitaus häufiger als Männer von Kindern (seien es die eigenen oder fremde).

Männer bevorzugen die Abwehrmechanismen der Verdrängung, der Isolierung und der Reaktionsbildung. Auch hier finden sich Parallelen zum Wachbewußtsein. Weitaus mehr Männer als Frauen geben an, ihre Träume regelmäßig zu »vergessen«. Wir sind auch sicher, daß dieses Buch mehr Leserinnen finden wird als Leser. Es scheint, daß Männer eine tiefe Scheu davor haben, sich den Zumutungen ihrer Innenwelt auszusetzen. Daher die verbreitete Schwierigkeit, Gefühle wahrzunehmen und zu äußern. Viele leben, als wären nur äußere »Realien« relevant. Sich selbst, sogar ihren Körper, scheinen sie zu ignorieren. So gehen Männer bei Beschwerden tendenziell später zum Arzt als Frauen, trotz niedrigerer Lebenserwartung. Das liegt nicht daran, daß Frauen etwa wehleidiger wären. Männer achten schlichtweg weniger auf die Signale ihres Körpers; mit dem Erfolg, daß sie »plötzlich« und »unerwartet« an einem Herzinfarkt versterben. Besonders deutlich wird die Verleugnung des eigenen Innenlebens im verbreiteten Gebrauch der Technik des Isolierens: der Gefühlswert eines Ereignisses wird verdrängt. Es gibt viele Männer, die selbst in extrem traurigen Situationen nichts weiter als eine innere Leere empfinden. Selbst die Sexualität wird häufig als bloßer mechanischer Akt erlebt. Gefühle lösen bei vielen Männern Angst und Unsicherheit aus. Sie werden nicht als Bereicherung, sondern gleichsam als Störung des Lebens erfahren. In ihren Träumen ist oft eine große Diskrepanz zwischen Ereignis und Gefühlswert zu beobachten. Bedrohliche oder ekelhafte Situationen können völlig neutral erlebt werden, als wäre das Traum-Ich in einem Film.

Die Technik der Reaktionsbildung kommt der Klischeevorstellung vom Mann entgegen. Häufig sind es Männer, die nach Ordnung, Sauberkeit und Kontrolle rufen. Die Unwägbarkeiten des Gefühlslebens sollen durch ein möglichst enges Korsett von Regeln im Zaum gehalten werden. Man(n) glaubt, »alles im Griff« zu haben und gegen jede unliebsame Überraschung gefeit zu sein. Diese Lebenshaltung vermittelt das Gefühl von Sicherheit und Macht. Die Angst vor Gefühlen hat zur Folge, daß viele Männer dazu neigen, Sicherheit und Distanz in ihrem Leben zu betonen, mit entsprechenden Folgen für die Träume. Viele Männer kennen Motive der Gefangenschaft, des Erdrückt-Werdens, Gefressen-Werdens, des Ich, das allein Gefahren gegenübersteht u.ä. In ihren sexuellen Träumen neigen Männer zu größerer Drastik, was dank der Technik der Isolierung möglich ist, ohne daß der Träumende Angst haben muß, »so etwas« wirklich zu tun. Und Aggressivität wird – wie im richtigen Leben – viel offener ausgelebt.

Der Grund für die tendenziellen Unterschiede ist sicherlich nicht in der »Natur« des Mannes oder der Frau zu sehen. Entscheidend sind vielmehr Faktoren der Erziehung und der gesellschaftlichen Erwartungen. Wer von Kindesbeinen an gelernt hat, seine Gefühle zu unterdrücken (»Indianerherz kennt keinen Schmerz«), der wird auch in seiner Traumwelt nur wenig Gefühl zulassen.

Es wird deutlich: In unseren Träumen sind wir nicht ein ganz anderer Mensch. Erziehung und gesellschaftliche Einflüsse haben Auswirkungen auf die Art, wie wir träumen. Männer träumen tendenziell anders als Frauen, weil Männer tendenziell anders leben als Frauen. Je mehr sich die Geschlechter einander angleichen, desto ähnlicher wird die

Traumwelt der Männer und Frauen werden. Elisabeth Badinter schreibt: »Die (...) Menschheit betreibt die Angleichung der Geschlechter bis hin zur größtmöglichen Ähnlichkeit (...) Sie ist nicht mehr in zwei heterogene Gruppen aufgespalten, sondern setzt sich aus einer Vielzahl von Individuen zusammen, die einander ähneln und sich zugleich in allen erdenklichen Nuancen unterscheiden.«[6] Dieser Trend zur Angleichung der Geschlechter ist heute unübersehbar. Die Frage, ob ein Mann oder eine Frau träumt, wird für die Deutung immer unwichtiger; entscheidend wird der individuelle Mensch sein, unabhängig von seiner Geschlechtszugehörigkeit.

6.2 Traum und Lebenssituation

Nicht nur das Geschlecht beeinflußt unsere Träume, sondern auch die Lebenssituation, in der wir uns befinden. Die in dieses Buch aufgenommenen Wiederholungsträume spiegeln die Krisen des Erwachsenenalters, die wir mit Erik H. Erikson bereits in Kapitel 3.2 zusammengefaßt vorgestellt haben. Erikson wies uns darauf hin, daß im Wiederholungstraum die Entwicklungsstufe, in der sich der Träumer befindet, mit der entsprechenden Krise sichtbar wird. Gleichzeitig treten die Spannungen zwischen dem Träumer als Individuum und der Umwelt hervor. Die dritte Traumbotschaft ist die Mitteilung über unbewältigte Krisen vergangener Phasen.

Zunächst soll an dieser Stelle noch einmal auf den Aspekt der Krise eingegangen werden. Krise hat für uns zunächst eine negative Bedeutung, erinnert sie uns doch an viele unangenehme, erschreckende und angstauslösende Erfahrungen im Leben, an so manche Verzweiflung und Hoffnungslosigkeit. Sie können als bedrohend erlebt werden, sie bergen aber gleichzeitig Chancen des Wachstums und der Veränderung in sich. Mit Erikson kann die Krise als eine »zweite Geburt« beschrieben werden.

Denken wir an Anne und ihre extreme Angst davor, verlassen zu werden (Kapitel 5.1 und 5.6). Anne fiel mit zweiundfünfzig Jahren in eine Lebenskrise, ihr Selbstwertgefühl geriet ins Wanken, und das »Herz geriet aus dem Gleichgewicht«. Die Wiederholungsträume enthielten Botschaften über die Identitätskrise, in der sie sich befand. Die Krise führte Anne jedoch letztendlich dazu, in der Therapie sich selbst und ihre Beziehungen zu reflektieren, längst verschüttete und ungeliebte Anteile zu integrieren, um dann »neu geboren zu werden«. Ihr Traum drückte das neue Lebensgefühl so aus:

Ein Gefühl des Wohlbehagens breitet sich in mir aus, und ich fühle mich eins mit dem Meer, dem Land und meinem Haus.

Die Lebenskrise war in dem Fall von Anne Auslöser für eine Veränderung, eine Erneuerung, einen Prozeß des Wachstums.

Die präsentierten Träume zeigen, daß nicht nur bestimmte Lebensabschnitte wie das Jugendalter oder die Lebensmitte von Krisen durchzogen sind, sondern *keine* Lebensstufe frei von ihnen ist. So verdeutlichen die Träume der zweiundachtzigjährigen Hanna deren innere Konflikte mit der Mutter (Kapitel 4.3). Eriksons Entwicklungsstufenmodell zufolge spiegelt sich in Hannas Träumen die Krise »Integrität gegen Verzweiflung«, in der die Auseinandersetzung mit der eigenen Lebensgeschichte aktuell wird. Die Chance dieser Phase liegt in der neuen Annahme und Liebe der Menschen, vor allem der Eltern, die in der Biographie nun mal unwiderruflich vorhanden waren, und in »der Bejahung der Tatsache, daß man für das eigene Leben allein verantwortlich ist« (Erikson, vgl. Kapitel 3.2).

Die Krisen einer Entwicklungsstufe sind nicht unausweichlich abhängig von dem biologischen Alter. So ist es möglich, daß wir uns im hohen Alter mit Unbewältigtem vergangener Phasen, zum Beispiel der Kindheit oder Jugend, auseinandersetzen müssen (vgl. Freud, Kapitel 3.1). In den Träumen wird all das, was in unserem Leben unbewältigt blieb, thematisiert. Vielleicht treten in Hannas Traum zusätzlich ungelöste Kindheitskonflikte mit der Mutter zutage, was die Entwicklung eines Gefühls von Integrität erschweren würde.

Auch der Traum von Jan (65) zeigt, daß wir im Alter noch mit den Eltern ringen und uns mit verletzenden Erfahrungen der Kindheit quälen können (Kapitel 5.7). Jan träumt immer wieder von seinem Vater, der ihn schlug, und versucht, im Traum die Aggressionen gegen ihn aufzuarbeiten.

Nicht nur belastende Situationen werden als krisenhaft empfunden, auch als besonders erfreulich geltende Ereignisse, das verdeutlichen die Wiederholungsträume, können ambivalent erlebt werden. Bei aller Glückserfahrung in Zeiten des Verliebtseins, bei Eheschließung, Geburt eines Kindes, Umzug in eine neue Wohnung usw., darf man die Kehrseite nicht übersehen. In dem Traum von Tobias, der mit seiner Freundin zusammenziehen wollte, drückten sich vor allem die Ängste vor dieser neuen Situation aus (Kapitel 5.1). Die Freundin verwandelte sich im Traum in einen Vampir. Der Einzug in eine gemeinsame Wohnung hätte bedeutet, vertraute Gewohnheiten aufzugeben, sich im Zusammenleben und in den Lebenszielen neu zu orientieren. Neues macht Angst und bringt Konflikte mit sich, denen wir uns stellen oder aber entziehen können.

Tobias befindet sich in der Entwicklungsstufe »Intimität gegen Isolierung« (Erikson), in der die Suche nach Intimität mit dem anderen Geschlecht im Vordergrund steht. Die Gefahr dieser Phase liegt in der Isolierung, in der »Bereitschaft, Einflüsse und Menschen von sich fernzuhalten, zu isolieren und, falls notwendig, zu zerstören, die einem für das eigene Wesen gefährlich erscheinen« (Erikson, vgl. Kapitel 3.2). Die Träume von Tobias zeigen in beeindruckender Weise, wie ein junger Erwachsener zwischen den Polen Intimität und Isolierung hin- und herpendelt, Nähe sucht und gleichzeitig verhindert.

Die Krise der sogenannten Lebensmitte, die Midlifecrisis, ist in den Träumen der entsprechenden Altersgruppe deutlich geworden. Erinnern wir uns an den Traum von Manfred, in dem er verreisen möchte, aber sein Flugzeug verpaßt (Kapitel 3.2). In der Lebensmitte kann es zu Fragen kommen wie: Habe ich erreicht, was ich wollte? Welche Ziele habe ich noch? Soll ich noch einmal von vorn beginnen?

Manfred spürte eine innere Leere und suchte nach neuen Lebensinhalten. Wolf Biermann drückt die Suche nach Mehr in einem Lied so aus:

> »Das kann doch nicht alles gewesen sein!
> Da muß doch noch Leben ins Leben!«

Eine Chance dieser Zeit des Erwachsenenalters liegt in dem Entdecken zu kurz gekommener Lebenswünsche. Ulla (57) träumte immer wieder von einem Kind, das sie unversorgt ließ (Kapitel 4.2). Sie selbst deutete das Traumbild als ihr »inneres Kind«, als Wunsch, sich einmal schwach zeigen zu dürfen, ein Wunsch, dem sie in ihrem bisherigen Leben zuwenig Beachtung geschenkt hatte.

Eine interessante Frage, die sich in diesem Zusammenhang stellt, ist, inwieweit sich Traumthemen mit zunehmendem Alter verändern. Leider fehlen bis heute statistische Untersuchungen dazu. Die einzige statistische Erhebung, auf die Vedfelt in seinem Buch hinweist, bezieht sich auf Altersunterschiede in Männerträumen. Das Ergebnis ist interessant, denn es besagt, daß in Träumen alter Männer die Integration des Weiblichen, eine religiöse Perspektive und die Begegnung mit dem alten Weisen oder dem Selbst thematisiert werden. Auch haben ältere Männer mehr Träume als jüngere, und sie sind eher in der Lage, Bezüge zum Wachleben herzustellen.[1] Themen in den Träumen der jüngeren Männer betrafen Bereiche der Arbeit, Produktivität und Leistung. Hier wird wieder der Einfluß der jeweiligen Lebenssituation und der gesellschaftlichen Erwartungen auf die Träume sichtbar. (Bereits im vorangehenden Kapitel, »Traum und Geschlecht« sahen wir, wie sich Rollenerwartungen der Gesellschaft an Frauen und Männer, Erwartungen, die wir für längst überwunden hielten, in unsere Träume einschleichen.)

Traumsituation und Lebenssituation sind nicht identisch, aber auch nicht gegensätzlich. Wir werden im Traum nicht die ganz anderen, unser Ich bewahrt seine Kontinuität, die Ich-Grenzen werden lediglich fließender (vgl. Hall, Kapitel 3.4).

Wir haben in diesem Kapitel die Abhängigkeit der Träume von der Biographie, dem Alter, dem Geschlecht und dem gesellschaftlichen Kontext betont. Gleichzeitig kann unsere Lebenssituation – und das ist eine der Kernaussagen dieses Buches – von unseren Träumen beeinflußt werden (vgl. Jung, Kapitel 3.3), so daß eine Wechselwirkung entsteht.

Traum ⇔ Lebenssituation

Alle präsentierten Wiederholungsträume berichteten von unseren Sehnsüchten, Ängsten, Krisen, unserer Wut, von unseren Todesvorstellungen oder Todesängsten und den Wünschen nach Veränderung unserer Lebensmuster. Wiederholungsträume bieten eine Hilfe, die unserem Selbst näher ist als alle von außen herangezogenen Ratgeber. Diese Quelle nicht zu beachten bedeutet, auf den Reichtum »innerer Bilder« zu verzichten.

Das Verstehen unserer Wiederholungsträume erfordert keine Traumexperten, die einzige Voraussetzung ist, *sich selbst zu vertrauen.*

Anmerkungen

Detaillierte Angaben zu den einzelnen Büchern siehe Literaturverzeichnis

Anmerkungen zu Kapitel 1

1 Vgl. Vedfelt, O.: Dimensionen der Träume, S. 400

Anmerkungen zu Kapitel 2

1 Vgl. Lévi-Bruhl, L.: Die geistige Welt der Primitiven, S. 81
2 Vgl. ebd., S. 92
3 Vgl. Ellenberger, H. F.: Die Entdeckung des Unbewußten, S. 26–30
4 Vgl. Lévi-Bruhl, L.: Die geistige Welt der Primitiven, S. 86
5 Vgl. Brackertz, K. (Hrsg.): Artemidor. Das Traumbuch
6 Vgl. Ellenberger, H. F.: Die Entdeckung des Unbewußten, S. 65–66
7 Vgl. Hermes, L.: Traum und Traumdeutung in der Antike, S. 173
8 Vgl. ebd., S. 183
9 Lichtenberg, G. C.: Aphorismen, S. 132
10 Wir führen das Zitat an, weil es so treffend ist. An anderen Stellen hat sich Lichtenberg durchaus differenzierter zur Traumerfahrung geäußert.
11 Zitiert bei: Hermes, L.: Traum und Traumdeutung in der Antike, S. 19
12 Brentano, C.: Gedichte, S. 38

Anmerkungen zu Kapitel 3

1 Coelho, P.: Der Alchimist, S. 18
2 Vgl. Toman, W.: Tiefenpsychologie, S. 70
3 Vedfelt, O.: Dimensionen der Träume, S. 19
4 Ebd., S. 31
5 Ebd., S. 47

[6] Erikson, E. H.: Identität und Lebenszyklus, S. 62ff.
[7] Ebd., S. 115
[8] Ebd., S. 119
[9] Veelken, L.: Neues Lernen im Alter, S. 124
[10] Erikson, zitiert in: Vedfelt, O.: Dimensionen der Träume, S. 47
[11] Veelken, L.: Neues Lernen im Alter, S. 119
[12] Vedfelt, O.: Dimensionen der Träume, S. 66
[13] Ebd., S. 66
[14] Wolff, H.: Jesus der Mann, S. 23
[15] Vgl. Dieckmann, H.: Methoden der analytischen Psychologie, S. 164
[16] Vgl. Vedfelt, O.: Dimensionen der Träume, S. 179
[17] Ebd., S. 193 f.
[18] Wilber, K.: Spektrum des Bewußtseins, S. 294

Anmerkungen zu Kapitel 4.2

[1] Vgl. Dieckmann, H.: Methoden der analytischen Psychologie, S. 158
[2] Vgl. ebd., S. 159

Anmerkungen zu Kapitel 4.3

[1] Vgl. Freud, A.: Das Ich und die Abwehrmechanismen, S. 51
[2] Vgl. ebd., S. 115

Anmerkungen zu Kapitel 5.1

[1] Richter, H.-E.: Umgang mit Angst, S. 21
[2] Riemann, F.: Grundformen der Angst, S. 15
[3] Ebd., S. 21
[4] Richter, H.-E.: Umgang mit Angst, S. 89
[5] Riemann, F.: Grundformen der Angst, S. 67
[6] Rinpoche, S.: Das Tibetische Buch vom Leben und Sterben, S. 53 f.
[7] Riemann, F.: Grundformen der Angst, S. 106

Anmerkungen zu Kapitel 5.3

[1] Kaspar, P. P.: Sehnsucht. Die Unruhe des Herzens, S. 18
[2] Ebd., S. 26
[3] Buber, M.: Das dialogische Prinzip, S. 32
[4] Pinkola Estés, C.: Die Wolfsfrau, S. 139 ff.
[5] Ebd., S. 160
[6] Kaspar, P. P.: Sehnsucht. Die Unruhe des Herzens, S. 97

Anmerkungen zu Kapitel 5.4

[1] Vgl. Freud, S.: Das Ich und das Es

Anmerkungen zu Kapitel 5.5

[1] Vgl. Sloterdijk, P.: Kritik der zynischen Vernunft, S. 488
[2] Vgl. Ellenberger, H. F.: Die Entdeckung des Unbewußten, S. 951–953

Anmerkungen zu Kapitel 5.6

[1] Pfaff, K./Krenn, S.: Gefühle zum Bedenken und Beleben von Welt, S. 30 f.
[2] Rinpoche, S.: Das Tibetische Buch vom Leben und Sterben, S. 50 f.
[3] Krenn, S./Pfaff, K.: Verwandelter Alltag, S. 73

Anmerkungen zu Kapitel 5.7

[1] Lee, J./Stott, B.: Richtig wütend
[2] Ebd., S. 45
[3] Lerner, H. G.: Wohin mit meiner Wut?

Anmerkungen zu Kapitel 5.8

[1] Vgl. Riemann, F.: Grundformen der Angst

Anmerkungen zu Kapitel 6.1

1 Badinter, E.: Ich bin Du, S. 122
2 in: Conrady, K. O. (Hrsg.): Das große deutsche Gedichtbuch, S. 194
3 Zilbergeld, B.: Männliche Sexualität, S. 11
4 Badinter, E.: Ich bin Du, S. 232
5 Ebd., S. 232
6 Ebd., S. 234

Anmerkungen zu Kapitel 6.2

1 Vedfelt, O.: Dimensionen der Träume, S. 424 ff.

Literaturhinweise

Badinter, Elisabeth: Ich bin Du. Die neue Beziehung zwischen Mann und Frau oder Die androgyne Revolution, München und Zürich 1986

Brackertz, Karl (Hrsg.): Artemidor. Das Traumbuch, Zürich 1979

Brentano, Clemens: Gedichte, Stuttgart 1962

Buber, Martin: Das dialogische Prinzip. Ich und Du, Heidelberg 1984

Coelho, Paulo: Der Alchimist. Folge den Träumen, Zürich 1996

Conrady, Karl O. (Hrsg.): Das große deutsche Gedichtbuch. Von 1500 bis zur Gegenwart, (5. Aufl.) Zürich und Düsseldorf 1997

Dieckmann, Hans: Methoden der analytischen Psychologie, Olten 1979

Ellenberger, Henry F.: Die Entdeckung des Unbewußten, Bern 1973

Erikson, Erik H.: Identität und Lebenszyklus, Frankfurt/M. 1981

Freud, Anna: Das Ich und die Abwehrmechanismen, Frankfurt/M. 1984

Freud, Sigmund: Das Ich und das Es, Leipzig 1923

Hermes, Laura: Traum und Traumdeutung in der Antike, Zürich und Düsseldorf 1996

Kaspar, Peter Paul: Sehnsucht. Die Unruhe des Herzens, Wien 1989

Krenn, Stephanie/Pfaff, Konrad: Verwandelter Alltag, Dortmund 1993

Lee, John/Stott, Bill: Richtig wütend. Vom Umgang mit einem explosiven Gefühl, München 1994

Lerner, Harriet Goldhor: Wohin mit meiner Wut? Neue Beziehungsmuster für Frauen, Frankfurt/M. 1990

Lévy-Bruhl, Lucien: Die geistige Welt der Primitiven, München 1924

Lichtenberg, Georg Ch.: Aphorismen, Frankfurt/M. 1976

Pfaff, Konrad/Krenn, Stephanie: Gefühle zum Bedenken und Beleben von Welt, Dortmund 1986

Pinkola Estés, Clarissa: Die Wolfsfrau. Die Kraft der weiblichen Urinstinkte, München 1993

Richter, Horst-E.: Umgang mit Angst, Hamburg 1992

Riemann, Fritz: Grundformen der Angst. Eine tiefenpsychologische Studie, München 1986

Rinpoche, Sogyal: Das Tibetische Buch vom Leben und Sterben, München 1994

Schäublin, Christoph (Hrsg.): Cicero, M. T., Über die Wahrsagung, Darmstadt 1991

Sloterdijk, Peter: Kritik der zynischen Vernunft, Frankfurt/M. 1983

Toman, Walter: Tiefenpsychologie. Die Motivation des Menschen, ihre Entwicklung, ihre Störungen und ihre Beeinflussungsmöglichkeiten, Stuttgart 1978

Vedfelt, Ole: Dimensionen der Träume, Zürich und Düsseldorf 1997

Veelken, Ludger: Neues Lernen im Alter. Bildungs- und Kulturarbeit mit »Jungen Alten«, Heidelberg 1990

Wilber, Ken: Das Spektrum des Bewußtseins. Eine Synthese östlicher und westlicher Psychologie, Hamburg 1991

Wolff, Hanna: Jesus der Mann. Die Gestalt Jesu in tiefenpsychologischer Sicht, Stuttgart 1985

Zilbergeld, Bernie: Männliche Sexualität. Was (nicht) alle schon immer über Männer wußten ..., Tübingen 1983